守正创新 成风化人

——新时代新征程宣传思想工作研究

李前 ◎ 著

天津出版传媒集团

天津人民出版社

图书在版编目（ＣＩＰ）数据

守正创新　成风化人：新时代新征程宣传思想工作
研究 / 李前著. -- 天津：天津人民出版社，2022.11
ISBN 978-7-201-18768-6

Ⅰ.①守… Ⅱ.①李… Ⅲ.①中国共产党—宣传工作
—研究 Ⅳ.①D261.5

中国版本图书馆 CIP 数据核字(2022)第 165650 号

守正创新　成风化人：新时代新征程宣传思想工作研究
SHOUZHENG CHUANGXIN CHENGFENG HUAREN XINSHIDAI XINZHENGCHENG
XUANCHUAN SIXIANG GONGZUO YANJIU

出　　版	天津人民出版社
出 版 人	刘　庆
地　　址	天津市和平区西康路35号康岳大厦
邮政编码	300051
邮购电话	（022）23332469
电子信箱	reader@tjrmcbs.com
责任编辑	佐　拉
装帧设计	汤　磊
印　　刷	天津新华印务有限公司
经　　销	新华书店
开　　本	710毫米×1000毫米　1/16
印　　张	15.5
插　　页	2
字　　数	200千字
版次印次	2022年11月第1版　2022年11月第1次印刷
定　　价	89.00元

前　言

党的十八大以来,党中央把宣传思想工作摆在全局工作的重要位置。习近平总书记指出,宣传工作是党的一项极端重要的工作,新时代新征程中做好宣传思想工作就是要巩固马克思主义在意识形态领域的指导地位,巩固全党全国人民团结奋斗的共同思想基础;自觉承担起举旗帜、聚民心、育新人、兴文化、展形象的使命任务;领导干部要做实干家,也要做宣传家;不断增强脚力、眼力、脑力、笔力,努力打造一支政治过硬、本领高强、求实创新、能打胜仗的宣传思想工作队伍。

中国共产党的宣传思想工作以马克思主义宣传思想为理论基础,马克思主义宣传思想是马克思主义理论的重要组成部分。1842年10月,博士毕业后的马克思担任《莱茵报》的编辑,他努力将其办成一份反对专制统治、宣传革命民主主义的报纸。在长达半个多世纪的斗争生涯里,马克思恩格斯曾创办或担任主编、编辑的报刊约十余家,并先后为世界近百家报刊撰稿,将科学社会主义的宣传活动贯穿于一生的理论研究工作和革命实践工作,丰富的新闻实践活动是马克思主义宣传思想形成的重要来源。马克思认为,宣传工作具有阶级性,统治阶级不仅占有并且支配物质生产资料,而且支配着精神生产的资料,没有精神生产资料的人的思想是受到统治阶级支配的。马克思强调宣传工作的重要作用,提出了"批判的武器当然不能代替武器的批判,物质力量只能用物质力量来摧毁;但是,理论一经掌握群众,也会变成物质力量"①的重要论断。马克思指出,宣传工作要坚持"党性"原则,党的报纸刊物等要充分发挥舆论导向作用,宣传好党的任务和使命,扩大党在广大人民群众中的影响。

中国共产党一直注重宣传思想工作。毛泽东曾提出"枪杆子里出政权"的观点,同时也注重"笔杆子"的作用,在他看来,"共产党是要在左手拿宣传单,右手拿枪弹,才可以打倒敌人的",他一生中写了大量的文章和诗词,积极推进宣传思想工作。他指出:"无产阶级思想领导的问题,是一个非常重要的问题。"1929年古田会议通过的《纠正党内错误思想》围绕着中国共产党的思想建设而展开,体现了他对清除非无产阶级思想高度重视,是第一次系统完整地按照马克思列宁主义的原理解决了如何使军队成为革命的人民军队的问题的重要文献。抗日战争时期,积极推进马克思主义中国化理论体系的建构和新民主主义文化建设,延安整风运动统一了全党思想,为最终取得全国政权奠定基础。因此,革命的胜利离不开"枪杆子"与"笔杆子"的辩证统一。中华人民共和国成立之后,中国共产党人经过长期探索实践,一方面确定经济建设为党和国家的中心工作,另一方面明确了马克思主义在意识形态领域的指导地位,不断推进马克思主义中国化时代化发展,坚持不懈开展宣传思想工作。邓小平强调"两手抓,两手都要硬",指出宣传思想工作是"一切革命工作的粮草","要使我们党的报刊成为全国安定团结的思想上的中心";江泽民指出,党的宣传思想工作,肩负着用先进的思想、科学的理论、高尚的精神和正确的舆论,去宣传群众、武装群众、教育群众、鼓舞群众为实现自己的根本利益而奋斗的崇高使命,因而在党的整个工作中始终处于极其重要的地位;胡锦涛提出,只有把握时代脉搏、反映时代精神、贴近现实生活、引领人民思想的文化,才能始终赢得人民,才能始终成为社会进步的先导。

---

① 《马克思恩格斯全集》(第3卷),人民出版社,2002年,第207页。

伴随着经济全球化发展,西方资本主义国家凭借经济、科技、军事等方面的优势,以多种方式和手段向我国输出西方社会的思想观念和价值理念,多元社会思潮的涌入冲击了以马克思主义为指导的社会主义意识形态,削弱了我国的思想文化基础,影响了广大民众对自身文化和主流意识形态的认同。伴随着现代化发展,人的主体意识随之觉醒而不断提升,民众对于传统灌输的认同程度大大降低,思想观念呈现多元化的发展趋势。伴随着互联网技术的迅猛发展,传统媒体对社会舆论的导向作用弱化,新媒体不仅成为人们获取知识、发布信息、共享资源、讨论问题的重要平台,而且是现实社会的延伸,纷繁复杂的社会矛盾和社会冲突以镜像的方式在网络空间中呈现甚至放大,网络信息泛滥、网络技术异化、网络舆论蔓延等多重力量,"意见领袖"舆论场、群众口头舆论场等多重舆论场,影响人们的基本认知、价值取向、思维观念和行为方式,影响人们对工作和人生的态度、对党和国家的看法。伴随着国内经济转型社会转轨,发展不平衡不充分导致的贫富差距、阶层分化影响了民众对主流意识形态的认同。市场经济是一把"双刃剑",一方面有利于激发人的积极性创造力,推动经济社会的发展,另一方面是一种以"利益"为逻辑起点,以"追求个人利益最大化"为动力源泉,以"自利的个人"为社会根基的经济模式,市场经济趋利性影响着人们的价值判断,"一切向钱看、道德无底线"的价值观消解主流价值观,成为社会发展最大的隐患。

党的十八大以来,习近平总书记亲自谋划和推动宣传思想工作,2013年8月19日,在全国宣传思想工作会议上指出,面对新的历史特点的伟大斗争,必须坚持巩固壮大主流思想舆论,弘扬主旋律,传播正能量,激发全社会团结奋进的强大力量;要找准工作切入点和着力点,做到因势而谋、应势而动、顺势而为;宣传思想部门必须守土有责、守土负责、守土尽责。2016年2月19日,在党的新闻舆论工作座谈会上指出,党的新闻舆论工作是党的一项重要工作,是治国理政、定国安邦的大事;新闻媒体要直面工作中存在的问题,直面社会丑恶现象,激浊扬清、针砭时弊;新闻舆论战线与党和人民同呼吸、与时代共进步。2018年8月21日,在全国宣传思想工作会议上对党的宣传思想工作历史方位和使命任务作出一系列重大工作部署，明确指出宣传思想工作的"九个坚持"根本遵循、"统一思想、凝聚力量"的中心环节、"举旗帜、聚民心、育新人、兴文化、展形象"的使命任命、"建设具有强大凝聚力和引领力的社会主义意识形态"的战略任务、"培养担当民族复兴大任的时代新人"的重要职责等；要加强党对宣传思想工作的全面领导，做好文化工作，不断提升中华文化影响力。在习近平总书记关于宣传思想工作的思想引领下，宣传思想工作取得了历史性成就、发生了历史性变革。

中国共产党人坚持马克思主义唯物史观，经过多年实践探索，在不同的历史时期形成了针对宣传思想工作的一系列论述，丰富和发展了马克思主义宣传思想。习近平总书记以长期以来宣传思想工作实践中的智慧结晶为基础，结合新时代新形势新任务，提出了一系列重要观点和重要论断，开创了马克思主义宣传思想的新境界。习近平总书记关于宣传思想工作的重要思想引领新时代宣传思想工作，开创了宣传思想工作从正本清源进入守正创新的重要阶段。

党的十九大明确要求，"我们党既要政治过硬，也要本领高强"。提升领导干部的宣传思想工作能力，是新时代做好宣传思想工作的一项重要而紧迫的任务。本书以习近平总书记关于宣传思想工作的重要思想为指导，研究探寻宣传思想工作的理论渊源，系统总结党宣传思想工作的主要成就和基本经验，深入剖析新时代新征程我国宣传思想工作面临的新问题新挑战，积极探索新形势下做好宣传思想工作的新途径新方法。

目　录

第一章　宣传思想工作的理论渊源

第一节　马克思恩格斯宣传工作思想

马克思恩格斯宣传工作思想是马克思主义的重要组成部分，是在积极的实践斗争和理论斗争中逐渐形成的，他们对科学社会主义的宣传活动蕴含着丰富的宣传思想工作理论和方法，对于新时代做好宣传思想工作具有重要的理论价值和现实意义。

一、马克思恩格斯关于宣传工作定位作用的论述

（一）问题出发点

德国古典哲学的集大成者黑格尔用"绝对精神"建构起他的哲学大厦，创造了"用观念创造历史的时代"。黑格尔去世之后，青年黑格尔派反对黑格尔哲学的保守倾向，提出了"实体""类""自我意识"等概念。马克思读大学期间加入了青年黑格尔派的核心组织，青年黑格尔派关于自由、民主、理性、自我意识等理论对他产生了重要的影响。但是在社会政治实践中，马克思逐渐

开始关注现实,关注"物质利益"问题。1843 年底,马克思在其撰写的《〈黑格尔法哲学批判〉导言》一书里指出:"在黑格尔那里,理念变成了独立的主体,而家庭和市民社会对国家的现实关系变成了理念所具有的想象的内部活动。实际上,家庭和市民社会是国家的前提,它们才是真正的活动者;而思辨的思维却把这一切头足倒置。"①在《论犹太人问题》中,他认为:"'政治解放'和'人类解放'两者在性质上有着根本的不同。'政治解放'是指资产阶级革命,'人类解放'是指把人类从一切社会压迫和政治压迫下解放出来的社会主义革命。"马克思从唯心主义的青年黑格尔派转变为唯物主义的真正马克思主义者。马克思不仅对黑格尔和青年黑格尔派进行哲学批判,而且伴随着他的研究转向政治经济学,他开始了对国民经济学和异化劳动的批判,并形成了以扬弃私有财产为根本特征的共产主义理论。由于费尔巴哈的唯物主义是离开历史发展进程的直观的唯物主义,他不懂得实践活动的价值,马克思便展开了对于自己影响比较大的费尔巴哈哲学的批判。正是在实践、反思、批判的斗争中,马克思努力进行新的哲学革命,创建新的世界观和历史观。

马克思主义唯物史观指出:"迄今为止人们总是为自己造出关于自己本身、关于自己是何物或应当成为何物的种种虚假观念。他们按照自己关于神、关于标准人,等等观念来建立自己的关系。他们头脑的产物不受他们支配。他们这些创造者屈从于自己的创造物。"②他批判在以往的哲学中,社会问题归结为观念内部的冲突,历史由独立于历史现实基础之外的观念所创造,完全是从虚幻的观念而非现实生活出发,他认为:"意识在任何时候都只能是被意识到了的存在,而人们的存在就是他们的现实生活过程。如果在全部意识形态中,人们和他们的关系就像在照相机中一样是倒立呈像的,那么这种现象也是从人们生活的历史过程中产生的。"③

① 《马克思恩格斯全集》(第 1 卷),人民出版社,1956 年,第 250~251 页。
② 《马克思恩格斯文集》(第一卷),人民出版社,2009 年,第 509 页。
③ 《马克思恩格斯选集》(第一卷),人民出版社,1995 年,第 72 页。

马克思在《1844年经济学哲学手稿》《德意志意识形态》《资本论》等著作中分析论述了资本主义社会的颠倒的现实表现,鲜明地指出了"异化扭曲了真实的社会关系,劳动分工颠倒存在与意识的关系、制造'虚幻'的共同利益,资本主义市场关系和竞争关系是一种扭曲的颠倒的关系"①。指出市民社会"这一名称始终标志着直接从生产和交往中发展起来的社会组织,这种社会组织在一切时代都构成国家的基础以及任何的其他的观念的上层建筑的基础"②。《政治经济学批判〈序言〉》中进一步指出,"人们在自己生活的社会生产中发生一定的、必然的、不以他们的意志为转移的关系,即同他们的物质生产力的一定发展阶段相适应的生产关系。这些生产关系的总和构成社会的经济结构,即有法律的和政治的上层建筑竖立其上并有一定的社会意识形式与之相适应的现实基础"③。"随着经济基础的变更,全部庞大的上层建筑也或慢或快地发生变革。在考察这些变革时,必须时刻把下面两者区别开来:一种是生产的经济条件方面所发生的物质的、可以用自然科学的精确性指明的变革,一种是人们借以意识到这个冲突并力求把它克服的那些法律的、政治的、宗教的、艺术的或哲学的,简言之,意识形态的形式。"④

由此可见,马克思的历史唯物主义让我们明确了"不是在每个时代中寻找某些范畴,而是始终站在现实历史的基础上,不是从观念出发来解释实践,而是从物质实践出发来解释观念的形成"⑤。他在《德意志意识形态》中指出,"统治阶级的思想在每一时代都是占统治地位的思想,这就是说,一个阶级是社会上占统治地位的物质力量,同时也是社会上占统治地位的精神力量,支配着物质生产资料的阶级,同时也支配着精神生产的资料,因此,那些没有精神生产资料的人的思想一般是受统治阶级支配的"⑥。统治阶级为

---

① 倪瑞华:《马克思的意识形态概念内涵的语境分析》,《马克思主义研究》,2017年第9期。
② 《马克思恩格斯全集》(第3卷),人民出版社,1960年,第41页。
③ 《马克思恩格斯文集》(第二卷),人民出版社,2009年,第591页。
④ 《马克思恩格斯选集》(第二卷),人民出版社,1995年,第32~33页。
⑤ 《马克思恩格斯选集》(第一卷),人民出版社,2012年,第172页。
⑥ 《马克思恩格斯全集》(第3卷),人民出版社,1960年,第163页。

了维护执政地位,不仅把控着社会的物质生产和分配,而且控制着社会的思想生产和分配,通过法律的、政治的、宗教的、艺术的或哲学的等各种各样的意识形态形式将维护本阶级利益的社会理想、价值理念等思想观念灌输到被统治阶级的头脑中,实现对被统治阶级的思想统治和精神统治。

（二）宣传工作的定位作用

"批判的武器当然不能代替武器的批判,物质力量只能用物质力量来摧毁;但是,理论一经掌握群众,也会变成物质力量。"①在马克思恩格斯看来,无产阶级要完成历史使命,必须掌握科学理论,并且发挥科学理论在革命实践中的指导作用,宣传工作是科学理论转化为物质力量的重要途径。

在马克思恩格斯的著作中,"宣传"这个概念出现的频率较高,达 400 余次。②首次提及是在《共产主义者同盟章程》第一章第二条的内容中"盟员应具有革命毅力和宣传热情"③。科学社会主义的诞生和传播本身就是重要的宣传工作。

马克思恩格斯从人类社会发展和人的交往宏大视域探讨宣传工作。马克思恩格斯认为,交往不仅是个人与个人交往,还包括国家、社会、民族之间的交往,不仅有物质交往还有精神交往,宣传工作是通过传播观点或实际行动影响改变人们思想观念、行为习惯的精神交往形态。马克思认为,"思想、观念、意识的生产最初是直接与人们的物质生活,与人们的物质交往,与现实生活的语言交织在一起的。人们的想象、思想、精神交往在这里还是人们物质活动的直接产物"④。人类最初不具备纯粹的精神交往意识,而是随着实践活动中物质劳动和精神劳动的分离,才逐渐开始构造精神交往的独立的形式。马克思主义哲学指出,人与动物具有本质区别,人类的意识具有主观

---

① 《马克思恩格斯全集》(第 3 卷),人民出版社,2002 年,第 207 页。
② 参见陈力丹:《精神交往论——马克思恩格斯的传播观》,开明出版社,1993 年,第 205 页。
③ 《共产党宣言》,人民出版社,2018 年,第 138 页。
④ 陈方丹:《精神交往论——马克思恩格斯的传播观》,开明出版社,1993 年,第 10 页。

能动性,具有观察事物,分辨事物,分析事物的能力,人的本质是一切社会关系的总和。当精神被赋予独立意义时,人的任何行为都是有目的性的意图,人们的思想观念、精神意识等是人类物质生产实践活动的产物,既是自身的意识又是对于他人和社会的意识,具有鲜明的社会性和历史继承性。正如马克思指出,人不仅像在意识中那样理智地复现自己,而且能动地、现实地复现自己,从而在他所创造的世界中直观自身。人不是像动物那样盲目、随机和本能地构造物质世界,而是能动地实现和复现自己,从而创造出一个新的世界。①于是,思想观念和精神意识等不可能只是依靠个人而产生,而是需要通过与他人交往,和社会接触才会实现。当生产力的发展推动生产关系的变革,思想观念或精神意识不会紧随经济基础的变动而发生转变,只有政治家和先进分子通过宣传工作才能将人们在物质生产实践中产生的新的思想、观念、意识进行广泛传播,在意识的碰撞和冲突中,人们逐渐达成思想共识,从而规范自身的行为。

马克思恩格斯高度重视无产阶级革命中宣传工作的重要作用。实现人的解放和全面自由发展是马克思恩格斯毕生的追求,他们认为,宣传工作作为精神交往的形态必须服从于社会现实需要,宣传工作是组织动员广大无产阶级实现人类解放的重要手段,宣传工作的作用在于通过传播将科学的理论武装到广大人民群众的头脑中,使无产阶级从一切旧思想的束缚中解放出来,形成科学的世界观、人生观和价值观,形成自我解放的阶级意识,形成对自身在社会历史发展中地位作用的正确认识,从而自觉投入实现共产主义的伟大事业之中。

恩格斯于 1871 年《致国际工人协会西班牙联合会委员会的信》揭示了宣传工作的重要性,也传递了宣传工作能够帮助工人阶级取得斗争胜利的重要信息。宣传工作与无产阶级的解放运动紧密相连,正如马克思恩格斯指出,工人阶级只有开展组织工作,发挥集体的权利和政治的权利才能有可能

---

①　参见张艺兵:《彰显马克思宣传思想的新时代价值》,《中国社会科学报》,2019 年 1 月 17 日。

与统治阶级展开决定性的斗争,否则他们在统治阶级面前就如同玩偶。①在革命斗争中,工人阶级最有利的手段就是宣传和组织。而在组织发展不够强大之时,宣传鼓动则是唯一的行动手段。②"如果放弃在政治领域中同我们的敌人的斗争,那就是放弃了一种最有利的行动手段,特别是组织和宣传的手段。"③恩格斯在1895年所写的《〈1848年至1850年的法兰西阶级斗争〉导言》中说道,社会主义者只有争取到广大的人民群众后才有可能使革命运动取得持久的胜利,而这又要依靠"耐心的宣传工作和会议活动"④来完成。

马克思恩格斯认为,宣传工作具有阶级性,占有并支配物质生产资料的统治阶级也支配着精神生产的资料、支配着没有精神生产资料的人的思想,统治阶级要领导本阶级的思想工作。他们明确指出,资产阶级思想的本质是特定历史条件下资本主义经济关系的反映,是资产阶级追求个人利益维护统治地位的根本体现,因此在无产阶级革命斗争中,宣传工作必须坚持"党性原则",用科学的理论唤醒工人阶级的自觉,"主张在共产党的领导监督体制下开展宣传工作"⑤,工人要有自己的报刊和党刊,宣传党的使命和任务,党的新闻报刊要引领舆论导向,扩大党在广大人民群众中的影响力。同时,马克思主义政党代表广大人民的利益,宣传思想工作需要体现党性和人民性的高度统一,坚守人民立场,正如马克思在《〈莱比锡总汇报〉的查封》中谈及无产阶级报刊时指出,它生活在人民当中,它真诚地和人民共患难、同甘苦、齐爱憎。⑥

二、马克思恩格斯关于宣传工作方式方法的论述

马克思恩格斯在长期的理论研究和斗争实践中将科学社会主义的宣传

---

① 参见《马克思恩格斯选集》(第三十三卷),人民出版社,2012年,第337页。
② 参见《马克思恩格斯选集》(第十七卷),人民出版社,2012年,第304页。
③ 《马克思恩格斯选集》(第二卷),人民出版社,2012年,第321页。
④ 王淼、马晶晶:《马克思格斯宣传教育思想探析》,《长春市委党校学报》,2019年第6期。
⑤ 张艺兵:《彰显马克思宣传思想的新时代价值》,《中国社会科学报》,2019年1月17日。
⑥ 参见张艺兵:《彰显马克思宣传思想的新时代价值》,《中国社会科学报》,2019年1月17日。

贯穿其中,战斗的一生留下了很多宝贵的关于宣传工作方式方法的重要思想。

(一)用无可争辩的事实推动宣传工作

马克思认为,客观存在决定主观意识,物质生产实践是人类有意识的能动性活动。借助实践,宣传可以转化为物质性的事物也可以转化为精神产品,人们的思想观念发生转变。由此可见,马克思强调宣传工作必须建立在实践基础上,尊重客观事实和客观规律。因此,实践是宣传工作接续展开的基础,真实是宣传工作生命力的源泉。马克思恩格斯在宣传科学社会主义的过程中将真实作为战斗武器与当局者展开斗争,他们认为,只有揭示事物的本质、还原事物的本来面目的宣传才能真正符合人民利益,要"利用雄辩的事实来宣传彻底改造的必要性"。恩格斯在回顾1866年第一国际在伦敦的成功宣传时指出,伦敦缝纫工人的罢工等事实起到重要的推动作用,正是英国工人运动复苏的"雄辩的事实"推动了宣传工作取得良好的效果,"在我们的干预下,即由于我们组织老板们企图从法国、瑞士、比利时招募工人而取得了胜利"①。

(二)用科学理论支撑引导宣传工作

马克思恩格斯在宣传实践中总结经验,明确指出了理论指导和思想支撑的价值和意义。恩格斯曾指出,"仅仅发表宣言是不够的;必须加以论证"②,论证其科学性才能为获取革命胜利的果实奠定理论基础。因此,任何行动都或多或少在某一特定理论或思想的指导和影响下展开,宣传工作只有以科学合理的理论为引领才能顺利有序展开并取得良好效果。

辩证唯物主义和历史唯物主义为无产阶级的宣传工作奠定理论基础。第一,实践的观点是做好宣传工作的本质基础。马克思认为,物质生产实践是人类有意识的能动性的活动,借助实践活动,宣传可以转化为物质性的存

---

① 《马克思恩格斯选集》(第三十一卷),人民出版社,2012年,第519页。

② 《马克思恩格斯全集》(第18卷),人民出版社,1964年,第645页。

在,人与人之间交往和接触方式发生变化,宣传也可以转化为新的精神信息或产品,人们精神诉求和思想观念会发生变化。实践活动是宣传工作的原动力和物质基础,为宣传工作接续展开创造存在条件和活动方式。无产阶级的宣传工作必须以客观实践为基础,依据客观现实、尊重客观规律。马克思强调,人民群众是实践的主体,在宣传工作中发挥着基础性和原创性的作用,宣传工作者必须依据人民群众自身的经验和实际需要开展宣传工作。

第二,唯物史观是做好宣传工作必须遵循的理念依据。马克思认为,人是一切社会关系的总和,客观存在的个体是自然演化和社会进步的产物,社会存在决定社会意识。伴随着生产力的发展,物质条件发生变化,人类社会呈现由低级向高级接续进步的态势,宣传工作随着经济社会的发展变革而不断推进,随着生产力打破国家与国家、民族与民族之间的壁垒,宣传工作也会打破地域限制,成为更为广阔的空间的实践活动。

第三,唯物辩证法是做好宣传工作的重要方法。唯物辩证法是马克思和恩格斯首先发现的哲学原理,它科学地反映了关于宇宙自然、人类社会和人类思维的最一般、最普遍、最深刻、最基础的规律与本质。唯物辩证法指出,世界万事万物是普遍联系和永恒发展的,万物运动的法则主要是依据一切事物内部的客观存在的"一分为二"的矛盾性构成的辩证运动法则,客观存在是以既对立又统一为核心的一系列辩证原理组成联系发展的纽带和方法。宣传工作既要坚持"两点论",全面联系发展的观察事物,防止片面性和绝对化,又要坚持"重点论",在把握全局的基础上突出工作重点,推动工作有步骤有秩序进行。宣传工作要坚持"具体问题具体分析",善于发现问题、正确对待问题,善于抓主要矛盾、分清轻重缓急,善于分析形势、预测趋势,善于总结经验、汲取教训。

第四,人的全面自由发展是做好宣传工作的价值追求。实现人的解放和全面自由发展是马克思主义理论的核心问题和马克思恩格斯革命斗争的奋斗目标,是宣传工作的根本出发点,是检验宣传工作转化为物质实践活动的重要标尺。

（三）依据宣传对象推进宣传工作

马克思恩格斯认为，宣传虽然是单向的传播方式，但实质是精神交往，宣传和宣传对象必然存在潜在的双向交流。充分了解宣传对象是做好宣传工作的重要前提，马克思指出，宣传工作要避免成为"沙漠中的布道者"，马克思在给魏德迈的信中说，"你知道，在不了解读者等等情况下，给在大洋彼岸出版的报纸撰稿，是多么困难"①。在马克思恩格斯那里，"以包括知识分子在内的工人阶级为主，其次为农民甚至小资产阶级都是他们力争进行科学理论和革命思想宣传的对象"②。马克思恩格斯认为，在宣传时必须立足宣传对象，并且在宣传实践中形成了"了解宣传对象的层次和水平、阶层和态度、兴趣和特征等方面的内容""满足宣传对象的心理需求""一定程度上迎合宣传对象""尊重宣传对象"③进行适应他们的各种宣传工作等一系列宝贵经验。由此可见，只有了解宣传对象特点和需求，才能更好地设计宣传的内容与宣传的方式，才能使宣传收到更好的效果。马克思恩格斯曾经依据美国人的个性特征、文化基础和风格，确定宣传方式，"要写的俏皮而不拘束。这些先生们在外国栏中是非常大胆的"④，通讯《纽约每日论坛报》正是因为在充分了解掌握了宣传对象的基础上撰写，而造成了轰动效应而大获成功。马克思恩格斯也依据宣传对象的文化程度调整宣传的形式。恩格斯曾论证"招贴"的宣传作用，"招贴可以把每条街的拐角变成一个大报纸，过路的工人能从中得悉当天的事件和这些事件的意义，了解各种不同的观点及这些观点的反对意见"⑤。由此可见，街头的招贴是经济来源匮乏并且文化程度较低的普通工人最有力的宣传媒介，报刊书籍是吸引文化程度较高的知识分子的重要宣传媒介。马克思特别强调宣传内容有万能化、庸俗化，宣传成功与否取决

---

① 张艺兵：《彰显马克思宣传思想的新时代价值》，《中国社会科学报》，2019年1月17日。
② 赵学珍：《经典马克思主义大众化的若干问题研究》，《云南社会科学》，2011年第2期。
③ 单连春：《论马克思恩格斯的宣传工作思想及启示》，《江海学刊》，2016年第6期。
④ 《马克思恩格斯选集》（第二十七卷），人民出版社，2012年，第312页。
⑤ 《马克思恩格斯全集》（第6卷），人民出版社，1961年，第526~527页。

于是否满足人民群众的需要。马克思在批评拉萨尔出版的《工人纲领》小册子时说，"这东西无非是把《宣言》和其他我们时常宣传的、在某种程度上已成为口头禅的东西，卑劣地加以庸俗化而已"①。

（四）采取灵活多样的方式渠道推进宣传工作

马克思恩格斯反对空洞的说教，反对抽象化、简单化的宣传方式，对于"卡普勒教士的政治说教"嗤之以鼻，认为这种宣传根本没有考虑宣传对象是否能够接受，倡导灵活多样、各具特色的宣传方式，对于"科贝特式的宣传"给予了高度赞扬。马克思恩格在宣传科学社会主义理论时注重拓展多种宣传渠道，逐渐扩大宣传范围，不断提升宣传效果，报刊"不仅是舆论表达的一种载体，更主要的是反对资本主义制度，教育人民和宣传科学真理的重要阵地"②，同时，注重充分发挥书信、招贴、集会、演讲等宣传载体的作用，通过诗歌、小说、绘画、戏剧等民众易于接受的艺术载体宣传马克思主义理论。马克思恩格斯认清当时形势，当社会主义宣传处于劣势时，要注重宣传方式的隐蔽性，将自己的意图隐藏好，通过反面论证不动声色地揭露对方观点的漏洞，瓦解对方的主张，并且善于运用敌对方的材料反证自己的观点，"引用了我反对其利益的那些党派的文章来证明我的观点"③。

三、马克思恩格斯关于宣传者素质的论述

1847 年，恩格斯在批评激进派政论家卡尔·海因岑时指出，"党的政论家应当具备完全不同于海因岑先生（前面已指出，他是本世纪最无知的蠢汉之一）所有的品质。海因岑先生也许满脑子都是最善良的愿望，他也许是全欧洲信念最坚定的人。……但要成为党的政论家，单有这些还是不够的。除了

---

① 张艺兵：《彰显马克思宣传思想的新时代价值》，《中国社会科学报》，2019 年 1 月 17 日。
② 王永贵：《经典作家推动马克思主义大众化的实践方略》，《当代世界与社会主义》，2012 年第 4 期。
③ 《马克思恩格斯全集》（第 42 卷），人民出版社，1979 年，第 277 页。

一定的信念、善良的愿望和斯腾托尔的嗓子而外,还需要一些别的条件。……党的政论家需要更多的智慧,思想要更加明确,风格要更好一些,知识也要更丰富些"①。

（一）宣传者要有坚定的理想信念

宣传工作是以劝服为目标的特殊的精神交往活动,宣传者自身的素质是劝服能否实现的关键因素。马克思恩格斯认为,宣传者应该"充分认识到自己的历史使命,满怀完成这种使命的英勇决心,所以他们能够笑对那些摇笔杆子的文明人中之文明人的粗野漫骂,笑对好心肠的资产阶级空论家的训诫,这些资产阶级空论家总是滔滔不绝宣讲他们那一套无知的陈词滥调和顽固的宗派主义谬论,口气俨如发布永无谬误的神谕一般"②。他们批判海因岑抽象的理论宣传,强调宣传者自身应是坚定的唯物主义信仰者,在宣传过程中必须具有坚定的理想信念,必须遵循唯物主义的观点和方法,否则任何抽象的、漂亮的理论都是毫无用武之地的。

（二）宣传者要有丰富的知识和科学的思维

马克思恩格斯认为,宣传者必须具备丰富的知识和科学的思维。宣传者是否具有丰富的知识决定宣传工作的成败,知识薄弱易导致宣传中出现常识性错误,从而造成反宣传效应。恩格斯曾批评英国19世纪自由派宣传家理·科布顿,"他尽管具有十足的鼓动家的才智,但却是一个不高明的实业家和浅薄的经济学家"③。马克思恩格斯批判普鲁士议员里茨在1848年的议会发表的一篇情绪激昂的演说,指出由于他缺乏代议制知识而导致整篇演说成为一则笑话。宣传者对于宣传工作是否具有明确的科学的思路和判断决定宣传工作的效果,马克思指出:"无法实现的希望的发生只能导致受苦者

---

① 《马克思恩格斯文集》(第一卷),人民出版社,2009年,第244页。
② 《马克思恩格斯文集》(第三卷),人民出版社,2009年,第159页。
③ 《马克思恩格斯全集》(第25卷),人民出版社,2001年,第516页。

最终的毁灭，而不是他们的得救。唤醒工人如果没有一种严格科学的思想或建设性学说，那么这就等于宣传空洞的、骗人的游戏，它一方面冒充为富有灵感的预言者，而另一方面只不过是裂开的肛门，……无知从来没有帮助过任何人。"[①]恩格斯批评海因岑的鼓动缺乏明确的"说理"过程，他宣传立即举行起义，却讲不清楚为什么要起义、怎样起义，起义后做什么等等。[②]因此，宣传工作之前要根据宣传环境不同、宣传对象不同设计宣传内容、宣传方式、宣传思路、宣传对策，要善于抓住宣传斗争的关键问题和核心问题，有的放矢、对症下药，"我们在行动时，用我们的老朋友耶稣基督的话来说，要像鸽子一样驯良，像蛇一样灵巧"[③]。宣传工作之后要对宣传的效果做出及时的正确的评价。

（三）宣传者要有鲜明的个性和严明的纪律

马克思认为，宣传者要有适应宣传工作鲜明的个性特征和风格特点，同时也要有组织纪律性。"如果你想感化别人，那你就必须是一个实际上能鼓舞和推动别人前进的人。"[④]马克思认为，宣传者需要具备适应宣传工作的基本素养和品质意志、认知问题和解决问题的能力水平。马克思强调，宣传表现风格不是自我表现或自我炫耀，自我欣赏式的"宏论通常是讲的人比听的人更过瘾"[⑤]。宣传者要有严明的纪律，在马克思看来，宣传者存在于集体之中，宣传工作的优势在于组织系统的完善和宣传者的行动一致。恩格斯晚年时期曾经特别自豪于德国社会民主党的宣传工作，他认为正是组织完善、令行禁止才使宣传工作取得巨大的成效，他指出"我们的组织是完善无瑕的，它使我们的敌人感到钦佩而又绝望。……我们的军事素养和纪律也有巨大

---

① [英]麦克莱伦：《马克思传》，王珍译，中国人民大学出版社，2010年，第154~155页。
② 参见单连春、郑艾春：《马克思恩格斯论宣传思想工作者的素质》，《"中国改革开放40年与世界社会主义新发展"学术研讨会暨当代世界社会主义专业委员会2018年年会论文集》，2018年10月。
③ 《马克思恩格斯全集》（第31卷），人民出版社，2001年，第568页。
④ 《马克思恩格斯文集》（第一卷），人民出版社，2009年，第247页。
⑤ 《马克思恩格斯全集》（第12卷），人民出版社，1998年，第312页。

的作用。在汉堡,我们的竞选宣言和文件在一刻钟内就送到所有 24 万选民的手里。去年,这个城市的当局甚至请求我们帮助他们散发防治霍乱的宣传品"①。因此,马克思恩格斯认为,任何一个阶级要想在社会中扮演"特殊地位"的角色,必须在一瞬间激起自己和群众的热情。在这瞬间,这个阶级和整个社会亲如手足,打成一片,不分彼此,它被看作和被认为是社会的普遍代表;在这瞬间,这个阶级本身的要求和权力真正成了社会本身的权利和要求,它真正成为社会理性和社会的心脏。这些目标的实现都必须在严格的组织纪律下贯彻执行,自行其是式的宣传只能是徒劳的。②

第二节 列宁宣传工作思想

列宁是伟大的马克思主义宣传家和政治家,在长期的宣传马克思主义工作实践和革命斗争中,形成了全面的系统的关于宣传工作的思想体系。列宁宣传工作思想为无产阶级新闻宣传工作奠定了重要的理论基础,在世界无产阶级宣传思想工作实践中,发挥了非常重要的作用。

一、列宁的宣传工作实践

列宁从小喜爱写作,喜欢深入细致地思考问题,同时,父亲和兄长经常通过报刊杂志等媒体传播民主思想。于是,受到家庭影响和熏陶的列宁十分看重纸和笔在工作实践的作用,9 岁开始向报刊杂志投稿,在中小学期间陆续在报刊杂志发表文章。列宁在青少年时期就逐渐了解到俄国底层群众的生活,产生了反对资产阶级和沙皇专制制度的革命思想,为报刊积极撰写先进而犀利的文章,开始了革命宣传工作。读大学期间,他在各类刊物上发表

---

① 《马克思恩格斯全集》(第 22 卷),人民出版社,2001 年,第 636 页。

② 参见单连春、郑艾春:《马克思恩格斯论宣传思想工作者的素质》,《"中国改革开放 40 年与世界社会主义新发展"学术研讨会暨当代世界社会主义专业委员会 2018 年年会论文集》,2018 年 10 月。

革命文章,反对沙皇专制政府、宣传革命思想,积极参与革命集会活动,1887年被沙皇政府逮捕并流放到荒凉偏僻的小山村。在被流放期间,列宁仍然坚持读书和写作,运用各种笔名在刊物上发表了许多文章,并且认真总结经验,为了避免直接激怒沙皇政府,改变了之前过于显露的写作方法,用较为隐晦的方式批判沙皇政府。

1888年底,结束流放的列宁回到了喀山,加入共产主义小组,开始从事革命活动和宣传工作。列宁积极推动社会主义和工人运动相结合,1894年底,列宁针对彼得堡谢米扬尼科夫工厂12月23日发生的工潮事件,撰写了告该厂工人的传单,"这是俄国马克思主义者的第一份宣传鼓动传单"①。同年,主持工人运动指导中心小组会议,讨论将小组宣传向群众性政治鼓动转变的问题。1895年11月,列宁领导创立彼得堡工人阶级解放斗争协会,这一时期,群众性的宣传鼓动工作是俄国社会民主党人社会主义工作的主要内容,宣传鼓动工作以"社会主义活动和工人的实际日常生活问题结合起来"为根本任务,提高工人无产阶级觉悟,引导工人充分认识俄国社会各阶级阶层的相互关系和相互斗争、自身在阶级斗争中的地位和作用以及俄国无产阶级政党的现状及历史使命,深刻理解无产阶级的共同利益和共同事业。1895年,列宁再次被沙皇政府逮捕,被流放到西伯利亚,在监狱和流放期间仍然坚持写作,并且在各地发表大量文章。《我们的纲领》《我们的当前任务》和《迫切的问题》正是在流放期间为《工人报》撰写的文章,强调指出,社会民主党必须遵循马克思主义理论,通过在工人中间的宣传鼓动提高工人的阶级自觉、实现工人阶级由自发斗争向自觉斗争的转变。

1900年,列宁流放期满,出国流亡,全身心投入到无产阶级宣传工作当中。他认为,根据斗争形势需要,必须建立全俄的真正统一的政治性的党的机关报,同年,他联合一切力量,在德国创办了一份政治性的报纸《火星报》,积极宣传马克思主义,并且承担了建党重任。

---

① 《列宁全集》(第1卷),人民出版社,1984年,第561页。

1905 年,列宁领导和创建了第一份布尔什维克政党报纸《前进报》,把发展马克思主义和反对机会主义作为首要任务,在创刊号发表文章抨击孟什维克低估无产阶级在革命中的领导作用,并使其屈从于自由资产阶级。列宁在《前进报》上还发表文章《专制制度和无产阶级》《俄国革命的开始》《欧洲资本和专制制度》等详细分析了沙皇专制制度下的军事危机和政治危机,揭露了自由资产阶级与专制制度秘密勾结,呼吁俄国无产阶级抓住有利的政治形势,团结广大被压迫被剥削的人民群众,集结力量,发动起义。

1905 年 5 月,俄国社会民主工党第三次代表大会决定创办《无产者报》作为中央机关报,委任列宁担任主编,《无产者报》继承了《前进报》的优良传统,继续吹响推翻沙皇政权的战斗号角,在半年时间内,列宁发表了约 90 篇文章,阐明俄国革命的主要问题。但是由于复杂原因,同年 11 月停刊。

1905 年 11 月,列宁又直接领导了布尔什维克在俄国境内出版发行的一份合法公开的日报《新生活报》,并为报纸写了《党的组织和党的出版物》等 13 篇文章,论述了党报的党性原则。但是由于报刊站在无产阶级斗争的角度批判沙皇政府引起当局恐慌而遭到查封。虽然屡次遭受挫折,列宁仍然坚持不懈开展宣传思想工作,这之后,列宁又先后创办和领导了《浪潮报》《前进报》《回声报》《工人的话》等布尔什维克的报刊,又创办秘密报纸《无产者报》,继续开展同反动派的斗争。

1908~1912 年,列宁参与《社会民主党人报》《工人报》和《明星报》的创办和领导工作。1912 年列宁领导了群众性工人日报《真理报》的创办工作。俄国十月革命后,列宁经常指导《真理报》(苏联)《消息报》《经济生活报》和《贫农报》的工作,并在这些报刊上发表许多重要文章和讲话,其中《论我们报纸的性质》《苏维埃政权的当前任务》《生产宣传提纲》和《给〈经济生活报〉编辑部的信》等,都阐述了社会主义报刊的任务以及如何办好报刊的问题。

二、列宁宣传思想的主要内容

列宁坚持马克思恩格斯宣传思想,结合俄国革命斗争与社会主义建设的实际情况构建了系统性的宣传工作思想。

（一）宣传主体

宣传主体的基本素质、知识水平影响宣传思想工作的效果。俄国无产阶级最初的宣传工作中，宣传主体是从秘密小组成员中产生的，俄国第一个传播马克思主义的宣传队伍是普列汉诺夫等人带领下成立的劳动解放社。为了进一步加强俄国民主工党的宣传，列宁提出，培养无产阶级的先进分子担任宣传主体，为发展全俄的社会民主党而进行宣传，无产阶级的先进分子逐渐成长为宣传工作的中坚力量。1905 年前后，面对新的斗争形势和新的革命任务，俄国无产阶级政党勇于联系青年、民主派分子甚至一些资产阶级人士等在运动中涌现的新力量加入宣传主体队伍，开展全局性的全民宣传。

为了进一步激起最广大民众的共鸣，必须吸纳越来越多的人参与到党的宣传事业中来。俄国布尔什维克党在党内培养挑选优秀的觉悟较高的工人宣传队深入农村进行广泛宣传，培养挑选党内优秀的宣传工作者派往工厂和兵营中，积极争取广大的人民群众。在列宁领导下，布尔什维克党通过努力将群众逐步转变为宣传工作的主体，这种转变不仅是身份的变化，更是宣传工作效果的呈现。人人成为宣传家和鼓动者，实现了宣传工作的全民参与，俄国宣传主体队伍日益壮大，极大地促进了俄国革命事业和社会主义建设事业的发展。

（二）宣传对象

宣传对象的知识水平和思想觉悟对宣传成效有很大的影响。宣传思想工作的对象首先是本身具备一定的文化素养又对马克思主义思想持有接受态度的人。"在无产阶级的先进阶层中间进行鼓动，是把整个俄国无产阶级唤醒起来的最可靠的手段。"①在"彼得堡工人阶级解放斗争协会"期间，宣传

---

① 《列宁全集》(第 2 卷)，人民出版社，1984 年，第 431 页。

的主要对象是城市工厂工人，思想觉悟具有先进性的城市工厂工人能够从思想到行动首先接受社会民主主义的思想。

在宣传工作实践中，俄国革命阶级具有复杂性，宣传对象日益广泛。列宁认为，宣传对象不能只局限于工人阶级，要到"居民的一切阶级"中去宣传，农民、青年等阶层只要愿意接受共产主义思想洗礼的都可以成为宣传对象。青年学生是容易接受新思想的思维活跃的群体，1900年，为了配合工人的罢工运动，俄国学生组织开展罢课运动，社会民主党积极向广大学生宣传马克思主义理论和民主主义思想，培养青年学生成为革命斗争的支持者、国家发展的后备军和接班人。

通过宣传思想工作，宣传对象在教育引导下不仅接受认同宣传的内容，而且逐渐转化为宣传的主体，成长为马克思主义理论宣传的主力军。列宁宣传思想中宣传主体与宣传对象的关系思想成为中国共产党宣传思想工作的重要借鉴。

（三）宣传载体

在列宁的宣传工作实践中，宣传载体发展经历了三个阶段，口头传播阶段、文字传播阶段和以科技为支撑的音像传播阶段。①

传单被称作俄国第一种形式的社会民主主义文献，它最突出的特点是简明扼要、灵活机动、成本较低，易于散发和携带，成为无产阶级革命斗争和宣传工作第一种非常重要的宣传载体。报刊是列宁从事宣传工作的主要载体，他一生宣传工作和报刊活动密切相关，形成的关于新闻出版、创办报刊特别是党报的思想是列宁宣传思想的重要内容。列宁认为，杂志是报刊的有效的补充形式，他认为"杂志主要是宣传，报纸主要是鼓动"②，杂志的主要任务是以基本事实为依据，用生活中真实事例说明问题，从理论上论证问题。根据不同的斗争需要，宣传和鼓动可以交叉使用。

---

① 参见郭凤龙：《列宁的宣传思想研究》，兰州理工大学2021年硕士学位论文。
② 《列宁全集》（第4卷），人民出版社，1984年，第287页。

随着新技术的发展,俄国十月革命之后,列宁极为重视无线电广播宣传载体,认为它是"不要纸张,'不受距离限制'的报纸"①。

他认为,广播能够实现远距离的输送信息,这种宣传优势能够扩大宣传范围,广播内容通俗易懂,不仅能够向公众传播信息,而且能进行教育、开展娱乐,这种宣传优势能够接近与底层民众的距离,进一步扩展宣传对象。随着电影作为娱乐的工具日益走进人们的生活,列宁开始从政治角度关注电影的发展,他提出,要"更广泛地和更经常地利用电影进行生产宣传,同电影局合作"②,充分发挥电影在政治宣传和文化教育的载体作用。

综上可见,政治形势的复杂性和社会变化的激烈性需要宣传载体的多样性,只有借助丰富多彩的宣传载体和传播手段才能使宣传内容更具吸引力,增强宣传的效果。

(四)宣传内容

依据不同时期不同任务,宣传内容应在坚持马克思主义客观真理的基础上因时而变各有侧重点。俄国革命时期和建设时期宣传内容经历了由马克思主义政治宣传到以"经济生产建设为重心"的社会主义经济宣传的转型。

在革命时期,宣传工作以"宣传马克思主义理论与社会民主党学说"的政治宣传为主要内容。列宁明确指出,要在工人群众中宣传通俗化的马克思主义,宣传社会民主主义思想和社会民主党的理论学说。通过政治宣传唤醒工人阶级的自觉,充分认识到推翻专制制度、实现政治民主化的历史必然,从而为夺取社会主义的胜利奠定基础。

在社会主义建设时期,依据社会历史发展规律,列宁认为,"报刊应该成为社会主义建设的工具"③,"要努力创办这样一种报刊:……是把日常的经

---

① 《列宁全集》(第49卷),人民出版社,1988年,第244页。
② 《列宁全集》(第40卷),人民出版社,1992年,第18页。
③ 《列宁全集》(第34卷),人民出版社,1985年,第172页。

济问题提交群众评判"①。俄国十月革命之后,统一的苏维埃政权已经确立,纯粹的政治宣传不再适应社会主义建设时期的国家发展的需要。列宁认为,苏维埃政权的报刊不应忽视对工农群众生产建设的宣传,宣传工作的重心必须从政治宣传转变为经济宣传,以"经济建设为中心,培养民众的共产主义意识"为主要宣传内容。列宁辩证地认识政治与经济的关系,明确指出:"整个宣传工作都应该建立在从政治上说明经济建设的基础上。"②

　　在俄国的社会主义建设时期,宣传工作要注重从各种经济乱象中总结经济发展的政治因素,在经济宣传中,要注重搜集和善于发现新形势下经济社会发展的现实,切忌高谈阔论,要用生动鲜活的典型事例教育群众。要集中力量进行生产宣传,充分调动人们的生产积极性,推进国民经济的恢复工作,动员有知识、有技术、有能力的人为生产宣传贡献力量,充分发挥典型的示范作用。宣传工作的重心由政治宣传转为经济宣传,不意味着忽视或放弃政治宣传,而是将无产阶级政党的政治宣传贯穿于社会主义建设的全过程。社会主义建设时期,俄国的政治宣传工作的重点由革命时期的组织群众工作转变为培育工农群众的共产主义意识。通过积极宣传共产主义,使广大工农群众彻底摆脱资产阶级腐朽思想的侵害,认清和理解苏维埃制度的意义和性质,从而支持与信任无产阶级政党和苏维埃政府,真正认同马克思主义,从而成长为共产主义者,成为国家和社会真正的主人。

　　(五)宣传方式

　　工人阶级是俄国革命的中坚力量,但是由于受到历史条件、教育背景、认知水平、思想观念等多方面因素的限制,无法认清俄国社会的本质和自身境遇的根源。列宁认为,"没有革命的理论,就不会有革命的运动"③,无产阶级是不能够通过工人运动自发地产生独立的新的思想意识的, 提出了著名

---

① 《列宁全集》(第34卷),人民出版社,1985年,第172页。
② 《列宁全集》(第31卷),人民出版社,1985年,第337页。
③ 《列宁选集》(第一卷),人民出版社,2012年,第311页。

的"灌输理论","工人本来也不可能有社会主义民主主义的意识。这种意识只能从外面灌输进去,各国的历史都证明:工人阶级单靠自己本身的力量,只能形成工联主义的意识"①。列宁认为,革命斗争需要最广泛的宣传动员,要成立相应的组织机构,积极培养党员干部队伍,充分发挥先进阶级的政治思想宣传带动作用。只有通过宣传和教育等灌输的方式才能引导工人阶级克服认知能力障碍、突破交往活动的局限性,将先进的理论充实到工人阶级的头脑之中,从而使工人阶级自觉掌握并运用理论,提升知识水平和思想觉悟,能够自觉说服其他人。

在革命时期,俄国革命需要最广泛的同盟军的支持。列宁在领导宣传工作的实践过程中,采取合法宣传和秘密宣传相结合的宣传方式积极争取同盟军。一方面,资产阶级统治下,公民具有出版自由的权利,虽然这种权利也是极为有限的,但是无产阶级政党可以利用有限的权利创办合法报刊进行政治宣传,在宣传鼓动、瓦解敌人士气方面起到催化剂的作用;另一方面,革命斗争中的合法报刊随时面临被查封停刊的危险,传单、小册子、秘密书刊等隐蔽而灵活的宣传方式成为合法宣传必要的补充。秘密宣传与公开宣传相结合的宣传方式能够充分发挥多种宣传载体的优势,实现革命奋斗的目标。

在社会主义建设时期,列宁注重公开宣传与典型示范相结合的宣传方式。公开宣传有利于国家所有的公社及时了解各地区经济发展的实际情况并进行经验交流,发挥公开宣传推进经济建设发展的作用。公开宣传的同时突出典型示范的作用,典型示范既有正面的榜样也有反面的黑榜,榜样弘扬社会正气,黑榜达到警示作用,刚柔并济是列宁在宣传工作中的重要方式。

（六）宣传原则

列宁领导俄国宣传工作的实践蕴含着宣传工作应遵循的基本原则,

---

① 《列宁选集》(第一卷),人民出版社,2012年,第317页。

党性原则关乎宣传工作的性质和方向，人民性原则关乎宣传工作的内容和方式。

宣传工作要坚持党性原则。列宁指出，"出版物应该成为党的出版物""报纸应该成为各级党组织的机关报"①，要让党的"写作事业成为社会民主主义机器的'齿轮和螺丝钉'"②，一切宣传报道必须坚持党的立场、维护党的利益。人民群众思想活跃，列宁指出，党报可以为人们创作自由和发表言论提供公开的舞台，但是为了避免打着创作自由的口号宣传鼓吹错误观点的人，创作自由是有限定的，党的出版物必须坚持党性原则，自觉接受党的监督。

宣传工作要坚持人民性原则。人民群众是历史的创造者，宣传工作要为了人民、贴近人民、依靠人民。列宁认为，宣传工作的目的是教育人民、争取最广泛的人民，实现人的解放和全面自由发展。宣传工作者必须贴近人民，依据人民的工作生活实际和思想文化特点开展宣传工作，可以按照群众认知水平，分层次分类别采取不同的宣传方式。宣传工作中，要尊重人民群众的主体地位，发挥群众自我教育的作用，调动群众中骨干成员以群众的语言开展宣传鼓动工作，有效地打动其他群众从而收到良好的宣传效果，让思想工作能够在最广大的人民群众中深入开展。

①② 《列宁全集》(第12卷)，人民出版社，1987年，第93页。

第二章 宣传思想工作的成就经验

第一节 宣传思想工作的实践探索

一、新民主主义革命时期

(一)中国共产党建党初期和大革命时期的宣传思想工作

1.中国共产党建党初期的宣传思想工作

近代中国面临空前的民族危机,中华儿女在黑暗中探索救亡图存之路。太平天国运动、戊戌变法、义和团运动相继失败,辛亥革命虽然推翻了中国两千多年的封建统治,但是资产阶级政治上的软弱性决定了革命的不彻底性,旧中国仍然处于"军阀混战、民不聊生"的四分五裂的局面。在"变器物""变制度""变文化"的探索中,人们拥抱西方,积极学习西方先进的文化,各种救国方案轮番出台,但仍然以失败而告终。"十月革命一声炮响,给中国带来了马克思主义。"中国先进知识分子在黑暗的探索中看到了光明,找到了解决中国问题的出路,实现了伟大觉醒,拉开了宣传思想工作的序幕。

（1）马克思主义的广泛传播和研究

通过在各种刊物上发表文章传播马克思主义。五四时期，文化界兴起了创办报刊的热潮，涌现了大量新文化报刊，《晨报》及其副刊影响比较大。1919 年 2 月 7 日《晨报》第 7 版刊登了李大钊的《战后之世界潮流》一文，指出："在这回世界大战的烈焰中间，突然由俄国冲出了一派滚滚的潮流，把战焰的势气挫了一下。""这种社会革命的潮流，虽然发轫于俄、德，蔓延于中欧，将来必至弥漫于世界。"①李大钊同志参与《晨报》副刊编辑工作，1919 年 4 月连载了渊泉（陈溥贤）翻译的《近世社会主义鼻祖马克思之奋斗生涯》，对马克思的生平及其思想发展进行了概括，对于马克思早年的成就，作者深表钦佩，认为马克思年仅 30 岁就写出了"历史上学问上最有价值之《共产党宣言》"②。1919 年 5 月 5 日马克思诞辰 101 周年纪念日，开辟了《马克思研究专栏》，发表了《马克思的唯物史观》，《晨报》副刊成为 1919 年传播马克思主义的一个重要阵地。③新文化运动的重要刊物《新青年》逐渐转变为宣传马克思主义的刊物。1919 年 5 月，李大钊将《新青年》第 6 卷第 5 号编成《马克思主义研究专号》，刊登《马克思学说》《马克思的唯物史观与贞操问题》《马克思的唯物史观》《马克思奋斗的生涯》《马克思传略》以及李大钊本人撰写的第一篇全面系统介绍马克思主义的学说《我的马克思主义观》。据不完全统计，从俄国十月革命后到 20 年代初，宣传和介绍社会主义的刊物多达 400 多种，单是 1918 年到 1919 年发行刊物中开辟专栏介绍马克思学说的刊物就有 30 余种。④

通过翻译出版马克思主义著作传播马克思主义。1920 年 8 月，陈望道翻译的《共产党宣言》第一个中文全译本由社会主义研究社出版。几乎同时，郑次川翻译的恩格斯的《社会主义从空想到科学的发展》由上海群益书社出版。1920 年 9 月，李汉俊翻译的《马克思资本论入门》由社会主义研究社出版。1921 年 5 月，李达翻译的荷兰人郭泰著的《唯物史观解说》由中华书局出

---

① 《李大钊全集（修订本）》（第 2 卷），人民出版社，2013 年，第 401 页。
② 张卫波：《〈晨报〉与马克思主义的早期传播》，《月读》，2021 年第 9 期。
③④ 参见张小平：《马克思主义在中国的早期传播论析》，《观察与思考》，2021 年第 1 期。

版。1920 年 8 月,新青年社在上海成立,从 1920 年 10 月至 1921 年 4 月,该社出版了李季翻译的柯卡普著的《社会主义史》、恽代英翻译的考茨基著的《阶级斗争》等。①

通过成立马克思主义研究会和共产主义小组研究和宣传马克思主义理论。1920 年 3 月,李大钊在北京大学秘密发起成立"马克思学说研究会",同年 5 月陈独秀在上海组织马克思主义研究会。毛泽东和蔡和森等于 1918 年成立了新民学会,毛泽东还先后组织了问题研究会、文化书社、马克思主义研究会和俄罗斯研究会等团体,周恩来 1919 年在天津组织了觉悟社。在研究会的基础上,共产主义小组在上海、北京、武汉、长沙、济南、广州等地相继成立,各地共产主义小组的成立大大促进了马克思主义的研究与宣传。②

(2)与反马克思主义的"三次论争"

关于"问题"与"主义"之争。1919 年 7 月,胡适发表文章《多研究些问题,少谈些主义》,以反对人们谈论各种主义而不作实际研究为名,③反对宣传马克思主义,认为社会问题只能靠点点滴滴的改良,反对用革命的方法根本解决社会问题④。针对胡适的观点,李大钊等人先后发表文章《问题与主义》《再论问题与主义》批驳胡适的改良主义等观点,运用马克思主义唯物史观,鲜明地提出社会主义是时代的旗帜,解决中国问题必须走革命道路。⑤

关于"中国走什么道路"之争。1920 年 11 月,张东荪发表了《由内地旅行而得之又一教训》一文,后又发表了《现在与将来》,对罗素劝告中国"暂不主张社会主义",当务之急是"开发中国资源"、发展实业的言论表示十分信服。梁启超于 1921 年 2 月也发表了《复张东荪书论社会主义运动》等文章,反对中国实行社会主义。这些文章认为中国经济落后、大多数人民无知识,主张"实业救国",主要走资本主义道路,解决军阀当道的问题也只能采取和平的

---

① 参见张严:《中国共产党与马克思主义在中国的早期传播》,《求知》,2021 年第 8 期。

② 参见张小平:《马克思主义在中国的早期传播论析》,《观察与思考》,2021 年第 1 期。

③⑤ 参见《社会主义发展简史》,人民出版社、学习出版社,2021 年,第 136 页。

④ 参见张蕊:《五四时期的三次论战及其影响》,《党史文苑》,2014 年第 2 期。

渐进的改良方式。陈独秀、李大钊、李达、蔡和森等人纷纷发表文章反驳其言论。《新青年》第 8 卷第 4 号开辟了"关于社会主义讨论"专栏,其中影响最大的是李达的《讨论社会主义并质梁任公》和陈独秀的《社会主义批评》,对反对社会主义的言论进行了批判,①明确指出中国需要发展实业,但是单靠实业是无法救国的,改变中国积贫积弱的现状,只能走社会主义道路。通过争论,许多先进青年了解并选择了科学社会主义。

关于"马克思主义与无政府主义"之争。无政府主义是信奉"个人至上,个人万能,反对一切国家、一切强权政治"的一种小资产阶级的社会政治思潮。五四时期宣传无政府主义的思潮比较盛行,主要代表人物是北大学生黄凌霜、区声白等。1919 年 9 月,黄凌霜发表了《马克思学说的批判》,反对无产阶级专政和社会主义分配原则。之后无政府主义者又陆续发表了一些反马克思主义的文章。1920 年 9 月,共产主义者开始反击,陈独秀发表了《谈政治》一文,对无政府主义的基本观点进行了批判。马克思主义与无政府主义围绕"无产阶级专政的国家说问题""自由问题""生产和分配问题"进行争论,早期马克思主义者以马克思主义唯物史观为指导有力地驳斥了无政府主义的观点,更加将一大批曾经信奉无政府主义的青年知识分子吸引到马克思主义方面来。②

据统计,三次争论发表文章 150 多篇,参与争论者 90 多人,马克思主义者针对各种反对者的观点,从马克思主义学理层面进行系统论证阐发,开始了马克思主义与中国实际相结合的理论探索,奠定了科学社会主义在中国发展的基础。

总之,伴随着马克思主义的广泛传播和研究,经过与反马克思主义的激烈论战,越来越多的先进知识分子逐渐放弃曾经追随的思想主张,选择了马克思主义,走上了革命斗争的道路,思想建党是中国共产党创建时期宣传思想工作的核心内容。

---

①② 参见张蕊:《五四时期的三次论战及其影响》,《党史文苑》,2014 年第 2 期。

2.大革命时期党的宣传思想工作

中国共产党是代表无产阶级利益的马克思主义政党，建党初期，全国 50 多位党员大部分是知识分子，他们认识到理论建设和宣传工作的重要性，这一时期的宣传思想工作主要围绕"广泛宣传传播马克思主义、加强马克思主义理论建设"等逐步展开。

(1)广泛宣传传播马克思主义

中国共产党通过的党的第一个决议《关于当前实际工作的决议》对开展宣传工作做了具体规定。1921 年 8 月初，中共一大选出"临时中央执行委员会"，其中李达负责宣传。9 月陈独秀从广东回上海，成立中共中央局，首先成立了中央局宣传部，李达为宣传主任。1923 年 10 月成立了教育宣传委员会，下设编辑部、函授部、通讯部、印行部、图书馆等部门，各司其职，分别负责报刊的编辑、印刷发行和资料保存等工作。1924 年 5 月三届扩大中央执委会议决议称"中央宣传部应当在党报上加重党内教育的工作，并且指导马克思主义研究会""党内教育的问题非常重要，而且要急于设立党校培养指导人才"。①同时，为了确保宣传工作的党性原则，《中国共产党第一个决议》进一步作出纪律性规定，"一切书籍、日报、标语和传单的出版工作，均应受中央执行委员会或临时中央执行委员会的监督……不论中央或地方出版的一切出版物，其出版工作均应受党员的领导。任何出版物，无论是中央的或地方的，均不得刊登违背党的原则、政策和决议的文章"。中共二大通过的《中国共产党加入第三国际决议案》中也曾声明："每日的宣传和运动须具真实的共产主义的性质，……党的一切机关报，均须由已经证实为忠于无产阶级利益的忠实共产党编辑……一切定期的或其他的报纸与出版物，须完全服从党的中央委员会，无论他是合法的或违法的，决不许出版机关任意自主，以致引出违反本党的政策。"②

---

① 王健英：《民主革命时期中共中央宣传部的历史演变》，《上海党史与党建》，2014 年 8 月号。

② 《中国共产党加入第三国际决议案》，共产党员网，https://fuwu.12371.cn/2012/09/17/ARTI134 7854662491864.shtml。

在党中央的引领和推动下,《向导》周报、《新青年》季刊、《前锋》月刊和《中国共产党党报》等机关刊物和《劳动周刊》《工人周刊》《劳动周报》《先驱》《中国青年》等分别面向工人和青年的报刊等相继创办。以李大钊、蔡和森、瞿秋白、毛泽东为代表的中国共产党人撰写理论文章大力宣传马克思主义基本理论。1921 年秋,中央局在上海创办人民出版社,党克服了重重困难,一年内出版了一系列的马克思全书、列宁全书、"康民尼斯特"丛书等,包括马克思、恩格斯的《共产党宣言》(陈望道译)、马克思的《工钱劳动与资本》(袁让译),此外有《资本论入门》(马尔西原著,李汉俊译);列宁的《劳农会之建设》(李立译)、《讨论进行计划书》(沈泽民译)、《共产党礼拜六》(王静译)、《劳农政府之成功与困难》(李墨耕译),此外还有《列宁传》(张亮译);康民尼斯特丛书《共产党底计划》(布哈林)、《俄国共产党党纲》《国际劳动运动中之重要时事问题》《第三国际议案及宣言》《俄国革命纪实》等。这是在我国第一次有组织、有计划地出版马克思、恩格斯和列宁的著作,为党员系统学习革命理论、提高革命觉悟提供了参考教材。1923 年党中央进一步对所属机关刊物作了宣传上的分工:《新青年》是"学理的马克思主义的研究宣传机关",《前锋》是"中国及世界的政治经济的研究宣传机关",《向导》是"国内外时事的批评宣传机关",《中国共产党党报》是讨论党内问题及"发表正式的议决案报告等之机关",《中国青年》是"一般青年运动的机关",《青年工人》是"青年工人运动的机关",《团镌》是"团内问题及发表正式文件(议决案及报告)之机关"。①适当分工,使不同刊物可以针对本领域的内容进行深入细致且专注的研究与宣传,使宣传工作更具深刻性、广泛性和针对性。1926 年,李达的《现代社会学》出版,这是一部系统地阐述历史唯物主义和科学社会主义的著作。

(2)加强马克思主义理论建设

中国共产党的第一个决议《关于当前实际工作的决议》提出成立"工会

---

① 卢毅:《建党初期理论宣传工作的历史经验》,《中国党政干部论坛》,2011 年第 8 期。

组织的研究机构"，指出"成立这种机构的主要目的，是教育工人，使他们在实践中去实现共产党的思想"，"这种机构的研究工作应分为以下几类：工人运动史，组织工厂工人的方法，卡尔·马克思的经济学说，各国工人运动的现状。研究的成果应定期发表，应特别注意中国本国的工人运动问题"。研究机构的设立有利于推动马克思主义理论与中国具体实际相结合，引领马克思主义中国化发展。

1922年中共二大第一次提出反帝反封建的民主革命纲领，标志着中国共产党已经开始将普遍的革命理论与中国的国情结合起来，对中国的社会性质有了更加正确的认识，对中国革命具有深远的意义。

1923年中共三大确立了建立民主联合战线的方针，制定了与国民党合作、共同开展国民革命的政策。1925年中共四大总结国共合作一年来的经验教训，在党的历史上第一次明确提出无产阶级在民主革命中的领导权和工农联盟问题，指出"必须有最革命的无产阶级有力的参加，并且取得领导的地位，才能够得到胜利"，"农民是无产阶级的天然同盟者"，中国革命成功必须解决农民问题。面对党内存在着的两种倾向，即以陈独秀为代表，只注意同国民党合作，忘记了农民的右倾机会主义和以张国焘为代表；只注意工人运动，同样忘记了农民的"左"倾机会主义，毛泽东运用唯物史观分析中国现实，探索中国历史的发展规律，从而明确了中国革命前进的道路与方向。在《中国社会各阶级的分析》和《湖南农民运动考察报告》等著作中，运用唯物史观解决了"谁是我们的敌人，谁是我们的朋友"以及"依靠谁、团结谁、打击谁"等革命的首要问题，为中国革命指明了前进方向。

但是，由于建党初期全党认识的局限性，宣传思想工作曾经出现一些问题。首先，党内创始人以治学严谨的知识分子、专家学者为主，很多人比较擅长撰写深奥的理论文章，学术性的话语体系与普通民众有一定的差距，同时，生活在半殖民地半封建社会的人们封建奴化思想比较突出，政治环境极其恶劣等，因此他们到群众中广泛宣传得到群众支持认同的难度比较大，宣传思想工作经验不足。其次，党内一些人错误地夸大宣传工作的作用，认为单靠宣传工作就可以取得革命的成功。恽代英在《怎样做一个宣传家》一文里写道:"我们不靠手枪炸弹打死一个阿猫阿狗以改造世界;我们不像买彩票一样的送几个人到军队中去,以便逐渐变成督军、师旅长的所谓实力派以改造世界;我们不靠练几队精兵去打天下,学吴佩孚的武力统一以改造世界。我们怎样改造世界呢?我们靠宣传工作,靠一张嘴、一支笔,宣传那些应当要求改造世界的人们起来学习我们,和我们一同改造世界;我们要宣传到使勇敢的人们起来帮助我们宣传,我们要宣传到使怯懦的人都必须了解而赞助我们的主张,我们要宣传到一切被压迫的人们都联合起来,大多数向来为统治阶级作爪牙效劳奔走的人们都对统治阶级倒戈相向,于是统治阶级便土崩瓦解地倒下来了。"①年轻的中国共产党在第三次代表大会的宣言里指出,国民党有两个错误,一是幻想列强援助中国革命,等于"求救于敌";二是"集中全力于军事行动,忽视了对于民众的宣传"。因此,我党加入国民党的"中心工作",就是"宣传、引导工人农民参加国民革命"。② 1926 年,中共中央更明确要求共产党人,"只是注意政治宣传的事,而不可干涉到军事行政上事"③。因此,在第一次国共合作期间,处于幼年时期的中国共产党主动放弃了军事领导权,也没有形成比较成熟的意识形态领导权理论,最终丧失了革命领导权。国民党蒋介石发动"四一二"反革命政变,疯狂杀戮中国共产党人,第一次国共合作失败,轰轰烈烈的大革命以失败告终。

(二)土地革命战争时期党的宣传思想工作

20 世纪 30 年代的中国面临内忧外患,日本帝国主义加快了侵略的步伐,国民党反动派大规模"反共、清共",残杀中国共产党员,汪精卫叛变"宁汉合流"。大革命失败后,陷入困境的中国共产党召开了八七会议,在反思教

---

① 《恽代英文集》(下卷),红旗出版社,1999 年,第 697 页。

② 《中国共产党第三次全国代表大会宣言》,中国社会科学院马克思主义研究网,http:// myy.cass. cn/marenews/more new.8.asp。

③ 《中共中央文件选集》(第 2 册),中共中央党校出版社,1989 年,第 455 页。

训的基础上积极探寻革命的方向,并且先后领导了南昌起义、秋收起义、广州起义等一系列武装起义,创建人民军队、武装夺取政权,开启了独立领导革命的新征程。这一时期,中国共产党在开展武装斗争的同时进一步加强宣传思想工作。

1.加强马克思主义理论的研究和宣传

1927年10月24日,中国共产党中央委员会的理论性机关刊物《布尔塞维克》在上海秘密创刊,负责传达党的任务,并且翻印出版马克思列宁的著作,积极宣传马克思主义理论。在党的领导下,一些左翼社会工作者翻译出版了大量马克思恩格斯的著作和国外研究马克思主义的著作,比如普列汉诺夫的《近代唯物史论》《马克思主义的哲学问题》等成为当时中国共产党学习研究马克思主义的重要书籍。一大批马克思主义理论家比如李达、艾思奇、王亚南、郭大力等对马克思主义理论进行深入研究和宣传,李达的《社会学大纲》论述了唯物辩证法、历史唯物论、社会的经济构造、社会的意识形态等,此书是李达在国立北平大学法商学院任教授时的名著。1935年北平大学法商学院作为讲义首次印行,1937年5月由上海笔耕堂书店出版,同年再版三次。毛泽东详读了此书并作了眉批,向延安抗日军政大学和哲学研究会作了推荐,指出此书是"中国人自己写的第一本马列主义哲学科教书",在中国马克思主义传播史上产生过巨大影响。艾思奇的《大众哲学》用生动通俗的语言阐述马克思主义哲学原理,作为宣传马克思主义哲学的通俗读物,在当时影响很大。

2.重视党内的思想政治教育与文化教育

大革命失败之后,中国共产党认识到失败的一个重要原因是党内存在着非无产阶级的机会主义思想,因此从八七会议开始要求全党不仅在组织上而且从思想上肃清非无产阶级机会主义错误。土地革命战争时期,大批优秀的农民加入党内来,壮大了党组织和人民军队,但是一些非无产阶级思想又引发了党内思想认识的混乱。1929年古田会议,毛泽东起草了《关于纠正党内的错误思想》,认真分析了党内错误思想产生的原因,"自然是由于党的组织基础的最大部分是由农民和其他小资产阶级出身的成分所构成的;但是党的领导机关对于这些不正确的思想缺乏一致的坚决的斗争，缺乏对党员作正确路线的教育，也是使这些不正确思想存在和发展的重要原因"①。在决议中明确提出了对军队进行思想教育和文化教育的要求,"教育党员用马克思列宁主义的方法去作政治形势的分析和阶级势力的估量，以代替主观主义的分析和估量"②。由"各纵队政治部负责编制青年士兵识字课本"，在"每个纵队内设立青年士兵学校一所，分为三班至四班"，"每班以授足九十小时为一学期"，对士兵进行有组织、有领导、有计划的文化教育。③古田会议确立了思想建党、政治建军的原则。

3.加强党的宣传教育工作

"四一二"反革命政变之后,2017年4月18日,国民党在南京建立国民政府,为了维护巩固其反动统治,大肆造谣诬蔑共产党,在意识形态领域开展大量的宣传活动。在负面宣传的影响下,广大民众特别是从未接触过共产党的民众开始惧怕共产党,不愿意与共产党有任何联系,曾经受到共产党影响的一些民众也开始惧怕革命、质疑共产党,革命的信念发生动摇。因此,中国共产党面临的重要任务是将抽象难懂的马克思主义基本理论通俗化,让越来越多的民众了解马克思主义理论,同时积极宣传中国共产党的纲领政策和主张,使广大民众真正认同革命、认同中国共产党,愿意主动参与到革命斗争中。

一方面,积极推进马克思主义大众化的教育。土地革命战争时期,中国共产党在革命根据地创办了各类学校,根据不同层次、不同年龄的特点,有针对性地将马克思主义基本理论和时事政治融入课本内容和课堂教学,教材内容丰富,语言表达多是口语化,形式通俗化,使广大党员和民众在学习

---

①② 毛泽东:《关于纠正党内的错误思想》,中国网,http://www.china.com.cn/。

③ 李雨檬:《毛泽东:"没有文化的军队是愚蠢的军队"》,《湘潮》,2017年第6期。

文化知识的过程中不断接受思想政治教育、掌握马克思主义的立场和主要观点。同时,加强社会教育,动员广大民众参与识字运动,扫除"文盲",在这个过程中接受共产主义教育,提升政治理论修养。另一方面,探索多种方式,加大宣传力度。土地革命战争时期,中国共产党围绕党的中心工作、配合革命形势开展了内容丰富、形式多样的宣传工作。这一时期宣传工作的内容主要集中在"武装斗争、土地革命、根据地建设、红军长征、抗日救亡"等几个方面。宣传形式注重通俗易懂,尽量用土话或浅白的普通话表达观点和主张,比如,一系列口号标语深入民心,"红军是工农的军队,红军是工农的武装""红军是为穷人谋利益的军队""有田分穷人才有饭食""实行土地革命,铲除封建势力""为独立自由领土完整的苏维埃新中国而斗争""誓死不当亡国奴"等,同时,注重使用老百姓喜闻乐见的表达方式,比如报刊、漫画、快板、民谣、戏曲等也成为非常重要的宣传载体。

这一时期各根据地成立专门的宣传教育机构,各乡和村都建立了党的宣传队组织,有专门的人员负责宣传教育工作。在长期探索和持续努力下,广大民众逐渐了解中国共产党的性质任务、纲领政策和主张,在耳濡目染中慢慢接受中国共产党、认同中国共产党,宣传教育工作成为瓦解敌军阴谋、赢得民众支持、推动土地革命的有力武器。

4.建立广泛的文化统一战线

大革命失败之后,国民党不仅对无产阶级武装力量进行疯狂镇压,而且对无产阶级文化进行疯狂围剿。1930年10月,中国共产党在上海组织成立了文化界统一战线组织"中国左翼文化总同盟",团结广大进步知识分子掀起了反抗国民党文化专制的文化斗争。总同盟下属八个左翼文化革命团体,其中"中国左翼作家联盟"成为第一个文化舆论阵地,广泛宣传党的思想观点和政策主张,并且明确提出文化创作要坚持"反对封建阶级和资产阶级、为无产阶级文艺服务"的原则,鲁迅、夏衍、郭沫若、茅盾等先进知识分子积极融入民众,创作了一大批优秀的文化作品,广大民众在文化滋养中接受精神的洗礼而逐渐觉醒,促进了民众对马克思主义思想和中国共产党主张的认同。

土地革命时期,中国共产党坚持土地革命、武装斗争、根据地建设和意识形态工作辩证统一、相辅相成,革命曾经一时兴起,根据地逐渐扩大,1931年11月,中华苏维埃共和国临时中央政府成立。在党的正确领导下,红军打败了国民党军队的四次反革命围剿。但是好景不长,由于党内出现了严重的"左"倾错误思想,教条化僵化地理解马克思主义,片面听从共产国际的指示,党的领导渐渐背离中国国情,主观主义、盲目蛮干,很多正确的方针政策没有坚持贯彻,最终在王明等"左"倾机会主义领导下第五次反围剿失败。由此可见,只有将马克思主义基本理论与中国具体实际相结合,反对任何形式的主观主义和教条主义,党才能坚持正确方向、才能得到广大民众的认同、才能取得革命胜利。

(三)抗日战争时期党的宣传思想工作

由于中国工农红军第五次反围剿失败,中国共产党被迫长征。这一时期,我们面临两大任务:其一,反思两次国内革命战争特别是第二次国内革命战争失败的原因,彻底清算党内存在的"左"右倾错误思想;其二,日本加快侵略中国的步伐,民族矛盾已经上升为主要矛盾,必须联合国民党共同抗日。1935年遵义会议重新确立了毛泽东在党中央和红军的领导地位,确立了以毛泽东为主要代表的马克思主义正确路线在党中央的领导地位,以毛泽东为核心的党的第一代中央领导集体开启了党独立自主解决中国革命实际问题的新阶段。[1]在党中央的正确领导下,一方面领导人民军队继续开展武装斗争、积极抵抗日本侵略者;另一方面加强宣传思想工作,树立威信、统一思想、凝聚人心。

1.推进马克思主义中国化的理论创新,确定党的指导思想

这一时期,中国共产党同国内的帝国主义思想、封建主义思想、官僚资

---

[1] 参见《中国共产党简史》,人民出版社、中共党史出版社,2021年,第59~60页。

本主义思想等非马克思主义思想进行斗争，同时，同党内以陈独秀为代表的右倾机会主义思想、以王明等为代表的"左"倾错误思想进行斗争，在斗争中推进理论创新，赢得意识形态主动权。1937年毛泽东结合马克思主义哲学基本原理和中国具体革命实际，写作哲学著作《实践论》《矛盾论》，从马克思主义认识论、辩证法的高度着重揭露和批判了长期存在于党内的主观主义错误，尤其是教条主义错误，阐明了党的马克思主义的思想路线，两论的发表既是思想认识层面的清算，又是统一思想的准备，为马克思主义中国化发展奠定了理论基础；毛泽东强调，"马克思主义必须和我国的具体特点相结合并通过一定的民族形式才能实现"①，1938年10月，毛泽东在党的六届六中全会的政治报告《论新阶段》中指出："离开中国特点来谈马克思主义，只是抽象的空洞的马克思主义。因此，马克思主义的中国化，使之在每一表现中带着必须有的中国的特性，即是说，按照中国的特点去应用它，成为全党亟待了解并亟待解决的问题"②，"马克思主义中国化"的命题正式提出；1940年《新民主主义论》发表，新民主主义理论的提出和系统阐明，是马克思主义中国化的重大理论成果，标志着毛泽东思想得到多方面展开而趋于成熟。③1945年党的七大确立毛泽东思想为党的指导思想并写入党章，为革命实践奠定了坚实的理论基础。

2.开展党的基本理论教育，凝聚人心实现认同

延安时期是中国共产党渐渐走向成熟的特殊时期，是掌握意识形态领导权的关键时期。面对内忧外患，党内开展了一系列宣传思想工作，有力配合了政治斗争和军事斗争，为革命胜利奠定了精神基础。延安时期基本理论教育的内容主要包括马克思主义理论、历史和党史、时事政治形势任务、群众路线等。针对党内有一定知识文化基础的领导干部和青年知识分子，开展马克思主义理论教育，使他们树立正确的世界观和价值观，提升了马克思主

---

① 《毛泽东选集》(第二卷)，人民出版社，1991年，第534页。

② 毛泽东：《论新阶段》，《解放》，1938年第57期。

③ 参见《中国共产党简史》，人民出版社、中共党史出版社，2021年，第100页。

义哲学素养和政治理论水平，提升运用马克思主义立场观点和方法认识问题分析问题解决问题的能力；对于广大党员领导干部进行历史教育，毛泽东向全党发出学习历史的号召，在《如何研究中共党史》一文中指出："如果不把党的历史搞清楚，不把党在历史上所走的路搞清楚，便不能把事情办得更好。……要把党的路线政策的历史发展搞清楚。这对研究今天的路线政策，加强党内教育，推进各方面的工作，都是必要的。""如何研究党史呢？根本的方法马、恩、列、斯已经讲过了，就是全面的历史的方法。……通俗地讲，我想把它叫作'古今中外法'，就是弄清楚所研究的问题发生的一定的时间和一定的空间，把问题当作一定历史条件下的历史过程去研究。所谓'古今'就是历史的发展，所谓'中外'就是中国和外国，就是己方和彼方。"①

在干部意识形态教育的过程中，根据党员干部的知识水平、层级等有针对性地开设中国历史课程、中共党史课程、世界革命运动史课程，同时配合历史教育，编写相应的教材；针对军队战士和广大民众，开展时事政治形势任务教育，让大家了解抗日战争斗争形势、抗日民族统一战线的重大意义、解放战争时期国民党的反动本质、土地改革运动等，广大民众渐渐厘清了认识、明确了中国共产党的政策方针、提高了政治觉悟，自觉拥护和支持中国共产党的领导；针对广大党员干部开展群众路线教育，要求大家和人民群众要走在一起，不能脱离群众，毛泽东特别指出，"命令主义脱离了群众，是错误的，不符合群众自愿的原则"②，要坚持马克思主义历史唯物主义观点，尊重人民、依靠人民，1937年毛泽东在《为争取千百万群众进入抗战民族统一战线而斗争》中指出，"我们要尽我们的最大努力，把党的方针变为人民群众的方针，把千千万万的人民群众争取到抗日民族的统一战线之中"③，广大党员干部必须树立群众观点，掌握群众工作方法。

延安时期党的基本理论教育在党中央的领导下，紧紧围绕党的中心工

---

① 毛泽东：《如何研究党史》，《支部建设》（党史学习教育专栏），2021年第10期。

② 毛泽东：《论联合政府》，《新湘评论》（经典赏析），2019年第14期。

③ 《毛泽东选集》（第一卷），人民出版社，1991年，第278页。

作,通过创办干部培训学校和大学、出版马克思主义理论著作和报纸杂志等多种方式展开教育,始终坚持以为人民服务为出发点和落脚点,既提升了广大党员干部、军队战士、民众的文化素养、思想觉悟和政治水平,又凝聚人心,实现了广泛认同,为加强党的领导奠定了坚实的群众基础。

3.加强新民主主义文化建设,建立舆论阵地

一定社会的文化是一定社会的政治经济在思想观念上的反映,并且为一定社会的政治经济服务。新民主主义文化是无产阶级领导的民族的、科学的、大众的文化,是新民主主义社会的政治经济在观念形态上的反映,同时要为新民主主义社会的政治经济服务。

抗日战争时期,党领导抗日文化运动。这一时期,中国共产党开展了和日本帝国主义的殖民文化、卖国求荣的汉奸文化奴化文化的斗争,坚决反对一切反抗日、反团结、反进步的思想。文化界人士创作了一大批群众喜爱的有较高思想性和艺术性的文化作品,包括小说、散文、诗歌、戏剧、戏曲、歌曲等,内容丰富、形式多样。1942年5月23日,毛泽东发表《在延安文艺座谈会上的讲话》,号召广大文化工作者要自觉运用马克思主义哲学思想和文艺理论,结合革命斗争的实际情况进行文艺创作,要认真总结新文艺运动的历史经验,创作出更多优秀的作品,为人民服务、为中国革命服务,明确提出了新民主主义文化建设的方针。

加强舆论阵地建设,阐发中国共产党的价值理念。抗日战争期间,中国共产党在国统区创办了《新华日报》《新民报》《前进日报》等一系列报刊,积极宣传马克思主义基本理论和中国共产党的政策主张,有力地反击了国民党反动派的舆论操控和思想禁锢。1941年端午节,郭沫若在重庆《新华日报》发表文章:"抗战以来,由于国家临到了相当危险的关头,屈原的身世和作品又唤起了人们的注意。端午节的意义因而也更被重视了……"[①]他以10天时间完成的5幕话剧剧作《屈原》,1942年4月由中华剧艺社在重庆国泰大剧

---

① 　郭沫若:《蒲剑·龙船·鲤帜》原文欣赏,作品人物网,https://www.vrrw.net/wx/25780.html。

院公演,以史言今向人们传递了民族精神和爱国情怀,唤醒了国人意识、振奋了国人精神,越来越多的人认同了中国共产党的价值理念,为实现思想认识统一奠定了价值基础。

4.延安整风运动,提高党员理论素养

为了继续纠正党内存在的非无产阶级思想,提高全党的马克思列宁主义理论素养,1941年5月和1942年2月,毛泽东在《改造我们的学习》《整顿党的作风》和《反对党八股》中指出,全党要反对主观主义、宗派主义、党八股,号召整顿学风、党风、文风,1942年6月,中共中央宣传部发出了《关于在全党进行整顿三风学习运动的指示》,从此各根据地都先后开始了整风运动。从1943年9月起,中央领导层的整风进行到深入讨论党的历史问题阶段。在深入总结历史经验的基础上,1944年5月至1945年4月,党的扩大的六届七中全会原则上通过了《关于若干历史问题的决议》,总结建党以来,特别是党的六届四中全会至遵义会议前这一段党的历史及其基本经验教训,阐述了"左"倾错误在政治、军事、组织、思想方面的表现和造成的严重危害,高度评价了毛泽东运用马克思主义基本原理解决中国革命问题的杰出贡献,肯定了确立毛泽东在全党的领导地位的重大意义,使全党尤其是党的高级干部对中国民主革命的基本问题的认识达到在马克思列宁主义基础上的一致。[①]通过整风运动,中国共产党明确了实事求是的辩证唯物主义的思想路线,统一了全党思想,提高了党员干部的政治理论素养,肃清了党内错误思想、摆脱了共产国际的错误指导,实现了毛泽东在全党领袖地位和毛泽东思想指导地位的统一,为革命胜利奠定了思想基础。

延安时期,中国共产党将马克思主义基本原理与中国革命实际相结合,努力构建马克思主义中国化的理论体系,并且通过文化教育、舆论宣传等方式将基本理论的观点和我党的观点主张传递给广大党员干部和人民群众,使大家在潜移默化中认识、理解、认同马克思主义和中国共产党,逐渐实现

---

① 参见《中国共产党简史》,人民出版社、中共党史出版社,2021年,第102页。

了理论认同、价值认同和政治认同，从而自觉拥护和支持中国共产党的领导，积极投入革命实践中，延安成为优秀中华儿女向往的革命圣地，延安是中国的希望。虽然这一时期的中国共产党还没有取得全国政权，但已经渐渐凝聚共识，为最终取得解放战争胜利汇集了力量。

（四）解放战争时期党的宣传思想工作

抗日战争胜利之后，全国人民迫切希望和平，然而国民党蒋介石集团假和平真内战，一方面积极准备内战，另一方面不得不发电报邀请毛泽东赴重庆谈判，并且准备如果谈判不成，就将战争责任强加给中共，马上放手发动内战。为了国家的安定、人民的幸福，毛泽东不顾个人安危毅然决定赴渝谈判。一行人从延安飞抵重庆，在谈判中我方作出必要让步的情况下双方签订《政府与中共代表会谈纪要》即"双十协定"。已经走向成熟的中国共产党积极争取和平，但同时也提出了"蒋反我亦反，蒋停我亦停"的方针，毛泽东早在《抗日战争胜利的时局和我们的方针》一文中就明确指出："如果蒋介石一定要强迫中国人民接受内战……我们就只好拿起武器和他作战。"不久后，在《中共中央关于同国民党进行和平谈判的通知》中写道："我党力量强大，有来犯者，只要好打，我党必定站在自卫立场上坚决彻底干净全部消灭之。""双十协定"刚签订，蒋介石就发布进攻解放区的密令。政治形势的变化对党的意识形态工作提出了新的要求，即要适应不断发展的新的形势，在广大军民中加强思想政治教育，积极开展政治宣传工作。

1.加强思想政治教育

党对农民的思想政治教育。解放战争时期，农民更加渴望和平、渴望自由，党以此为基础，围绕"土地制度改革、积极恢复生产、支援前线参战"进行思想政治教育。

第一，采取"挖苦根""倒苦水"的独特的思想政治教育方法，在倾听农民讲述悲惨遭遇的同时对农民进行思想引导，唤起农民对生活的希望，同时让农民认清国民党统治的本质。通过拉家常、共同劳动生产等方式，与农民建立感情,进行阶级教育。《白毛女》等话剧的上演,引发了农民强烈的情感共鸣。"这种将农民的苦难转化为阶级矛盾,将阶级教育同党的方针政策联系起来的思想政治教育工作,为当时农村土地制度改革运动奠定了重要思想基础。"[1] 1947 年 10 月党公布了《中国土地法大纲》,结合土地改革方针政策的宣传教育贯彻于土地改革运动之中,《人民日报》《晋绥日报》等报纸刊物,以"乡土式"语言和"爱憎分明"的格调发出党的声音,在土改中宣传政策,营造氛围,引导舆论;农村的各条村道,房前屋后,庙宇城墙上,处处可见"天下农民是一家""土地改革是农民当家作主的必经之路""支持土改就是支持共产党""土改翻身"等鲜明的宣传标语。[2]同时开展批评和自我批评,坚决纠正土改过程中产生的错误思想倾向,凝聚了党心民心。

第二,采取经济惠农政策鼓舞农民生产的积极性,发挥农民协会的作用,鼓励农民协会积极参与并且组织农民开展各种各样的互助合作,帮助农民掌握更多的专业知识和农业生产技能。通过鼓励帮助农民积极生产的思想政治教育,农民劳动生产的意识和生产积极性、主动性空前高涨,同时也增强了打败国民党反动派的信心和决心,坚定了拥护中国共产党的信念。

第三,为了取得解放战争的胜利,农民积极主动上前线,中国共产党有针对性地对农民进行参军支援前线的思想政治教育,既注重对入伍新兵的思想政治教育,又关注解决新兵的实际问题,有效提高了军队的战斗力。同时加强对后方支援前线的民兵和民工的教育,关注他们的思想和生活,军队与农民建立了深厚的感情。

党对军队的思想政治教育。用马列主义教育全军、提高全军的思想政治觉悟、从政治上和思想上巩固人民军队是党对军队思想政治教育的重要任务。全面内战爆发后,由于人员和装备的敌强我弱使部分同志产生了对战争前途怀疑否定的态度和消极不敢应战的心理,因此这一阶段的思想政治教

---

①②　毛本霞、郭雅欣:《解放战争时期中国共产党农民思想政治教育工作探析》,《创造》,2020年第 11 期。

育的主要任务是增强我军必胜的信心。毛泽东在 1946 年 7 月 20 日以《以自卫战争粉碎蒋介石的进攻》一文对全党全军作出了指示："必须团结一致,彻底粉碎蒋介石的进攻,建立独立、和平、民主的新中国。"① 1946 年 8 月 6 日,毛泽东和美国记者安娜·路易斯·斯特朗的谈话中提出 "一切反动派都是纸老虎"②的著名论断,通过理论教育增强军队的信心。同时,开展立功运动、典型互助等激励的方法,调动军队的积极性、战斗情绪和革命英雄主义精神。经过一年的艰苦斗争,敌我力量发生了变化,我军数量不断增加,敌军力量损失严重,我军取得的一个个伟大胜利极大地鼓舞了士气,增强了信心。党对军队的思想政治教育越来越关注纪律教育和政策教育。毛泽东在《中国人民解放军总部关于重新颁布三大纪律八项注意的训令》中提出,要"深入教育,严格推行"③。解放战争进入战略决战阶段,党对军队的思想政治教育的重点是让全军树立将革命进行到底的思想。开展火线立功活动、广泛的宣传工作,将思想政治教育贯穿三大战役过程中,通过报功、评功和庆功等鼓舞军队士气,通过发宣传单、向可以靠近的敌占区喊话、派被俘虏的敌军深入敌营现身说法等方式开展宣传,对敌军进行教育引导,同时也增强了我军革命斗争的信心和决心。

党对干部的思想政治教育。毛泽东指出："政治路线确定之后,干部就是决定的因素。"④解放战争时期,党高度重视并且积极开展干部教育工作。根据革命形势需要并且为新中国成立之后的各项建设事业储备干部人才,初步形成了以党性教育、党风党纪教育和政治理论教育为重点,全方位多渠道的干部教育格局。

首先,从教育方式看,在职教育与学校教育相结合。一方面,加强在职干部的教育,1948 年 11 月,中共中央华北局下发《关于在职干部教育的决定》,

---

① 《毛泽东选集》(第四卷),人民出版社,1991 年,第 1188 页。

② 同上,第 1195 页。

③ 同上,第 1241 页。

④ 《毛泽东选集》(第二卷),人民出版社,1991 年,第 526 页。

1949 年 8 月,中共中央东北局作出《关于在职干部学习的决定》,决定详细规定的在职干部教育的内容、方式及学习制度等。①另一方面,利用各种渠道开展学校干部教育。1948 年 10 月,党中央作出《关于准备夺取全国政权所需要的全部干部的决议》,《决议》要求,各区中央局(分局)、区党委两级立即开办党校或加强和扩大已有的党校,抽调干部到党校学习。②各解放区纷纷成立干部学校和干部培训班,干部教育的规模逐渐扩大。

其次,从教育内容看,以党性教育、党风党纪教育和政治理论教育为重点。一方面,为了永葆党的先进性纯洁性,积极推进党性党风党纪教育。1947年 10 月至 1949 年春,结合土地改革,以"三查""三整"(查阶级、查思想、查作风;整顿组织、整顿思想、整顿作风)为主要内容的整党运动在全党范围内开展,主要任务是清除党内的蜕化变质分子,批评和肃清党内的地主、富农思想等各种错误思想和官僚主义、命令主义、宗派主义、形式主义等不良作风。毛泽东在党的七届二中全会上要求全党在胜利面前保持清醒头脑,在夺取全国政权后要经受住执政的考验,提出"两个务必"思想即务必使同志们继续地保持谦虚、谨慎、不骄、不躁的作风,务必使同志们继续地保持艰苦奋斗的作风。同时,"三大纪律八项注意"、群众纪律、入城纪律等方面的纪律教育也在党内、军内广泛开展。③另一方面,通过学习毛泽东思想加强党的路线方针政策教育,通过学习马克思主义基本原理引导党员干部运用马克思主义立场观点方法认识分析解决问题。1948 年 9 月,党中央作出《关于党校教学材料之规定》,要求全党必须努力提高理论学习,党校开设马克思主义、列宁主义概论,辩证唯物论与历史唯物论,新民主主义等理论课程。④

最后,从教育方法看,灵活多样、丰富多彩。在职干部教育中,充分利用战争间隙召开会议、学习讨论,通过说书、歌曲、宣传画、戏剧、话剧等干部喜闻乐见的形式将教育内容潜移默化地融入干部的生活和工作中。学校教育

---

①②③④　参见秦明月:《解放战争时期中国共产党干部教育的实践探索及历史启示》,《宁夏党校学报》,2017 年第 7 期。

采取分级分类形式和讲授式、讨论式、启发式、研究式等多种教学方法，收到良好的教学效果。

2.加强政治宣传工作

毛泽东在革命斗争的各个发展阶段都非常重视宣传工作，将党的方针政策与各种宣传工作相结合，有力地推动了革命的发展。在党的七大闭幕词中他提出，"同志们到各地去，要宣传大会的路线，并经过全党同志向人民作广泛的解释"，"我们宣传大会的路线，就是要使全党和全国人民建立起一个信心，即革命一定要胜利"！①

宣传中国共产党和平建国的方针，揭露国民党反动派发动内战的阴谋，积极争取和平民主。抗日战争胜利后，国民党曾经制造舆论，诬蔑中国共产党不愿意参加和谈，毛泽东亲自撰写社论驳斥国民党的反动宣传。在重庆谈判的各种接待会、招待会上，毛泽东等会见进步人士并答记者问的过程中反复阐述中国共产党和平、民主、团结的基本方针。国民党正式发动军事进攻之后，1946年6月30日，毛泽东致信新华社、解放日报社代理社长、总编辑余光生，提出要适时揭露敌人的内战阴谋："从现时起，凡各地蒋军向我进攻之消息，均请发表，并广播；因蒋口头说停战，实际在作战，我应发表新闻予以揭穿。"②

宣传中鼓舞军队士气，增强全军的信心。针对解放战争初期队伍中间出现的一些质疑战争前途的声音，毛泽东强调指出："因此我们的文章与新闻立论之重点，不是说敌人如何压迫，如何凶狠，而是要解释敌人虽有二百师兵力，虽有美国援助，虽已经占去一些地方与还可能占去一些地方，但是有种种条件我军必胜蒋军必败。每遇一次胜利，即写一篇社论鼓励之，证明之；每失一重要地方即写一短文解释之，说只要歼敌，将来可以恢复。"解放战争中后期，我军通过新闻广播电台对敌军进行宣传，其中《对蒋军广播》节目极具代表性。③宣传党的政策，凝聚军心民心，发动广大人民支援解放战争。毛

---

① 《毛泽东选集》（第三卷），人民出版社，1991年，第1049页。

② 《毛泽东新闻工作文选》，新华出版社，1983年，第133~134页。

③ 参见《毛泽东新闻工作文选》，新华出版社，1983年，第134页。

泽东指示："各地党报必须无条件地宣传中央的路线和政策。"①围绕解放区的土地改革进行宣传报道，既揭露地主的阶级本质和违法行为，又及时报道土地改革取得的胜利成果，使广大农民提升了阶级意识，增强了生产积极性。围绕有利于我军的典型事例进行宣传报道，既稳定了军心，又赢得了民心。宣传党的和平建国的方针和政策，积极争取中间分子。

综上所述，新民主主义革命时期，以毛泽东同志为代表的中国共产党人坚持"枪杆子"与"笔杆子"的辩证统一，团结带领全国各族人民经过浴血奋战、百折不挠的革命斗争建立了人民当家作主的新中国，为实现中华民族伟大复兴创造了根本社会条件。

二、社会主义革命和建设时期

（一）中华人民共和国成立初期宣传思想工作领域面临的复杂形势

中华人民共和国成立初期，中国共产党虽然领导全国人民取得了革命的胜利，掌握了全国政权，但却面临着发展中的重重困境：经济落后、物资匮乏、人民生活贫困，宣传思想工作领域更是面临着纷繁复杂的形势。

1.国内思想观念多元化

各种保守的落后反动思想依然存在，影响腐蚀社会风气。首先，社会主义新中国脱胎于半殖民地半封建社会，虽然中国共产党带领全国人民通过革命的方式推翻了"三座大山"，建立了人民当家作主的新中国，但是长期在封建统治下的民众的思想观念不可能在短期内彻底转变。在一些民众中间，"等级观念、封建意识、愚忠思想"根深蒂固，因此社会上仍然存在官僚主义、贪污腐败，很多人仍然相信封建迷信，在很多地区特别是农村仍然存在歧视妇女，包办婚姻等问题，这些封建落后思想严重束缚人们的思想，影响着社会的文明和进步。资产阶级腐朽思想仍然存在。其次，追求个人主义、享乐主

---

① 《毛泽东新闻工作文选》，新华出版社，1983年，第156页。

义、自由主义、拜金主义的资产阶级腐朽思想和生活方式仍然存在,甚至影响腐蚀党内的部分思想意识薄弱的党员干部,比如刘青山、张子善,"经过土地革命、抗日战争和解放战争严峻考验的老干部……在敌人的严刑逼供下,坚贞不屈……应该公正的说,他们的确曾经是党的干部队伍中的佼佼者,曾经在不同的领导岗位上出生入死地苦斗过, 曾经为新中国的诞生做出过自己的贡献。但是进城后,他们在资产阶级思想和生活方式的腐蚀下,贪污腐败,蜕化变质"①。腐化变质的党员干部丧失了理想信念、违反了党规党纪,严重败坏社会风气。

部分党员干部和普通民众缺乏马克思主义的系统教育,文化素质相对较低,对于马克思主义理论、社会主义制度、毛泽东思想缺乏足够了解和正确认知,因此产生了很多思想困惑,甚至有一些误读误解,比如将共产主义等同于平均主义、不能正确认识资本主义先进的技术等。因此,有些党员干部缺乏对理想信念的理解和认同,慢慢滋长了骄傲自满、贪图享乐的情绪,容易受到错误思想的影响,影响了普通民众对于社会主义的认识。

还有些人长期受到西方思想影响,对于中国共产党的执政能力、对于社会主义中国的未来充满怀疑,有些人由于在新政权建设过程中个人利益受损,一直心存不满,对中国共产党有抵触甚至是敌对情绪,在思想上和行动上否定社会主义建设。

2.国外敌对势力和国民党反动残余势力的思想影响与文化渗透

以美国为首的西方国家长期对旧中国进行文化渗透和文化侵略, 利用宗教、教育等手段影响奴化中国民众。新中国成立之后,更是采取多种手段打压中国,全方位制约中国,妄想将新政权扼杀在摇篮之中。一方面,利用其经济、政治、军事实力,对新中国进行经济封锁、政治孤立、军事包围;另一方面,构建文化霸权,通过影视出版等形式传播资本主义国家的价值观和生活方式,进行意识形态渗透,同时,以各种方式丑化共产党、歪曲诋毁马克思主

---

① 薄一波:《若干重大决策与事件的回顾》(上卷),中共党史出版社,1991年,第148页。

义。"波匈事件"更加让西方国家看到了意识形态渗透对于社会主义政权的摧毁作用。

国民党反动残余势力不甘心失败,继续负隅顽抗,企图通过思想影响动摇中国共产党的执政基础。他们以各种方式歪曲历史、散布谣言,渗透落后反动思想,质疑中国共产党的执政合法性,同时,与境外敌对势力相勾结,与"境外心理作战机构和特务组织等进行合作"①,对民众进行思想文化渗透,干扰民众的政治认识,影响民众对社会主义意识形态的认同。

总之,党的宣传思想工作仍然处于至关重要的战略地位,只有尽快恢复国民经济、加快推进社会主义改造,才能保证政权巩固、社会安定和国家发展。

(二)社会主义革命和建设时期宣传思想工作的主要内容

1.加强马克思主义理论的宣传和教育

马克思主义是党和国家的指导思想,只有加强马克思主义理论的宣传和教育,让广大党员和民众认同马克思主义,才能统一思想、凝聚力量。

成立专门机构,翻译出版马列经典著作。为了系统地有组织有计划地编译出版马克思、恩格斯、列宁、斯大林等著作,1950年重建人民出版社,1953年1月成立中共中央马恩列斯著作编译局,其他出版编译机构也陆续成立,1956年12月《马克思恩格斯全集》中文版第一卷正式出版问世。"自1949年到1952年底,马克思恩格斯重要著作中译本共出版33种,合计3137000册,印数最多的是《共产党宣言》《社会主义从空想到科学的发展》和《劳动在从猿到人转变过程中的作用》等。"②马列经典著作的翻译出版为马克思主义理论的学习教育提供了丰富的理论资源。

党中央提出学习宣传毛泽东思想的新任务。1950年5月中共中央毛泽

---

① 吴荣军:《建国初期意识形态的共识构建及其当代启示》,《学海》,2018年第5期。

② 王海军:《新中国成立初期中国共产党马克思主义理论学习探究》,《马克思主义理论学科研究》,2016年第3期。

东选集出版委员会成立,主要负责收录毛泽东曾经发表的最有代表性的和革命教育意义的文章,编辑出版《毛泽东选集》。毛泽东高度重视文集、选集的编审工作,亲自主持文章修改、校对等工作。1950 年 12 月、1952 年 4 月《人民日报》重新发表《实践论》《矛盾论》,1951 年 10 月,《毛泽东选集》第一卷出版问世,仅第一批发行总量超过 60 万册,掀起了全国各界学习"两论"、学习毛泽东思想的热潮,学习马克思主义中国化的最新理论成果得到广泛认同。

加强马克思主义的教育。一是对党员干部的教育。制定干部理论教育制度、成立专门学校,加强党员干部的理论教育。党中央根据干部不同的文化程度实施分级学习制度,有针对性地开展文化学习和理论学习;同时,从中央党校到各省市县创办同等级的党校,负责教育培训马克思主义、毛泽东思想、党史党建、党的方针政策等内容,提升党员干部的马克思主义理论水平、政治素养和领导能力。二是对知识分子的思想改造。党中央发起知识分子思想改造政治学习运动,广大知识分子认真学习毛泽东思想,掌握马克思主义基本理论,开展批评与自我批评,由民族的爱国的立场前进到了人民的立场,积极投入新中国的建设事业中。三是对广大人民群众的教育。"1950 年,毛泽东在中共七届三中全会上明确指示,要让知识分子和人民群众学习社会发展史、唯物主义等马克思主义的基本知识。""1951 年 2 月,中共中央专门发布了《关于加强理论教育的决定(草案)》,要求在全党、全国掀起学习和宣传马克思主义、毛泽东思想的高潮。"①

2.肃清各种非马克思主义思潮

中华人民共和国成立初期,面对旧社会遗留的封建主义、官僚主义、资产阶级等腐朽思想和西方资本主义国家的影响,毛泽东认为思想文化领域的斗争将是长期的、复杂的,必须坚决与各种非马克思主义、特别是反社会主义思潮做坚持不懈的斗争。

---

① 吴荣军:《建国初期意识形态的共识构建及其当代启示》,《学海》,2018 年第 5 期。

坚决取缔传播各种反动思想的社会组织，彻底销毁宣传反动思想的各类出版物，"对所有受境外国家资助的民间机构、文化教育单位和宗教团体等全部纳入国家直接监管范围"[①]。改革国民教育的内容、方法和制度，加强对广大青年和知识分子的思想政治教育和改造。

清除以美国为首的帝国主义国家的文化影响。"毛泽东在 1949 年 8、9月间连续为新华社撰写了五篇文章：《丢掉幻想，准备战斗》《别了，司徒雷登》《为什么要讨论白皮书》《'友谊'还是侵略》《唯心历史观的破产》，运用历史唯物主义观点，科学解释了中国革命发生的原因，阐述了中国革命胜利的历史必然性，揭露了帝国主义的侵略本性。"[②]全国各地政府成立之后，逐渐摧毁帝国主义国家在中国的文化侵略据点，禁止外国的新闻广播报纸杂志等传媒机构继续在华工作，将外国在华的文化教育机构和宗教机构逐步接收为国家事业，转变其性质，成为传播爱国主义精神的文化场所。

总之，在批判腐败落后反动的非马克思主义思想的过程中，逐渐清除了旧社会的封建残余思想，防范西方资产阶级思想的渗透，确立了马克思主义在意识形态领域的主导地位。

3.建设马克思主义宣传舆论阵地和文化教育阵地

为了进一步掌握意识形态领导权，从中央到地方建立专门的宣传机构即党委宣传部，主抓主管意识形态工作，并且明确提出"党管宣传、党管媒体"的工作原则。中共中央机关报、中央人民广播电台、国家通讯社相继成立，与意识形态工作相关的部门机构纷纷建立了党组织，加强宣传舆论阵地的组织建设有利于更好地宣传马克思主义和党的路线方针政策，有利于及时把握正确的舆论导向。比如，充分利用广播电台传播马克思主义，1950 年中央人民广播电台邀请艾思奇、于光远、王惠德等著名学者开展专题讲座，深入浅出地讲历史唯物主义、社会发展史、政治经济学等问题，答疑解惑，受到广大听众的喜爱。

---

①②　吴荣军：《建国初期意识形态的共识构建及其当代启示》，《学海》，2018 年第 5 期。

积极建设文化阵地,充分发挥社会主义文化"以文化人"的作用。党和国家明确了文化建设的原则和方针,以马克思列宁主义为指导,坚持文化"为无产阶级的政治服务、为人民服务"的社会主义文化发展方向,坚持"古为今用、洋为中用""百花齐放、百家争鸣"的方针,批判地继承中国传统文化、辩证地看待外来文化,"取其精华,去其糟粕"。充分利用电影、戏曲、文学作品歌颂爱国主义、集体主义、革命英雄主义的精神,传播社会主义新思想、新风尚,反映新中国人民当家作主的社会地位,表达人民在中国共产党领导下追求幸福生活的美好愿望。同时,加强高等院校的阵地建设。新中国成立初期高校课程改革的核心是加强政治课学习,确立政治课在高校教育中的地位。"1951—1956 年,经过四次改革,高校马克思主义理论课程体系较为完整地建立起来,高校马克思主义理论的系统教育由此起步。1951 年 9 月,教育部要求高校开设辩证唯物主义历史唯物主义、新民主主义论和政治经济学三门课,作为各专业学生的公共必修课。"[①]

4.制度层面体现马克思主义在意识形态领域的主导地位

新中国成立初期,中国共产党不仅积极开展马克思主义的宣传教育运动,肃清各种非马克思主义思潮,而且从制度层面以立法的形式初步确立了马克思主义在意识形态领域的主导地位。

1949 年 9 月 21 日,中国人民政治协商会议第一届全体会议在北平中南海怀仁堂隆重开幕,通过了具有临时宪法性质的《中国人民政治协商会议共同纲领》(以下简称《共同纲领》)。《共同纲领》的序言部分明确指出,"中国人民民主是以工农联盟为基础,以工人阶级为领导""一致同意以新民主主义即人民民主主义为中华人民共和国建国的政治基础",政权机关章节提出"中华人民共和国的国家政权属于人民",文化教育章节强调"中华人民共和国的文化教育为新民主主义的,即民族的、科学的、大众的文化教育。人民政

---

① 张静敏:《建国初期马克思主义传播的特点与成效》,《马克思主义传播研究》(第 2 辑),2016 年第 11 期。

府的文化教育工作,应以提高人民文化水平、培养国家建设人才、肃清封建的、买办的、法西斯主义的思想、发展为人民服务的思想为主要任务",这些表达充分体现了马克思的历史唯物主义观点。同时,《共同纲领》以马克思主义为指导,明确了政治、经济、文化、民族、外交等总原则,对新中国的意识形态方向作了初步界定。

1954 年 9 月 20 日,中华人民共和国第一部宪法经第一届全国人民代表大会第一次会议全票通过。作为国家根本大法的"五四宪法"确立了马克思主义意识形态的指导地位,凸显其权威地位。"五四宪法"总纲明确指出新中国的国体,"中华人民共和国是工人阶级领导的、以工农联盟为基础的人民民主国家"、提出"中华人民共和国的一切权力属于人民,人民行使权力的机关是全国人民代表大会和地方各级人民代表大会",人民代表大会制度是新中国的政体。明确提出,"国营经济是全民所有制的社会主义经济,是国民经济中的领导力量和国家实现社会主义改造的物质基础",尊重人民的主体地位,规定了公民的基本权利和义务等。国家根本大法充分体现了马克思主义意识形态的指导地位,为广大民众认同马克思主义奠定了法律制度的保障。

5.培育社会主义人生观价值观

中华人民共和国成立初期,中国共产党丰富和完善主流价值观的内容体系,积极引导广大民众热爱祖国、热爱劳动,提倡集体主义,反对个人主义和自私自利,倡导艰苦奋斗、勤俭节约,反对贪污浪费,明确人民的国家主人地位,增强民众的主人翁意识。

20 世纪 50 年代开始,全国开展国民公德"五爱"教育,即"提倡爱祖国、爱人民、爱劳动、爱科学、爱护公共财物",徐特立先生专门著文《论国民公德》,阐述全体公民的公德与个人私德之间的关系,全面阐释了"五爱"的主要内容。"五爱"教育推进了新中国的公民从旧思想、旧道德向新思想、新道德的转变,同时也明确指出了新中国主流价值观导向。

增强主人翁的责任意识。1950 年 2 月 6 日的《人民日报》指出:"现在我们工人阶级站上了国家主人的地位了。我们应该使国家面目一新。我们应该首先替国家打算,替全国人民打算。我们要负起责任来……领导人民一直走向我们理想的幸福的社会,社会主义社会。这是我们必须做到而且一定能够做到的。"①

以抗美援朝为契机,弘扬国际主义和爱国主义精神。面对美帝国主义的阴谋,党中央毅然作出抗美援朝、保家卫国的战略决策。《人民日报》发表社论《开展抗美援朝的政治教育》,以爱国主义和国际主义为核心的宣传教育热潮在全国范围展开,大批青年踊跃报名参加中国人民志愿军,"国家利益高于一切""保土地、保饭碗、保世界和平"的价值观念深入人心。

传承艰苦奋斗、勤俭节约的优良传统,全国开展"三反"运动。面对部分党员干部存在的贪污、浪费和官僚主义等问题,毛泽东尖锐地指出:"必须严重注意干部被资产阶级腐蚀发生严重贪污行为这一事实,需要来一次全党的大清理,彻底揭露一切大中小贪污事件,而着重打击大贪污犯,对中小贪污犯采取教育改造不使重犯的方针,才能停止很多党员干部被资产阶级所腐蚀的极大危险现象。"② 1951 年 12 月,中共中央的《关于实行精兵简政、增产节约、反对贪污、反对浪费和反对官僚主义的决定》中明确指出:"为贯彻精兵简政、增产节约的中心任务,必须进行反对贪污、反对浪费和反对官僚主义的坚决斗争。"③"三反"运动使广大党员干部端正了价值取向,明确了价值规范,进一步传承了艰苦奋斗、勤俭节约的优良传统。

6.提出正确处理人民内部矛盾理论

1957 年毛泽东发表重要讲话《关于正确处理人民内部矛盾的问题》,唯物辩证地分析了当前社会主义社会的主要矛盾,区分了敌我矛盾和人民内部矛盾,并且指出,专政"就是为了解决国内敌我之间的矛盾","专政的目的

---

① 中共中央文献研究室编:《建国以来重要文献选编》(第 1 册),中央文献出版社,1992 年,第109 页。

② 《建国以来毛泽东文稿》(第 2 册),中央文献出版社,1988 年,第 524 页。

③ 中共中央文献研究室编:《建国以来重要文献选编》(第 2 册),中央文献出版社,1992 年,第482 页。

是为了保卫全体人民进行和平劳动,将中国建设成为一个具有现代工业、现代农业和现代科学文化的社会主义国家"。人民内部矛盾的解决需要"民主集中制"的方法,"凡属于思想性质的问题,凡属于人民内部的争论问题,只能用民主的方法去解决,只能用讨论的方法、批评的方法、说服教育的方法去解决,而不能用强制的、压服的方法去解决"。认清不同矛盾的性质,运用正确的方法处理矛盾,为做好宣传思想工作指明的原则和方向。

综上所述,社会主义革命和建设时期,在毛泽东思想的指导下,党的宣传思想工作与建设新中国的各项工作相结合,全国各族人民自力更生、发愤图强,进行社会主义革命,推进社会主义建设。在探索过程中,虽然经历了严重曲折,但党在社会主义革命和建设中取得的独创性理论成果和巨大成就,为在新的历史时期开创中国特色社会主义提供了宝贵经验、理论准备、物质基础,①为实现中华民族伟大复兴奠定根本政治前提和制度基础。

三、改革开放和社会主义现代化建设新时期

1978 年党的十一届三中全会完成了党的思想路线、政治路线、组织路线的拨乱反正,党的工作重心转移到社会主义现代化建设上来,同时,踏上了宣传思想工作的新征程。

(一)伟大历史转折与中国特色社会主义的开创

面对历史遗留的问题, 面对有些人对马克思主义的质疑和对社会主义的怀疑,以邓小平同志为代表的中国共产党人继续积极推进宣传思想工作,"拨乱反正、正本清源""积极推进理论创新,使广大民众重新认识马克思主义、正确理解社会主义的本质"是这一时期宣传思想工作的重点。

1. 重新确立党的"实事求是"的思想路线

1976 年 10 月,"党中央公布粉碎'四人帮'的消息,……结束了'文化大

---

① 参见《中共中央关于党的百年奋斗重大成就和历史经验的决议》,新华社,2021 年 11 月 16 日,http://news.21cn.com/caiji/roll1/a/2021/1116/16/49441191.shtml。

革命'，党和国家的工作开始重新走上健康发展的轨道"①。党和国家面临全面拨乱反正的重要任务，但是"两个凡是"的错误思想严重影响工作的推进。邓小平多次指出，"两个凡是"不符合马克思主义，不要割裂毛泽东思想，要准确全面地理解毛泽东思想。1977年4月10日，邓小平在给中央的一封信中提出："我们必须世世代代地用准确的完整的毛泽东思想来指导我们全党、全军和全国人民，把党和社会主义的事业，把国际共产主义运动的事业，胜利地推向前进。"此后，对"两个凡是"提出了批评，并多次提出了坚持"实事求是"的问题。

1978年5月10日，中共中央党校内部刊物发表了经胡耀邦审阅定稿的文章《实践是检验真理的唯一标准》，5月11日这篇文章以特约评论员名义在《光明日报》发表，5月12日《人民日报》和《解放军日报》同时全文转载，全国各省市地区的报纸陆续转载，由此引发了全国范围的"真理标准问题大讨论"。邓小平对此高度赞成，1978年9月在吉林视察工作期间时指出，毛泽东思想的精髓就是"实事求是"四个大字，"两个凡是"不是真高举毛泽东思想，是形式主义的高举，是假的高举，这样搞下去，要损害毛泽东思想，我们高举毛泽东思想的旗帜，就是在处理各种方针政策问题时，都要坚持从实际出发。

1978年12月13日中共中央工作会议闭幕会上邓小平发表重要讲话《解放思想，实事求是，团结一致向前看》，他指出解放思想是当前的一个重大政治问题，只有思想解放了，我们才能正确地以马列主义、毛泽东思想为指导，解决过去遗留的问题，解决新出现的一系列问题。党的十一届三中全会确立了"解放思想，实事求是"的思想路线，打破了教条主义和个人崇拜，冲破了"两个凡是"的束缚，在尊重中国客观实际情况的基础上，把工作重心转到经济建设上来，全党统一思想，社会主义建设掀开了改革开放的新篇章。

2. 积极推进马克思主义理论创新

以邓小平同志为代表的中国共产党人坚定马克思主义信仰，将马克思

---

① 《中国共产党简史》，人民出版社、中共党史出版社，2021年，第214页。

主义理论与中国具体实际相结合，认真把握国际发展大势，积极推进马克思主义中国化时代化发展。

创造性提出社会主义初级阶段理论。尊重客观现实、遵循客观规律是坚持辩证唯物主义的基本要求，发展必须立足现实，立足基本国情。毛泽东曾经在研究苏联《政治经济学教科书》时提出将社会主义划分为"不发达"与"比较发达"两个发展阶段，但是由于人们的急于求成，在社会主义建设的探索实践过程中渐渐缺乏了对中国国情的客观理性、充分准确地分析判断，混淆了社会主义和共产主义的界限，结果出现了超阶段大跃进的错误。反思失误、吸取教训，以邓小平同志为代表的中国共产党人在改革开放之初就非常重视研究中国社会发展的现实情况。党的十一届三中全会之后，邓小平分析中国的现实国情是"底子薄、人口多、生产力落后"。1979 年 9 月，叶剑英在庆祝新中国成立 30 周年大会的讲话中指出：我国社会主义制度还处在幼年时期，还不成熟、不完善，在我国实现现代化，必然要有一个初级到高级的过程。1980 年 4 月 21 日，邓小平在会见阿尔及利亚民族解放阵线代表团时说："要充分研究如何搞社会主义建设的问题。现在我们正在总结建国 30 年的经验。总起来说，第一，不要离开现实和超越阶段采取一些'左'的办法，这样是搞不成社会主义的。我们过去就是吃'左'的亏。第二，不管搞什么，一定要有利于发展生产力。"①

1981 年 6 月党的十一届六中全会通过的《关于建国以来党的若干历史问题的决议》，第一次使用了"初级阶段"的表达，明确指出"我们的社会主义制度还是处于初级的阶段"，同时强调，"但是毫无疑问，我国已经建立了社会主义制度，进入了社会主义社会，任何否认这个基本事实的观点都是错误的"。②党的十三大召开之前，邓小平再次强调，"社会主义本身是共产主义的初级阶段，而我们中国又处在社会主义的初级阶段，就是不发达的阶段。一

---

①　《邓小平文选》（第二卷），人民出版社，1994 年，第 312 页。

②　《关于建国以来党的若干历史问题的决议》，人民网，http://www.people.com.cn/item/20years/new-files/b1040.html。

切都要从这个实际出发,根据这个实际来制定规划"。这是第一次将初级阶段基本国情的把握上升为确定党的路线方针政策的重要依据。党的十三大对社会主义初级阶段的含义和党的基本路线进行了系统阐述,标志着中国共产党坚守马克思主义信仰,坚持实事求是精神,对中国国情作出了重大判断。

创造性提出社会主义本质理论。"什么是社会主义,怎样建设社会主义"是邓小平在改革开放和社会主义现代化建设的探索实践中提出并反复思考的基本理论问题。他明确指出,"社"贫穷不是社会主义"会主义的第一个任务是要发展生产力"。1992 年邓小平南方谈话作出经典概括"社会主义的本质,是解放生产力,发展生产力,消灭剥削,消除两极分化,最终达到共同富裕"。社会主义本质理论既坚持了科学社会主义的基本原则,又赋予了社会主义以新的时代内涵,实现了马克思主义时代化发展,同时厘清了人们对于社会主义错误的僵化教条化的理解,为社会主义现代化建设指明了方向。

创造性提出中国特色社会主义理论。立足社会主义初级阶段基本国情、遵循科学社会主义基本原则,邓小平开创性地提出了"中国特色社会主义"的命题。1982 年党的十二大开幕词中,他明确提出"走自己的道路,建设有中国特色的社会主义",1987 年党的十三大第一次提出"建设有中国特色的社会主义理论"的概念。面对苏联解体、东欧剧变,面对我国的改革开放陷入与资产阶级自由化等同的争议,面对一些仍然受"左"倾思想影响的人对我国社会主义道路的质疑,邓小平南方谈话提出了评判改革开放成功失败、评价中国特色社会主义道路是否正确的"三个有利于"标准,即"是否有利于发展社会主义社会的生产力、是否有利于增强社会主义国家的综合国力、是否有利于提高人民的生活水平",极大地推动了民众对于社会主义意识形态的认同。

3. 加强社会主义精神文明建设

邓小平坚持历史唯物主义观点,以社会基本矛盾原理为依据,强调"物质文明和精神文明,两手都要抓,两手都要硬",论证了物质文明与精神文明的辩证统一,不仅提出了"科学技术是第一生产力"的论断,而且强调了社会主义精神文明建设的地位和作用,他指出,只有坚持以马克思主义为指导加强精神文明建设,物质文明的成果才能更好地为人民服务、为社会主义服务,社会主义现代化建设才能有正确的方向。1986 年 9 月中国共产党十二届六中全会通过《中共中央关于社会主义精神文明建设指导方针的决议》,指明了社会主义精神文明建设的根本任务,强调马克思主义在精神文明建设中的指导作用,为我国精神文明建设的健康发展提供了基本指导方针。

邓小平指出:"所谓精神文明,不但是指教育、科学、文化(这是完全必要的),而且是指共产主义的思想、理想、信念、道德、纪律、革命立场和原则。人与人的同志式的关系等。"[1]"建设社会主义的精神文明,最根本的是要使广大人民有共产主义的思想,有道德,有文化,守纪律。"[2]社会主义精神文明建设的思想道德理想信念建设层面的内容和任务与社会主义宣传思想工作的目标要求具有一致性,因此,精神文明建设是新时期宣传思想工作的题中应有之义。

根据历史经验与现实要求,邓小平阐述了精神文明建设的主要方针和工作方法。他指出,精神文明建设的主要方针是说服教育,要做好思想政治工作,要注重正面宣传和正面教育,不要搞"大批判",不要搞"任何运动",但是针对封建腐朽思想、资产阶级和小资产阶级思想、资产阶级自由化等思想要积极进行思想斗争。他还提出,加强社会主义精神文明建设要从我国社会主义初级阶段基本国情出发,对于广大民众分层次地提出要求,要注重先进性和广泛性的辩证统一,要引导社会中间不同觉悟层次的人共同提高,从而凝聚亿万人民的精神力量。社会主义精神文明建设的方针和方法有利于宣传思想工作的稳步推进,有利于实现广大民众对社会主义国家的认同。

---

[1]　《邓小平文选》(第二卷),人民出版社,1994 年,第 367 页。

[2]　同上,第 408 页。

(二)把中国特色社会主义全面推向 21 世纪

20 世纪 90 年代,伴随着苏联解体、东欧剧变,国际形势风云变幻,以美国为首的西方国家敌对势力加紧了对我国"和平演变"的步伐。国内在改革开放和发展社会主义市场经济过程中,逐渐出现了价值观多元化、利益分化和贫富差距拉大等社会现象,社会矛盾错综复杂。面对国际国内出现的新情况新变化,以江泽民同志为代表的中国共产党人冷静分析国际形势,认真总结了党的宣传思想工作的经验和教训,积极推进理论创新,加强思想政治工作和中国特色社会主义文化建设。

1.高度重视宣传思想工作

江泽民同志指出,宣传思想战线是十分重要的战线,宣传思想工作部门是十分重要的部门,宣传思想工作是全党的工作,事关改革、发展、稳定的大局,事关建设有中国特色社会主义事业的全局[①],他进一步指出:"要团结一致,奋发进取,以新世纪为新起点,努力把宣传思想工作提高到一个新的水平。"[②]

面对改革开放、发展社会主义市场经济以来国内出现的"金钱至上、个人主义、崇洋媚外"等错误思潮,江泽民同志指出问题出现的根源在于党的宣传思想工作的失误,他强调"我们党要成为用马列主义、毛泽东思想武装起来的中国工人阶级,中国人民和中华民族的党"[③]。"进入新世纪,宣传思想工作要继续宣传好抓住机遇、加快发展的思想。能不能抓住机遇、加快发展,是一个国家、一个民族赢得主动、赢得优势的关键所在。"[④]"如果面对错误的思想政治观点,不闻不问,不批评,不斗争,听任它们去搞乱人们的思想、搞乱我们的意识形态,那是极其危险的,势必危害整个国家和社会的安定团结。"[⑤]

由此可见,以江泽民同志为代表的中国共产党人已经将宣传思想工作

---

① 参见江泽民:《江泽民在全国宣传部长会议上作重要讲话》,《人民日报》,2001 年 1 月 11 日。

②④　江泽民:《江泽民在全国宣传部长会议上作重要讲话》,《人民日报》,2001 年 1 月 11 日。

③ 《江泽民文选》(第一卷),人民出版社,2006 年,第 89 页。

⑤ 《江泽民文选》(第三卷),人民出版社,2006 年,第 88 页。

置于关乎社会主义事业成败、关乎整个国家和社会安定团结的战略高度。

2.坚持马克思主义在意识形态领域的指导地位

伴随着经济全球化的发展和改革开放的不断推进，世界各国的价值理念、思想观念、思维方式等涌入我国，影响着人们的思想和认知。我们一直坚持"百花齐放，百家争鸣"的方针，尊重世界文化的多样性，同时，在意识形态领域始终坚持以马克思主义为指导，坚决维护意识形态的一元性，反对指导思想的多元化。

2000年6月28日，江泽民同志在中央思想政治工作会议上发表重要讲话，特别指出，要坚持和巩固马克思主义在意识形态领域的指导地位；2001年的全国宣传部长会议中，他又进一步指出，必须坚定不移地巩固和加强马克思主义的指导地位，绝不允许搞指导思想的多元化。面对社会上出现的非马克思主义思潮、反马克思主义思潮、"全盘西化"的言论等，他特别强调，"如果放弃马克思主义的指导地位，在指导思想上搞多元化，势必导致人心大乱，天下大乱，给党和国家带来灾难，这是绝不允许的"①。

马克思主义是党和国家的指导思想，是社会主义意识形态的核心。只有坚持和巩固马克思主义在意识形态的指导地位，才能保证社会主义意识形态不变质，才能坚守人民立场和社会主义社会的本质，才能运用科学的世界观和方法论认识问题、分析问题和解决问题，才能不断推进国家发展和社会进步。

3.推进马克思主义中国化时代化发展

马克思主义是具有实践性和开放性的科学理论体系，不断推进理论创新是马克思主义的本质要求。毛泽东思想、邓小平理论是马克思主义基本原理与中国具体实际相结合的马克思主义中国化时代化的理论成果，指导着中国革命和社会主义建设走向胜利和成功。面对新情况新问题新任务，以江泽民同志为代表的中国共产党人积极推进理论创新，丰富和发展了党的指

---

① 《江泽民文选》（第三卷），人民出版社，2006年，第86页。

导思想。

提出"三个代表"重要思想。在社会主义建设过程中,新问题层出不穷。在以邓小平同志为核心的第二代党中央领导集体思考解决了"什么是社会主义,怎样建设社会主义"的问题之后,新一代领导集体面临着"长期执政的党如何体现先进性"的时代课题,即"建设什么样的党,怎样建设党?"以江泽民同志为代表的中国共产党人立足时代要求,呼应时代问题,提出了"三个代表"重要思想,从"先进生产力""先进文化""最广大人民根本利益"三个维度体现党的先进性,明确的执政之基础、力量之源和立党之本,为党的发展指明了方向。面对发展社会主义市场经济以来,多种所有制经济发展带来了阶层结构变化、新兴阶层出现的意识形态领域的新问题,2001 年 7 月 1 日,江泽民同志《在庆祝中国共产党成立 80 周年大会上的讲话》中将新阶层确定为"社会主义的建设者",承认了新阶层的政治地位,理论的突破与创新充分展示了党的强大包容性,极大地激发了新的社会阶层的建设热情,增强了他们对中国共产党的政治认同。

丰富和发展了党的思想路线。江泽民同志在 2001 年 7 月 1 日《在庆祝中国共产党成立 80 周年大会上的讲话》中提出:"马克思主义具有与时俱进的理论品质。"他从瞬息万变的时代特征出发要求全党要始终保持与时俱进的精神状态。2002 年 5 月 31 日江泽民同志在中央党校省部级干部进修班毕业典礼上发表重要讲话,强调指出,"坚持解放思想、实事求是的思想路线,弘扬与时俱进的精神, 是党在长期执政条件下保持先进性和创造力的决定性因素"。在党的十六大报告中进一步强调,"创新是一个民族进步的灵魂,是一个国家兴旺发达的不竭动力,也是一个政党永葆生机的源泉,从而进一步阐明了创新的极端重要性"。"与时俱进,就是党的全部理论和工作要体现时代性,把握规律性,富于创造性。能否始终做到这一点,决定着党和国家的前途命运。"党的思想路线进一步丰富发展,在"解放思想、实事求是"的后面加上了"与时俱进、开拓创新"。"与时俱进"思想路线的提出具有鲜明的时代性,具有重大的理论意义和实践价值。

4.注重加强思想政治工作

坚持和巩固马克思主义在意识形态领域的指导地位,要通过潜移默化、深入细致的思想政治工作实现。

加强党员干部的思想政治教育。江泽民同志非常重视党内思想政治工作,他指出,思想建设在党的各项建设中处于突出位置。为了提高党员干部的政治素养与理论水平,增强政治敏锐性,加强对党员干部特别是县处级以上领导干部的马克思主义基本理论的教育,要求领导干部在党校培训期间认真学习马克思主义哲学,掌握马克思主义世界观和方法论,提升运用马克思主义立场观点和方法分析问题解决问题的能力。"还要深入进行爱国主义、集体主义、独立自主、自力更生、艰苦奋斗、勤俭建国的教育,以及遵守党的纪律、维护党的团结的教育。要把这些教育同社会主义、共产主义思想教育和党的基本知识教育结合起来。"①全党开展了以"讲学习、讲政治、讲正气"为内容的加强党性党风教育的活动。

开展覆盖全社会的思想政治工作。他认为"善于做群众的思想工作"是"我们党的传家宝",且"任何时候都不能丢",以达到"激励群众为实现自己的根本利益而奋斗"的目的。②关注青年学生的思想政治教育工作,1999年9月,江泽民同志在表彰为研制"两弹一星"做出突出贡献的科技专家大会上指出,要加强当代大学生思想政治教育,包括爱国主义、集体主义、艰苦奋斗精神、科学精神的教育,强调"思想政治教育,在各级各类学校都要摆在重要地位,任何时候都不能放松和消弱"③。关注非公制经济人士的思想政治工作,他希望"非公有制经济人士既有经济利益追求也有思想道德追求,既重视经济效益也重视社会效益"④。2001年7月1日,江泽民同志《在庆祝中国

①　《十三大以来重要文献选编》(中),人民出版社,1991年,第592~593页。

②④　张艳斌:《江泽民意识形态观的主要思想及其时代价值》,《连云港职业技术学院学报》,2017年第9期。

③　《江泽民文选》(第二卷),人民出版社,2006年,第332页。

共产党成立 80 周年大会上讲话》为新世纪做好非公制经济人士的思想政治工作指明了方向。

高度重视新闻舆论工作。新闻舆论是意识形态的重要组成部分,是思想政治工作的重要方面。1996 年 9 月,江泽民同志视察人民日报社时强调:"新闻舆论单位一定要把坚定正确的政治方向放在一切工作的首位,坚持正确的舆论导向。"①因此,思想政治工作要贴近群众需求,跟上形势发展,充分利用大众传媒等群众喜爱的容易接受的方式方法进行宣传教育,增强宣传的艺术性和实效性。

5.加强中国特色社会主义文化建设

加强宣传思想工作,必须坚守思想文化阵地,先进的政党必须代表先进文化的发展方向。

江泽民同志曾经在 1991 年 7 月 1 日《在庆祝中国共产党成立 70 周年大会上的讲话》指出:"有中国特色社会主义的文化,必须以马克思列宁主义、毛泽东思想为指导,不能搞指导思想的多元化;必须坚持'百花齐放、百家争鸣'的方针和为人民服务、为社会主义服务的方向,繁荣和发展社会主义文化,不允许毒害人民、污染社会和反社会主义的东西泛滥;必须继承发扬民族优秀传统文化而又充分体现社会主义时代精神,立足本国而又充分吸收世界优秀文化成果,不允许搞民族虚无主义和全盘西化。"②党的十五大,江泽民同志又进一步指出,中国特色社会主义文化"渊源于中华民族五千年文明史,又植根于有中国特色社会主义的实践,具有鲜明的时代特点;它反映我国社会主义经济和政治的基本特征,又对经济和政治的发展起巨大促进作用"③。

中国特色社会主义文化建设离不开广大知识分子的智慧和力量,江泽民同志强调:"要很好地贯彻尊重知识分子、尊重人才的方针,努力创造民主

---

① 《江泽民文选》(第一卷),人民出版社,2006 年,第 564 页。

② 《十三大以来重要文献选编》(下),人民出版社,1993 年,第 1643~1644 页。

③ 《十五大以来重要文献选编》(上),人民出版社,2000 年,第 35 页。

舒畅、生动活泼、团结协作的环境,充分发挥广大知识分子的聪明才智,使优秀人才脱颖而出,特别是使青年人才更快更好地成长,逐步造就一大批在全国乃至国际上有影响的各类专门人才。"①

加强中国特色社会主义文化建设,积极推进文化创新,不断提升文化的竞争力、吸引力和感召力,有利于增强中华民族的文化认同,增强民族的凝聚力,为中国特色社会主义发展奠定思想文化基础。

(三)在新形势下坚持和发展中国特色社会主义

进入 21 世纪,世情、国情、党情发生重大变化,党的宣传思想工作面临重大风险挑战。从国际环境看,伴随着世界多极化和经济全球化发展,各种思想文化交流交融交锋日趋频繁,西方国家通过影视、广播、书籍等越来越多元化的方式传递西方价值观,宣传各种非马克思主义思潮。从国内环境看,经济转型社会转轨带来的社会问题和发展问题逐渐显现,比如贫富差距问题、公平正义问题慢慢影响一些人对党和政府的认同危机,信仰缺失、价值观扭曲、诚信危机等现象逐渐侵蚀人们的精神家园,为了追求经济的快速增长,一些党员干部"片面追求数字、唯 GDP 论"的政绩观越来越影响国家的可持续发展等。面对新形势、新任务,以胡锦涛同志为代表的中国共产党人继续推进理论创新、不断加强宣传思想工作,赢得了广大民众的支持和认同。

1.推进马克思主义理论创新

中国共产党人在社会主义建设的探索实践中相继思考和回答了"什么是社会主义,怎样建设社会主义""建设什么样的党,怎样建设党"的问题,不仅推进了马克思主义中国化的理论创新,丰富发展了社会主义意识形态,而且引领中国经济迅速腾飞,从站起来向富起来迈进。但是快速转型、弯道超车的发展也带来一系列的新问题,"实现什么样的发展,怎样发展"成为新时期的中国共产党人必须思考和回答的时代课题。

---

① 《十四大以来重要文献选编》(上),人民出版社,1996 年,第 660~661 页。

2003 年 10 月，党的十六届三中全会通过的《中共中央关于完善社会主义市场经济体制若干问题的决定》指出，坚持以人为本，树立全面、协调、可持续的发展观，促进经济社会和人的全面发展。这是我们党的文件中第一次提出科学发展观。在党的十六届三中全会第二次全体会议上胡锦涛同志强调，"树立和落实全面发展、协调发展和可持续发展的科学发展观，对于我们更好地坚持发展才是硬道理的战略思想具有重大意义。树立和落实科学发展观，这是二十年改革开放实践的经验总结，是战胜非典疫情给我们的重要启示，也是推进全面建设小康社会的迫切要求"[①]。在纪念毛泽东同志诞辰 110 周年座谈会上，他进一步指出，"我们要坚持以经济建设为中心，坚持以人为本，树立全面、协调、可持续的发展观，统筹城乡发展、统筹区域发展、统筹经济社会发展、统筹人与自然和谐发展、统筹国内发展和对外开放"[②]。党的十七大报告对科学发展观进行了系统阐述，明确指出"科学发展观，第一要义是发展，核心是以人为本，基本要求是全面协调可持续，根本方法是统筹兼顾"[③]。党的十七大审议并一致通过十六届中央委员会提出的《中国共产党章程(修正案)》，科学发展观作为"同马克思列宁主义、毛泽东思想、邓小平理论和'三个代表'重要思想既一脉相承又与时俱进的科学理论、我国经济社会发展的重要指导方针、发展中国特色社会主义必须坚持和贯彻的重大战略思想"[④]写入党章。党的十七大之后，党中央继续推进理论创新，科学发展观的内涵不断丰富发展，特别是创造性地将"三位一体"扩展到"四位一体"建设。党的十八大对科学发展观进行了高度概括，形成了完备的科学的理论体系，成为党的指导思想，科学发展观是马克思主义中国化的最新理论成果，是中国特色社会主义理论体系的最新成果。

---

①③　《胡锦涛文选》第 2 卷主要篇目介绍，《光明日报》，2016 年 9 月 22 日。

②　《胡锦涛在纪念毛泽东诞辰 110 周年座谈会的讲话》，中央政府门户网站，http://www.gov.cn/test/2009-11/27/content_1474642_2.htm。

④　《十七大关于〈中国共产党章程(修正案)〉的决议》，中国政府网，2007 年 10 月 21 日，http://www.gov.cn/jrzg/2007-10/21/content_781170.htm。

构建社会主义和谐社会理论。党的十六大报告阐述了全面建设小康社会的目标，"社会更加和谐"是重要方面，"构建和谐社会"的理念是题中应有之义。党的十六届四中全会明确提出了构建社会主义和谐社会的战略任务，并且将提高构建社会主义和谐社会的能力确定为加强党的执政能力建设的重要方面。党的十六届五中全会将构建社会主义和谐社会确定为贯彻落实科学观的重大任务。党的十七大报告明确指出，"科学发展，社会和谐是发展中国特色社会主义的基本要求"，强调"要按照民主法治、公平正义、诚信友爱、充满活力、安定有序、人与自然和谐相处的总要求和共同建设、共同享有的原则，着力解决人民最关心、最直接、最现实的利益问题，努力形成全体人民各尽其能、各得其所而又和谐相处的局面，为发展提供良好社会环境"。①

科学发展观和构建社会主义和谐社会的理论发展了马克思主义关于社会发展的理论，深化了马克思主义关于社会主义本质的内涵，指导和推动着中国特色社会主义的发展。

2.推进马克思主义大众化发展

马克思主义大众化是推进社会主义意识形态获得民众普遍认同的重要方式。胡锦涛同志在党的十七大报告中指出，我们宣传中国特色社会主义理论体系，最重要的就是要"推动当代中国马克思主义大众化"②，而且进一步指出，马克思主义大众化就是让广大民众逐渐理解掌握马克思主义基本原理的过程。

加强党员的经常性教育。胡锦涛同志指出，加强党员的经常性教育，意义重大。它可以不断贯彻落实科学发展观、可以加强社会主义和谐社会的建设。③他在多次讲话中提出要加强党员的理想信念教育，要传承艰苦奋斗的革命精神，要弘扬长征精神、爱国主义精神等，要将马克思主义、毛泽东思想、中国特色社会主义理论融入党员的日常学习和教育之中。

---

① 《论构建社会主义和谐社会》，中央文献出版社，2013 年，第 149~150 页。

② 《胡锦涛文选》(第二卷)，人民出版社，2016 年，第 639 页。

③ 参见《十六大以来重要文献选编》(下)，中央文献出版社，2006 年，第 498 页。

对广大群众进行普及教育。在全社会进行社会主义理论体系的宣传普及,用民众熟悉的、容易接受的即"贴近生活、贴近实际、贴近群众"的方式进行广泛传播,使民众充分理解国家的一系列方针政策,明确国家的发展目标、发展道路,从而实现民众对党和政府的认同,将基本理论转化为民众自觉的实践。

突出重点有针对性地教育。重视党员领导干部的教育,要求"全体党员、干部都要把学习作为一种精神追求,……牢固树立唯物主义的世界观和方法论"[1],领导干部必须起到表率作用,要带头组织、学习和宣传。同时,重视青年学生的教育,特别是大学生的思想政治教育,"让青年知识分子了解和相信党的理论"[2]。青年是祖国的未来,赢得广大青年的认同,我们就赢得了未来和希望。

3.构建社会主义核心价值体系

为了适应新形势下社会主义市场经济发展的要求、社会主义先进文化建设的要求、社会主义思想道德建设的要求,进一步巩固全国人民团结奋斗的共同的思想基础,以胡锦涛同志为代表的中国共产党人提出构建社会主义核心价值体系的重大决定。

2006年党的十六届六中全会,胡锦涛同志首次提出"社会主义核心价值体系"的重大命题和战略任务。2007年6月25日,胡锦涛同志在中央党校省部级干部进修班发表重要讲话,进一步阐述了社会主义核心价值体系的四方面基本内容即马克思主义指导思想、中国特色社会主义共同理想、以爱国主义为核心的民族精神和以改革创新为核心的时代精神、社会主义荣辱观。党的十七大报告强调,"社会主义核心价值体系是社会主义意识形态的本质体现"[3],要求"积极探索用社会主义核心价值体系引领社会思潮的有效途径"[4]。并且

---

[1]　《胡锦涛文选》(第三卷),人民出版社,2016年,第530页。

[2]　《胡锦涛文选》(第二卷),人民出版社,2016年,第528页。

[3]　《十七大以来重要文献选编》(上),中央文献出版社,2009年,第655~656页。

[4]　《胡锦涛文选》(第二卷),人民出版社,2016年,第639~640页。

指出了建设社会主义核心价值体系的四大基本任务：一是巩固马克思主义指导地位；二是用马克思主义中国化最新成果武装全党、教育人民；三是用以爱国主义为核心的民族精神和以改革创新为核心的时代精神鼓舞斗志；四是用社会主义荣辱观引领风尚。[1]

构建社会主义核心价值体系，有利于整合各种社会思潮，实现多元价值观的一元引领，重新建构民众的价值信仰系统，坚定对中国特色社会主义的信心；有利于党和政府以正确的执政理念为指导，化解社会矛盾端正社会风气，凝聚和振奋民族精神，赢得民众的支持和拥护。

4.提升国家文化软实力

文化是国家和民族的灵魂，文运与国运相通，文脉与国脉相连，文化的作用和力量越来越得到人们的关注与重视。美国学者约瑟夫·奈提出了"软实力"的概念，这是文化和意识形态吸引力体现出来的力量，只有不断提升国家文化软实力，才能掌握文化的主动权，才能增强国际竞争力和国际影响力。

2006 年 11 月，胡锦涛在中国文学艺术界联合会第八次全国代表大会、中国作家协会第七次全国代表大会上指出："当今时代，文化在综合国力竞争中的地位日益重要。谁占据了文化发展的制高点，谁就能够更好地在激烈的国际竞争中掌握主动权。"[2]党的十七大对提升国家文化软实力提出了明确要求，并且提出推动文化大发展大繁荣的要求。为了提升国家文化软实力，党中央积极弘扬主流价值观，推进文化认同，另一方面尊重文化建设的规律和特点，结合社会主义市场经济发展的要求，以"深化文化体制改革"为切入点加强文化建设。

弘扬主流价值观，增进文化认同。面对 21 世纪以来的"国学热"，我们需要从文化层面进一步诠释"马克思主义中国化"；面对西方文化渗透和市场经济双重影响带来的价值观多元化，我们需要找寻价值观层面最大公约数，增进价值认同和文化认同。党的十六届六中全会明确提出"建设社会主义核

---

①　参见宋莉：《胡锦涛意识形态建设思想初探》，《党史文苑》，2014 年第 7 期。

②　宋莉：《胡锦涛意识形态建设思想初探》，《党史文苑》，2014 年第 7 期。

心价值体系"的文化任务,将坚持马克思主义的指导思想、高扬中华民族精神、遵循社会主义道德规范有机结合,引领中国特色社会主义走向新的文明。

深化文化体制改革。这一时期的文化体制改革经历了 2003 年开始试点、2006 年扩大试点、2009 年全面推开的过程。首先,根据文化的意识形态属性和商品属性,将文化建设分为公益性文化事业和经营性文化产业两个类型。其次,划分政府与市场的边界。公益性文化事业满足公民基本文化权益,由政府主导,主要任务是加强公共文化服务体系建设;经营性文化产业要坚持市场导向,原有的具有经营性质的国有文化单位要转企改制,由于文化具有影响人们思想的特殊性,因此文化产业仍需政府加强引导。这一阶段文化体制改革的重点要求是"围绕重塑市场主体、完善市场体系、改善宏观管理、健全政策法规、转变政府职能等关键环节,推动改革全面展开"。文化体制改革过程中,公共文化服务体系建设成效显著、文化产业蓬勃发展、文化产品的创作生产能力显著增强,有力地推动了文化的发展和繁荣,提升了国家文化软实力。

5.坚持党管媒体的原则做好舆论宣传工作

面对复杂的世情、国情和党性,以胡锦涛同志为代表的中国共产党人高度重视舆论宣传工作,提出要掌握舆论工作的主动权,只有坚持党管宣传、党管媒体的原则,才能有正确的舆论导向。正如胡锦涛同志强调指出的:"现代媒体传播信息快,社会覆盖面大,社会影响力强,把握和引导得好,可以对我们开展工作起重大促进作用,把握和引导得不好,就可能给我们的工作带来不利影响。舆论导向正确,社会稳定,人民团结,事业兴旺,是党和人民之福。"[1]

胡锦涛同志要求,宣传工作必须坚持党性原则,要立足党和国家的发展大局,"唱响主旋律、打好主动仗,牢牢把握正确舆论导向"[2];加强新闻舆论工作的人才队伍建设,媒体工作者要熟悉党的理论和路线方针政策,不断提升媒介素养,要有责任感和使命感,深入民众,了解百姓生活,要认真研究分

---

① 《十六大以来重要文献选编》(上),中央文献出版社,2005 年,第 79 页。

② 《胡锦涛文选》(第一卷),人民出版社,2016 年,第 537 页。

析新情况,及时呼应社会需求和热点,要熟悉新媒体的运行规律,提升运用网络新媒体的能力,引导网络正确的舆论方向;不仅要重视舆论的引导,而且要注重舆论的监管,努力营造健康向上和谐融洽的舆论氛围,为国家安定团结发展营造良好的环境。

综上所述,在改革开放和社会主义现代化建设新时期,中国共产党人开创了中国特色社会主义道路,形成了中国特色社会主义理论体系,积极推进中国特色社会主义制度建设和文化建设,充分发挥舆论宣传工作的引领作用。全国各族人民解放思想、锐意进取,为实现中华民族伟大复兴提供了充满新的活力的体制保证和快速发展的物质条件。

四、中国特色社会主义进入新时代

党的十八大以来,党中央高度重视宣传思想工作。习近平总书记辩证地指出了经济工作和宣传思想工作之间的关系,经济工作是国计民生得以保障的中心工作,宣传思想工作是上层建筑稳定运行的极其重要的工作,二者实现辩证统一才能维护社会的稳定和发展。几年间,党中央围绕宣传思想工作做出一系列战略部署并提出了相关要求,宣传思想工作事关国家安全与国家形象,事关社会的长治久安和持续发展,事关党的执政地位和人民的幸福安康。

2013 年 8 月 19 日,习近平总书记在全国宣传思想工作会议上指出,"宣传思想工作就是要巩固马克思主义在意识形态领域的指导地位,巩固全党全国人民团结奋斗的共同思想基础"[1]。"新形势下党的宣传思想工作必须自觉承担起举旗帜、聚民心、育新人、兴文化、展形象的使命任务"[2],新时代宣传思想工作的核心要义是实现广大民众对党、对国家、对社会主义的自觉认同,党的十八大以来宣传思想工作紧紧围绕方向任务,努力在政治认同、理

---

① 《习近平总书记在全国宣传思想工作会议上发表重要讲话》,《前线》,2013 年第 9 期。

② 《举旗帜聚民心育新人兴文化展形象　更好完成新形势下宣传思想工作使命任务》,《前线》,2018 年第 9 期。

论认同、目标认同、价值认同、文化认同和路径认同上下功夫,并积累了宝贵经验。

（一）加强宣传思想工作,实现政治认同

1.做到"两个维护",增强"四个意识",坚定"四个自信"

实现政治认同,要自觉坚持中国共产党的领导地位,坚决维护习近平总书记党中央的核心、全党的核心地位,坚决维护党中央权威和集中统一领导,把增强政治意识、大局意识、核心意识、看齐意识落到实处。马克思、恩格斯反思巴黎公社失败的原因时曾指出,巴黎公社遭到灭亡,就是由于缺乏集中和权威。因此,维护党的权威和党的领袖的权威,始终是马克思主义政党一条基本的原则。习近平总书记强调指出:"苏联为什么解体? 苏共为什么垮台? 一个重要原因就是意识形态领域的斗争十分激烈,全面否定苏联历史、苏共历史,否定列宁,否定斯大林,搞历史虚无主义,思想搞乱了,各级党组织几乎没任何作用了,军队都不在党的领导之下了。最后,苏联共产党偌大一个党就作鸟兽散了,苏联偌大一个社会主义国家就分崩离析了。"①人们从丧失对领袖的信任,最终发展为对苏联共产党和社会主义国家的质疑,动摇了人们对社会主义制度的信心,苏共党中央在广大民众中渐渐失去了权威性,于是,整个国家陷入危机。中国共产党人要以史为鉴,通过积极的宣传教育引导,让广大党员和民众认清历史与现实,充分认识到中国的革命离不开中国共产党的领导,中国的建设更离不开中国共产党的领导,办好中国事情的关键在于党,中国特色社会主义的本质特征和最大优势是中国共产党的领导,进而增强政治意识、大局意识、核心意识、看齐意识,坚定中国特色社会主义道路自信、理论自信、制度自信、文化自信。

党的十八大以来,以中央"八项规定""六项禁令""反四风"作为切入点拉开了全面从严党的序幕,中国共产党人要以此为基础,以敢于担当、勇于

---

① 《十八大以来重要文献选编》（上）,中央文献出版社,2014 年,第 113 页。

纠错的精神和勇气,通过持之以恒的自我净化、自我完善、自我革新、自我提高永葆党的先进性和纯洁性,在新时代新征程中自觉承担历史使命。

2. 尊重人民的主体地位,自觉坚持以人民为中心的工作导向和服务人民的宗旨意识

马克思的唯物史观指出,人民群众是历史的创造者,对于社会历史起着推动作用,在任何历史时期、任何情况下,人民群众始终是实践的主体。因此,尊重人民的主体地位,坚持以人民为中心的工作导向和服务人民的工作宗旨是马克思主义政党的根本价值立场。革命战争时期,中国共产党人"打土豪、分田地",开展土地革命、开辟革命根据地,充分激发了人民的积极性、主动性和创造性,中国共产党七大党章明确指出:"中国共产党人必须具有全心全意为中国人民服务的精神,必须与工人群众、农民群众及其他革命人民建立广泛的联系。并经常注意巩固与扩大这种联系。每一个党员都必须理解党的利益与人民利益的一致性,对党负责与对人民负责的一致性。"①正是尊重人民的主体性,得到了广大人民的支持,中国革命才会焕然一新,走向胜利。社会主义现代化建设同样离不开人民群众的智慧和力量。党的十八大以来,习近平总书记多次谈到"全心全意为人民服务,担当起该担当的责任""以人民为中心的发展理念"的人民立场,遵循党的利益和人民利益一致性的根本原则,将人民实现美好生活的向往作为一切工作的奋斗目标,将人民的幸福作为一切工作的出发点与落脚点,在全面深化改革的进程中,推进国家治理体系和治理能力现代化,充分激活人民的创新创造活力,不断满足人民全面自由发展的利益诉求。

(二)加强宣传思想工作,实现理论认同

科学的理论是国家发展与社会进步的有力支撑。中国共产党人信仰马克思主义,在革命和建设的实践中将马克思主义基本原理同中国实际相结

---

① 《中国共产党章程》,共产党员网,http://www.12371..cn/special/zggcdzcqwl/。

合,实现了马克思主义中国化的一次又一次伟大的飞跃。正是这一系列创新理论引领中国革命走向胜利,引领中国特色社会主义走向新时代,引领中华民族从站起来、富起来走向强起来。在新的历史条件下,我们面临很多新的挑战和更为复杂的国际国内形势,社会环境的开放带来思想观念的活跃,新技术新媒体的迅猛发展打破了传统的舆论垄断和单向传播方式,有效管控负面影响的难度明显加大,党内仍有一些党员干部马克思主义信仰缺失,甚至"不信马列,信神拜佛""反马克思主义、鼓吹西化思想"等。因此,坚守科学理论,推进马克思主义理论认同是新时代中国共产党人宣传思想工作的重要方面,更是完成建设社会主义现代化强国实现中华民族伟大复兴历史使命的必然选择。

1.积极推进理论创新

邓小平同志指出:"一个党,一个国家,一个民族,如果一切从本本出发,思想僵化,迷信盛行,那它就不能前进,它的生机也就停止了,就要亡党亡国。"①马克思主义理论只有持续创新才更具生命力,中国共产党人重视理论创新,推进马克思主义中国化的探索。党的十八大以来,"习近平同志对关系新时代党和国家事业发展的一系列重大理论和实践问题进行了深邃思考和科学判断,就新时代坚持和发展什么样的中国特色社会主义、怎样坚持和发展中国特色社会主义,建设什么样的社会主义现代化强国、怎样建设社会主义现代化强国,建设什么样的长期执政的马克思主义政党、怎样建设长期执政的马克思主义政党等重大时代课题,提出一系列原创性的治国理政新理念新思想新战略,是习近平新时代中国特色社会主义思想的主要创立者。习近平新时代中国特色社会主义思想是当代中国马克思主义、二十一世纪马克思主义,是中华文化和中国精神的时代精华,实现了马克思主义中国化新的飞跃"②。毛泽东思想、中国特色社会主义理论体系、习近平新时代中国特

---

① 《邓小平文选》(第二卷),人民出版社,1994年,第143页。
② 《党的十九届六中全会公报》,新华网,https://baijiahao.baidu.com/s?id=1716126286498972618&wfr=spider&for=pc。

色社会主义思想,既一脉相承又与时俱进,巩固了马克思主义在意识形态领域的指导地位,指导着中国革命和社会主义建设的伟大胜利,指导着中华民族实现伟大复兴。

2.坚决守好研究宣传阵地

中国共产党人历来重视思想建党,马克思主义理论研究是理论创新的基础,是马克思主义中国化时代化的关键,广泛宣传和全方位教育是实现马克思主义理论认同的重要前提,统一思想、增进共识、凝聚力量的重要支点。

党的十八大以来,习近平总书记以上率下积极推进马克思主义基本理论的学习研究宣传。他强调马克思主义基本理论是党员干部做好工作的看家本领,只有坚持马克思主义立场,灵活运用马克思主义观点和方法认识问题、分析问题和解决问题,才能实现决策和管理的科学化。因此,要深入学习研究马克思主义经典著作,加大力度研究马克思主义基本理论,对于中国化马克思主义这一新的理论形态进行深入阐释,不断增强马克思主义话语权,努力构建社会主义意识形态话语体系。另外,他也反复强调理论清醒才能保证政治坚定,只有运用辩证唯物主义和历史唯物主义的基本观点认识分析历史和现实,才能进一步坚定理想信念,抵御各种诱惑,增强战胜困难的信心和勇气。

(三)加强宣传思想工作,实现目标认同

目标引领发展的方向。马克思指出,伴随着生产力的高度发展,共产主义社会必然代替资本主义社会,人类社会必然走向新的更高阶段的文明,人类将真正获得解放,实现全面而自由的发展。中国共产党成立之初便明确将实现共产主义作为最高奋斗目标,为实现民族解放人民当家作主而浴血奋战。然而曾经对于共产主义庸俗化和僵化的认识使我们陷入了社会主义建设的误区,不完善的社会主义市场经济带来的负面影响更加剧了人们对物质利益的追逐与依赖,一些党员干部丧失了共产主义的理想信念。因此,正本清源、理清认识、实现目标认同,是宣传思想工作的重要方面。

1.走进马克思,深入研究马克思主义理论,不忘初心

青年马克思在中学毕业论文中便开始思考"选择最能为人类福利而劳动的职业",这样的职业"不是可怜的、有限的、自私的乐趣",他所追求的幸福"将属于千百万人"。他提出,人的本质是自然存在物本质、类存在物本质和社会存在物本质的统一,只有扬弃资本主义社会的私有制、扬弃资本主义私有制下产生的异化劳动,通过现实的共产主义运动,人们才能获得解放,实现人的全面而自由的发展,从而进入人类的理想社会即共产主义社会。因此,党的十八大以来,习近平同志强调党员干部要学经典读原著,不能简单地从物的层面去理解共产主义,更不能将共产主义庸俗化、虚无化,要重新回归马克思主义经典文本。在纪念马克思诞辰 200 周年的大会上,习近平同志高度评价了马克思的一生、阐述马克思主义科学理论的特质并提及了《青年在选择职业时的考虑》《德意志意识形态》《共产党宣言》《资本论》《哥达纲领批判》5 部马克思主义经典著作,引领广大干部群众在走进马克思、深入研究马克思主义理论中真正理解共产主义远大理想,不忘初心。

2.学习"四史",将最高目标与阶段性目标相结合,牢记使命新民主主义革命时期,中国共产党人将共产主义远大理想同中国现实民族解放运动相结合,形成在当时的历史环境中独有的奋斗目标,并以此唤醒整个中华民族真正站起来。中华人民共和国成立之后,中国共产党人将共产主义远大理想同建设社会主义现代化国家发展战略相结合,形成了社会主义革命和建设时期、改革开放和中国特色社会主义建设新时期的奋斗目标,并以此引领整个中华民族真正富起来。党的十八大以来,党中央提出"两个一百年"奋斗目标,习近平总书记提出了实现中华民族伟大复兴的中国梦思想,将共产主义远大理想同全面建成小康社会、全面建成社会主义现代化强国、实现中华民族伟大复兴相结合,形成了新时代中国发展的奋斗目标,激发整个中华民族向真正强起来迈进。我们要认真学习"四史",将最高目标与阶段性目标结合,牢记使命。

（四）加强宣传思想工作，实现价值认同

价值认同主要表现为，人们在社会实践中自觉自愿接受某种共同的价值观念，并以此为追求的价值目标或以此为标准规范约束自己行为的价值取向。主流价值认同具有凝魂聚力、正向引导、化解矛盾的功能。"过去的一切运动都是少数人的或者为少数人谋利益的运动，无产阶级的运动是绝大多数人的，为绝大多数人谋利益的独立的运动。"①这是马克思一直以来的核心价值追求，中国共产党人表达为全心全意为人民服务，要求每一名党员必须把党的利益放在个人的利益之上，更以此价值观念为引领建设社会主义新中国。因此，新中国成立初期党的价值观和整个社会、国家的价值观是一致的，大家自觉自愿地去信奉和尊崇。然而伴随着经济转型与社会转轨，价值多元引发的价值冲突与价值混乱使当代中国主流价值认同陷入困境，推进价值认同是宣传思想工作的重要内容。

党的十八大报告明确提出社会主义核心价值观国家层面的价值目标、社会层面的价值取向和个人层面的价值准则，党的十九大报告将"坚持社会主义核心价值体系"作为新时代坚持和发展中国特色社会主义的基本方略之一，党的十九届四中全会明确提出"坚持以社会主义核心价值观引领文化建设制度"，彰显了我们党对于通过价值观建设实现价值认同的高度重视。

1.推进社会主义核心价值观内化于心

党的十八大以来，全国各地积极培育社会主义核心价值观，灵活运用了多样的教育方式，以社会主义核心价值观为引领加强舆论宣传，从新闻报道到节目制作既尊重客观事实，又注重理性分析正向引导，传播正能量，疏导负面心理与情绪，以马克思主义新闻观为指导引导广大受众以主流价值观认识社会现实。充分发挥文化"润物细无声"的以文化人的作用，召开文艺工作座谈会，鼓励广大文艺工作者要创作好的文学艺术作品、优秀的电影电视

---

① 《马克思恩格斯全集》（第1卷），人民出版社，1957年，第104页。

节目,组织精彩的文化活动,使民众在愉悦中享受、在享受中认同我们的主流价值观。

2.推进社会主义核心价值观外化于行

外化于行离不开环境营造,不断完善制度设计,充分发挥制度的引领、示范、监督、激励的作用,不断规范政策制定,解决群众关心的切身利益问题,不断调整具体措施,使社会主义的优势得到充分发挥,努力实现人们的认知认同、心灵认同。外化于行离不开实践养成,将社会主义核心价值观培育与人们日常生活紧密相连,营造与之相适应的生活情景和社会氛围,引导人们实现知行合一。

(五)加强宣传思想工作,实现文化认同

文化具有意识形态属性,是意识形态显著的载体。同时,意识形态的生成离不开一定的文化系统,正如列宁所说,马克思主义这一革命无产阶级的意识形态赢得了世界历史性的意义, 是因为它并没有抛弃资产阶级时代最宝贵的成就, 相反却吸收和改造了两千多年来人类思想和文化发展中一切有价值的东西。中国共产党人积极传承和弘扬中华优秀传统文化,并将其与马克思主义理论相融合, 形成了红色革命文化和中国特色社会主义先进文化,引领中国革命走向胜利、引领社会主义建设取得伟大成就。面对经济全球化背景下的文化多样性,面对文化交流交往交融的日益频繁,面对文化影响渗透的日益激烈,实现文化认同是新时代宣传思想工作的题中应有之义。

1.积极推进中华优秀传统文化的传承与创新

中华优秀传统文化扎根于广袤的中华大地, 是中华民族生生不息的血脉,是中华儿女世代栖息的精神家园。"天不变,道亦不变",只有守住文化之根,延续文化之脉,中华民族这棵大树才能枝繁叶茂,茁壮成长,永远屹立于世界民族之林。党的十八大以来,习近平总书记坚守文化立场,坚定文化自信,立足当代中国实践,多次指出,要遵循马克思主义基本方法推进中华优秀传统文化的创造性转化与创新性发展, 使其在新的时代条件下为国家发展民族振兴提供源源不断的精神能量。

2.努力推进中华优秀传统文化、革命文化和社会主义先进文化的融会贯通

党的十九大报告指出，"中国特色社会主义文化，源自于中华民族五千多年文明历史所孕育的中华优秀传统文化，熔铸于党领导人民在革命、建设、改革中创造的革命文化和社会主义先进文化，植根于中国特色社会主义伟大实践"。中华优秀传统文化是中华民族之根，革命文化是中国道路之基，社会主义先进文化是中国发展之魂，党的十八大以来，我们要进一步阐释与把握三种文化之间的内在联系，探索马克思主义与中华优秀传统文化相融合的理论基础，推进三种文化的融会贯通，努力从根本上实现文化认同。

3.中华文化面向世界开放发展

文化既是民族的，又是世界的。由于世界各民族的社会实践有其共性，有普遍的规律，在实践中产生和发展的不同民族文化也有其共性和普遍规律。因此，要尊重世界文化的多样性，在认同与发展本民族文化基础上，尊重其他民族文化，批判地吸收国外优秀文化成果，相互借鉴，求同存异，从而促进中华文化的创新发展，共同促进世界文化繁荣进步。党的十八大以来，党中央积极推进文化的传播与交流，增进各国人民相互理解，促进国家间的交流与合作，增强中华文化国际影响力。

（六）加强宣传思想工作，实现路径认同

党的十八大以来，党中央强调，中国特色社会主义是改革开放以来党的全部理论与实践的主题，这一发展路径既是历史的选择、人民的选择更是现实的需要。面对鸦片战争以来空前的民族危机，中国共产党人高举马克思主义旗帜，开辟了民族独立人民解放之社会主义道路，革命的胜利宣告了"只有社会主义才能救中国"的真理。新中国成立初期，对于社会主义教条化僵化的认识、"一大二公三纯四平均"的建设思路背离了当时的中国国情，背离了马克思主义的基本原理，社会主义建设走过了一段曲折的历程。实践是检

验真理唯一标准的大讨论使人们价值观实现了拨乱反正,反思历史与现实,中国共产党人认清了中国国情,创造性地提出了社会主义初级阶段理论,开辟了中国特色社会主义道路。经过改革开放四十多年的发展,中国跃居为世界第二大经济体,成为世界舞台一颗耀眼的明星,中国特色社会主义进入强起来的新时代,改革开放的成功宣告了"只有中国特色社会主义才能发展中国"的真理。今日之中国,面对西方的强势进攻,在"敢问路在何方"的争论中,中国共产党人坚守曾经的选择,高举中国特色社会主义伟大旗帜,坚定"四个自信",推进人们的路径认同,这也是新时代宣传思想工作的重要任务。

1.不断夯实经济基础

马克思的唯物史观认为,生产力是一切社会存在和发展的基础,是推动人类社会发展的决定性力量,生产力决定生产关系,经济基础决定上层建筑。发展路径由经济基础决定,同时,拥有坚实的经济基础,发展路径才能更具凝聚力和吸引力。党的十八大以来,我们立足中国国情,继续坚持和发展中国特色社会主义,坚持解放生产力、发展生产力、实现共同富裕的本质要求,坚持以人民为中心、发展成果惠及全体人民的工作导向,统筹协调"五位一体"总体布局,协调推进"四个全面"战略布局,保持经济持续健康发展,满足人们日益增长的美好生活需要,在发展中进一步彰显中国特色社会主义的优越性与先进性,为"世界上那些既希望加快发展又希望保持自身独立性的国家和民族提供了全新选择,为解决人类问题贡献了中国智慧和中国方案"。

2.不断夯实制度基础

进一步完善人民代表大会根本政治制度、中国共产党领导的多党合作和政治协商制度、民族区域自治制度和基层群众自治制度的基本政治制度,在全面深化改革的进程中把根本政治制度、基本政治制度、基本经济制度和其他各方面机制体制有机结合起来,把国家民主制度和基层民主制度结合起来,把党的领导、人民当家作主、依法治国有机结合起来。通过夯实制度基础,消除社会发展中出现的消极因素和不利影响,努力实现国家富强、人民幸福、社会进步,彰显中国特色社会主义制度的优势。

综上所述,党的十八大以来,中国特色社会主义进入新时代,我国意识形态领域形势发生全局性、根本性转变,全党全国各族人民文化自信明显增强,全社会凝聚力和向心力极大提升,为新时代开创党和国家事业新局面提供了坚强思想保证和强大精神力量。①全国各族人民自信自强,守正创新,为实现中华民族伟大复兴提供了更为完善的制度保证、更为坚实的物质基础、更为主动的精神力量。

第二节　宣传思想工作的主要成就

中国共产党的宣传思想工作伴随着党的成长发展而日益成熟。百年来,中国共产党人尊重中国革命和社会主义建设的实际情况,遵循工作规律,因时因势而谋、应时应势而动、顺时顺势而为,宣传思想工作理念、格局等发生深刻变化,取得突出成就,为推动党和国家的发展起到了积极作用。

一、宣传思想工作的深刻变化

(一)宣传思想工作理念不断创新

党的宣传思想工作理念体现在对于宣传思想工作的概念表述上,经历了不断深化的过程。中国共产党创建和大革命时期,中国共产党人遵循马克思恩格斯和列宁宣传工作思想,宣传思想工作表述为"政治宣传""宣传鼓动工作""宣传工作"等概念,表现形态较为多样化。在土地革命战争时期,为了充分调动广大人民群众积极参与革命斗争实践,宣传思想工作被广泛表述为"宣传鼓动工作"。在抗日战争时期和解放战争时期,为了团结一切可以团

---

① 参见《党的十九届六中全会公报》,新华网,https://baijiahao.baidu.com/s?id=171612628649897 2618&wfr=spider&for=pc。

结的力量、调动最广大人民的积极性，宣传思想工作被较为频繁地表述为"宣传鼓动工作""宣传教育工作"。新中国成立后，伴随着社会主义三大改造，思想文化领域亟需除旧布新，宣传思想工作主要被表述为"宣传工作""思想改造""宣传教育工作"等。改革开放和社会主义现代建设新时期，面对历史遗留问题、面对人们对于国家、社会主义、马克思主义的思想困惑、面对思想文化领域各种观点交流交锋的复杂景观，宣传思想工作的重点是正本清源，加强思想教育与引领，宣传思想工作主要被表述为"思想政治工作""思想政治教育"等。党中央对于宣传思想工作越来越重视，宣传思想工作的相关表述出现在党的重要文件中。1992 年连续发布的《关于认真贯彻邓小平同志重要讲话，切实加强、改进宣传思想工作的意见》《中共中央关于加强和改进宣传思想工作，更好地为经济建设和改革开放服务的意见》等重要文件中开始明确使用"宣传思想工作"概念，"宣传思想工作"作为党的话语体系中的特定概念逐渐成型。①进入 21 世纪以来，党中央越来越重视文化建设，宣传思想工作经常被表述为"宣传思想文化工作"。党的十八大以来，"宣传思想工作"是党和国家重要领导人讲话和重要文件的表述中经常使用的概念，②"宣传工作"概念出现在《中国共产党宣传工作条例》《中国共产党宣传工作简史》等文件中。党的宣传思想工作概念表述的历史演变彰显党宣传思想工作实践的不断深入，映射党宣传思想工作理念的发展与创新，党对宣传思想工作的范围、内容等方面已经逐渐形成了完整的系统的认识。

(二)宣传思想工作地位日益清晰

党对宣传思想工作地位的认识经历了一个发展过程。在中国共产党成立初期，特别是第一次国共合作期间，党中央高度重视宣传思想工作，将其放在全党工作的重要位置，并且要求大部分工作转移到宣传工作上来。"我

---

①② 参见佘双好、汤桢子：《中国共产党百年宣传思想工作发展历程与基本经验》，《江南大学学报》(人文社会科学版)，2021 年第 6 期。

们必须能在事实上参加国民党的宣传部……无论怎么样好的组织系统不能代替这种宣传的。""宣传更重于组织。"①然而由于过高估计宣传工作的作用同时放松了党的军事武装和组织工作,党的工作逐渐陷入被动。在大革命时期,中国共产党人反思国共合作时的斗争实践,吸取失败的教训,毛泽东率先提出"枪杆子里出政权"的著名论断,开始重视武装斗争,同时也注重"笔杆子"的作用,继续推进宣传思想工作。但是当时,党在革命探索过程中尚未形成统一的指导思想,思想路线、组织路线、军事路线出现摇摆偏颇,因此仍未从理论层面上明晰党的宣传工作与组织工作、军事工作的关系问题。在抗日战争时期,党中央不断总结革命斗争的经验、反思失败教训,逐渐明确了军事路线、思想路线和组织路线,1941 年 6 月 20 日发布《中央宣传部关于党的宣传鼓动工作提纲》,深刻阐释了宣传工作与组织工作的辩证关系,将宣传工作放在与组织工作同等重要的地位,标志着党对宣传思想工作地位认识达到成熟阶段。②新中国成立之后,特别是改革开放之后,宣传思想工作围绕党的中心工作地位明确固定下来。党的十八大以来,习近平总书记在全国宣传思想工作会议上明确了党的中心工作与宣传思想工作的辩证关系,进一步指出"宣传思想工作一定要把围绕中心、服务大局作为基本职责,胸怀大局、把握大势、着眼大事"③。以习近平同志为核心的党中央明确指出了宣传思想工作在党和国家事业发展全局中的地位和职责,充分体现了党对宣传思想工作地位认识的深刻性和科学性。

(三)宣传思想工作方式方法逐渐丰富

中国共产党宣传思想工作的方式方法在实践探索中逐渐丰富。从宣传方式来看,革命斗争时期到社会主义革命和建设初期,为了充分调动广大人

---

①　中央档案馆:《中共中央文件选集(第一册)(1921—1925)》,《中共中央党校出版社》,1991 年,第 232 页。

②　参见佘双好、汤桢子:《中国共产党百年宣传思想工作发展历程与基本经验》,《江南大学学报》(人文社会科学版),2021 年第 6 期。

③　习近平:《论党的宣传思想工作》,《中央文献出版社》,2020 年,第 14 页。

民群众、发挥人民群众在革命建设中的主体作用,宣传思想工作主要采取在群众中间广泛宣传和开展大规模的群众运动的方式,这种方式在推动革命胜利和社会主义建设发挥了非常重要的作用。改革开放之后,中国共产党人认真总结社会主义建设的经验教训,深刻认识到,"用大搞群众运动的办法,而不是用透彻说理、从容讨论的办法,去解决群众性的思想教育问题……都是不成功的"①,越来越注重用说服教育、理论联系实际、交流讨论、批评与自我批评等"润物细无声"的思想政治教育方式引导人民群众纠正错误观点。同时,伴随着社会主义法治国家的建设,人们的法律意识和法治思维不断提升,宣传思想工作逐步走向规范化制度化科学化法治化轨道。从宣传载体来看,革命战争初期,报纸、传单、宣传大纲、小册子等是主要宣传载体,到抗日战争和解放战争时期,宣传载体逐渐多样化,"有公开的、秘密的、文字的、艺术的、口头的、开大会(座谈会、检讨会)等多种多样的方式,各有分工,相互配合"②。其中,小说、戏剧、秧歌等文学艺术作品是非常重要的文艺宣传载体。新中国成立后,全国范围内逐渐构建以报纸、出版、电影、广播为主的传统媒介宣传网。20世纪90年代以来,伴随着互联网等新媒体技术兴起和发展,网络空间成为人们获取知识和信息、交流思想和情感的重要平台,成为各种话语表达和思想观点的聚集地和传播地,网络空间的虚拟开放性、网络传播的灵活交互性、网络资源的丰富共享性等特点使互联网打破了传统载体单向性、延时性等传播模式,宣传思想工作的传播方式发生深刻变革。党的十八大以来,党中央积极推进媒体融合发展,推进线上线下共同发力,宣传思想工作的传统载体与现代载体紧密配合。从宣传方法来看,党成立以来到新中国成立之后的很长时间,依据列宁的"灌输理论",宣传思想工作以"灌输"为主,多采取理论教育、政治宣传、典型示范等方法。改革开放以来,伴随着管理理念和管理模式的变革,以人为本的观点深入人心,单纯灌输的

① 《邓小平文选》(第二卷),人民出版社,1994年,第336页。

② 共青团中央青运史工作指导委员会、中国青少年研究中心、中国档案馆利用部:《中国青年运动历史资料》(第17集),中国青年出版社,2002年,第643页。

宣传思想工作方法逐渐向互动交流、民主协商、公正治理转变,宣传思想工作者积极探索体验式、融入式、沉浸式等多种工作方法。党的十八大以来,党中央积极推进国家治理体系和治理能力现代化建设,习近平总书记强调,要树立"大宣传"理念,"动员各条战线各个部门一起来做,把宣传思想工作同各个领域的行政管理、行业管理、社会管理更加紧密地结合起来"①,积极推进社会多元主体共同参与宣传思想工作。

二、宣传思想工作发挥重要作用

(一)服务党和国家中心工作

中国共产党成立以来,宣传思想工作紧紧围绕新民主主义革命、社会主义革命和建设、改革开放和社会主义现代化建设各个历史时期历史阶段的中心任务展开,充分发挥强大的思想引领和舆论宣传的作用。在大革命时期,通过宣传鼓动,激发革命热情、鼓舞士气、动摇敌人军心,不仅消除了人民群众对中国共产党的怀疑和恐惧,更加获得了广大群众的支持和拥护,壮大了革命队伍和革命声势;在抗日战争时期,中国共产党广泛宣传全面抗战路线,毛泽东发表《论持久战》,粉碎"亡国论""速胜论"的错误观点,充分发挥宣传思想工作的思想舆论力量,为抗日战争胜利奠定思想基础。在解放战争时期,中国共产党人开辟第二条战线广泛宣传和平民主,为解放全中国发挥思想舆论作用,进一步壮大了人民解放军的力量。新中国成立之后,宣传思想工作以宣传英雄和劳动模范的典型事迹、宣传党的伟大成就、弘扬爱国主义精神等为主要内容,为社会主义革命和建设加油鼓劲。改革开放之后,宣传思想工作注重正本清源、拨乱反正,讴歌改革开放的卓越成就、弘扬中国文化和中国精神,充分调动广大人民群众的积极性主动性创造性,为共同建设社会主义现代化国家凝聚磅礴力量。

---

① 《习近平谈治国理政》(第一卷),外文出版社,2018年,第156页。

（二）巩固马克思主义指导地位

中国共产党是马克思主义政党，中国共产党的宣传思想工作始终坚持以马克思主义为指导并不断巩固马克思主义在党和国家发展中的指导地位，推进马克思主义中国化时代化发展，马克思主义指导思想不断丰富发展，形成了毛泽东思想、中国特色社会主义理论体系、习近平新时代中国特色社会主义思想。同时，积极推进马克思主义理论的宣传教育，巩固群众思想基础。在革命斗争时期，广大党员运用书籍、报刊、小册子等多种方式宣传传播马克思主义理论，在斗争非常危险的特殊情况下，不能用文字宣传就用口头宣传，不能广泛宣传就单独宣传，通过宣传思想工作积极争取了很多要求进步的有志之士，让越来越多的共产党员理解了马克思主义并且成长为坚定的共产主义战士。新中国成立之后，党和国家一直注重马克思主义理论的宣传教育，刘少奇同志曾指出，"我们的宣传工作者，就要利用这种条件来加强马列主义的宣传，继续努力提高劳动人民的觉悟和理论水平"[1]，广大人民群众通过识字班、读书会等学习马克思主义理论，提升对马克思主义科学认知。党的十八大以来，习近平总书记提出，"要加强传播手段和话语方式创新，让党的创新理论'飞入寻常百姓家'"[2]，宣传思想工作积极推进理念创新、内容创新、传播手段创新等，将党的创新理论传递到机关、企业、学校、社区、乡村等各个领域，并取得非常好的传播效果，极大提高党员干部和广大人民群众对党的理论、路线、方针和政策的认同，巩固了马克思主义的指导地位，巩固了全党全国各族人民团结奋斗的共同思想基础。

（三）培育建设国家的时代新人

培养革命战士、培育建设社会主义国家的栋梁之才是中国共产党宣传思想工作的重要使命。毛泽东指出："为了建成社会主义，工人阶级必须有自

---

[1]　《刘少奇选集》（下），人民出版社，1985年，第81页。

[2]　《习近平论党的宣传思想工作》，中央文献出版社，2020年，第340页。

己的技术干部的队伍,必须有自己的教授、教员、科学家、新闻记者、文学家、艺术家和马克思主义理论家的队伍。"①邓小平认为:"思想战线上的战士,都应当是人类灵魂工程师。"②江泽民提出:"必须以科学的理论武装人,以正确的舆论引导人,以高尚的精神塑造人,以优秀的作品鼓舞人。"③胡锦涛强调:"要坚持以人为本,贴近实际、贴近生活、贴近群众,充分发挥人民主体作用。"④党的十八大以来,习近平总书记多次强调,宣传思想工作要育新人,"要把培养担当民族复兴大任的时代新人作为重要职责"⑤。中国共产党历经百年的宣传思想工作培养了一代代革命接班人,时代新人为新中国的成立和社会主义现代化建设付出青春、智慧甚至生命。

(四)塑造党和国家光辉形象

宣传展示中国共产党的精神风貌、社会主义国家的伟大成就、中国人民的勤劳勇敢智慧是宣传思想工作的重要任务,中国共产党历来重视对外宣传。延安时期,党专门成立国际宣传组,主要任务是编译国际宣传资料,让国际社会更多地更好地了解中国共产党和革命根据地的真实情况;筹建对外联络宣传交际处,主要任务是专门负责接待华侨和中外记者团,陈嘉庚、斯诺等著名人士正是通过亲自参观根据地,对党和根据地有了新认识,之后通过著书立说等方式向世界人民介绍党和根据地建设,收到了意想不到的良好效果。⑥党的十八大以来,习近平总书记强调:"主动宣介新时代中国特色社会主义思想,主动讲好中国共产党治国理政的故事、中国人民奋斗圆梦的故事、中国坚持和平发展合作共赢的故事,让世界更好了解中国"⑦,新时代

---

① 《建国以来重要文献选编》(第 10 册),中央文献出版社,1994 年,第 491 页。

② 《邓小平文选》(第三卷),人民出版社,1993 年,第 40 页。

③ 《十四大以来重要文献选编》(上),人民出版社,1996 年,第 647 页。

④ 《胡锦涛文选》(第三卷),人民出版社,2016 年,第 59~60 页。

⑤ 《习近平论党的宣传思想工作》,中央文献出版社,2020 年,第 340 页。

⑥ 参见吴亚辉:《中国共产党宣传思想工作的百年历程与基本经验》,《邓小平研究》,2022 年第 1 期。

⑦ 《习近平论党的宣传思想工作》,中央文献出版社,2020 年,第 342 页。

党的对外宣传工作取得了重大成就,极大提高了党和国家的国际形象,提升了中华民族在国际舞台的地位。

第三节　中国共产党宣传思想工作的基本经验

在长期的宣传思想工作实践中,中国共产党坚持马克思主义宣传思想,依据不同历史时期的实际情况,推进宣传思想工作的发展与创新,取得了卓越成就,积累了宝贵经验。习近平总书记指出:"这些经验来之不易、弥足珍贵,是做好今后工作的重要遵循,一定要认真总结、长期坚持,并在实践中不断丰富和发展。"[①]

一、宣传思想工作必须坚持马克思主义指导思想

宣传传播马克思主义、坚持和巩固马克思主义在意识形态领域的指导地位、以马克思主义为指导坚持中国革命和社会主义建设的正确方向,是党百年奋斗历程中宣传思想工作的首要任务。

注重马克思主义的理论研究和宣传教育是中国共产党宣传思想工作的宝贵经验。在中国共产党创建时期,建党先驱们积极传播马克思主义,为探索救亡图存之路的有志之士指明方向。中国共产党成立初期,专门成立人民出版社,主要负责翻译马列主义经典著作,宣传马克思主义理论。在长期的革命斗争实践中,中国共产党加强马克思主义的宣传教育,并深刻认识到"没有革命的理论,即没有革命的运动。有了健全的革命理论,然后党的宣传工作方得依此范畴融通各部,使党员行动方有所准绳"[②]。中国共产党坚持和发展马克思主义,通过广泛的政治宣传和舆论引导团结群众、发动群众、武

---

①　《习近平谈治国理政》(第一卷),外文出版社,2018 年,第 155 页。

②　中共中央文献研究室、中央档案馆:《建党以来重要文献选编(1921—1949)》(第二册),中央文献出版社,2011 年,第 255 页。

装群众,为新民主主义革命走向胜利凝聚力量。新中国成立之后,马克思主义上升为党和国家的指导思想, 马克思主义的宣传教育提升到党和国家发展、社会主义建设的高度来部署。1951 年 5 月 7 日,第一次全国宣传工作会议在北京举行,刘少奇同志指出:"在新形势、新条件下,党的宣传工作的任务,就是用马列主义的思想原则在全国范围内和全体规模上教育人民。宣传工作可以分作两项,一项是当前的中心工作、时事政策的宣传,一项是马列主义基本理论的宣传。"①十一届三中全会之后,社会上和党内曾出现一些思想动向,造成了一部分人思想混乱,邓小平提出必须坚持四项基本原则,坚持马列主义、毛泽东思想是其中一项重要原则,马克思理论研究和宣传教育贯穿改革开放和社会主义建设的全过程, 在推进马克思主义中国化时代化发展、巩固马克思主义指导地位等方面发挥重要作用。党的十八大以来,宣传思想工作的形势发生深刻变化, 习近平总书记进一步强调要巩固马克思主义在意识形态领域的指导地位,用马克思主义最新理论成果武装全党,党员干部要提升马克思主义基本素养, 善于运用马克思主义立场观点方法分析解决问题。宣传思想工作只有坚持马克思主义指导思想,才能为社会主义伟大事业的发展提供思想理论支撑,才能引领社会主义伟大事业沿着正确的方向前行。

二、宣传思想工作必须坚持围绕中心服务大局

围绕中心、服务大局是宣传思想工作的重要原则,也是宣传思想工作的重要经验。

在革命战争时期,党的中心工作是推翻帝国主义、封建主义、官僚资本主义的统治,实现民族独立和人民解放,用武装力量夺取政权,建立社会主义新中国。党的宣传思想工作紧紧围绕这一中心,加强马克思主义理论宣传教育、宣传中国共产党的宗旨主张、激励鼓动广大人民群众参与革命斗争、

---

① 中央宣传部办公厅:《党的宣传工作会议概况和文献(1951—1992)》,中共中央党校出版社,1994 年,第 12 页。

调动一切可以调动的积极因素和爱国力量,为实现目标任务做出重大贡献。新中国成立之后,党面临复杂的国际国内形势,党的中心工作是恢复各方面建设、整党整风、防范国内外敌对势力的攻击等。刘少奇同志指出:"我们的宣传工作是不能离开当前的中心工作的,并且是为了保证各项中心工作的完成的。宣传工作必须与各级党委所定下来的中心工作密切配合,离开了党的中心工作,宣传工作就会失败。"①十一届三中全会之后,党的中心工作转移到经济建设上来,党的宣传工作顺势而为转移到为经济建设服务上来,批判错误思想、扫除思维障碍、加强社会主义精神文明建设、推进中国特色社会主义文化建设,为社会主义市场经济发展提供精神动力和智力支持。党的十八大以来,中国特色社会主义进入新时代,中国共产党坚持以经济建设为中心,全面深化改革,推进社会主义现代化建设,为"两个一百年"和中华民族伟大复兴而奋斗。围绕新时代党的中心工作,《中国共产党宣传工作条例》明确提出"一个高举""两个巩固""三个建设"的宣传工作根本任务,即高举中国特色社会主义伟大旗帜;巩固马克思主义在意识形态领域的指导地位,巩固全党全国人民团结奋斗的共同思想基础;建设具有强大凝聚力和引领力的社会主义意识形态,建设具有强大生命力和创造力的社会主义精神文明,建设具有强大感召力和影响力的中华文化软实力。②

宣传思想工作只有始终坚持围绕党和国家的中心工作,才能把握正确的方向,才能为做好中心工作营造良好的思想文化舆论氛围,才能为党和国家大政方针政策的贯彻实施奠定坚实的思想基础。

三、宣传思想工作必须坚持以人民为中心

为了人民是中国共产党的初心,全心全意为人民服务是中国共产党的宗旨,以人民为中心不仅是中国共产党的发展思想,也是宣传思想工作的价值导向和基本原则。

① 《刘少奇选集》(下卷),人民出版社,1985年,第81页。

② 参见秦强:《守正创新做好新时代宣传工作的基本遵循》,《领导科学论坛》,2020年第9期。

在革命战争时期，党的宣传思想工作始终坚持以人民的利益为最高利益，积极开展群众性宣传，1941年中共中央宣传部发布的《关于党的宣传鼓动工作提纲》中指出："我党所宣传的理论、纲领、政策等，是符合于全民族与全国人民的利益的。我党的宣传鼓动工作就是为着全民族与全国人民的利益而服务。因此，我党的宣传鼓动是能为群众所接受与拥护的。"①在宣传过程中，注重依据不同阶层不同群体的认知水平和接受能力，采取分众化的宣传方式，毛泽东指出："射箭要看靶子，弹琴要看观众……对于自己的宣传对象没有调查，没有研究，没有分析，乱讲一顿，是万万不行的。"②在宣传过程中，强调要秉持全心全意为人民服务的精神，刘少奇指出："采取忠实的态度，把人民的要求、苦难、呼声、趋势、动态，真实地、全面地、精彩地反映出来。"③新中国成立之后，同样采取分众化的宣传教育，针对不同级别的党员干部开展不同内容的马克思主义理论教育，针对知识分子和人民群众开展与实际生产生活相结合的宣传教育。改革开放之后，继续探索科学的分众化宣传方式，构建系统的对人民群众的宣传网，加强日常宣传工作，并且强调宣传工作要"坚持贴近实际、贴近生活、贴近群众"④。党的十八大以来，宣传思想工作坚持党性和人民性相统一，既坚持正确的政治方向，服务于党和国家的中心工作，又体现党对人民群众的重视与关怀，注重育人功能，坚持以人民为中心的价值导向和发展思想。习近平总书记在2013年全国宣传思想工作会议上指出，要树立以人民为中心的工作导向，把服务群众同教育引导群众结合起来，把满足需求同提高素养结合起来，多宣传报道人民群众的伟大奋斗和火热生活，多宣传报道人民群众中涌现出来的先进典型和感人事迹，丰富人民精神世界，增强人民精神力量，满足人民精神需求。在2016年党的新闻舆论工作座谈会强调，新闻舆论工作者要增强政治家办报意识，在

① 中共中央文献研究室、中央档案馆：《建党以来重要文献选编（1921—1949）》（第十八册），中央文献出版社，2011年，第423页。

② 《毛泽东新闻工作文选》，新华出版社，1983年，第78页。

③ 《刘少奇选集》（上卷），人民出版社，1981年，第402页。

④ 《十六大以来重要文献选编》（上），中央文献出版社，2005年，第525页。

围绕中心、服务大局中找准坐标定位，牢记社会责任，不断解决好"为了谁、依靠谁、我是谁"这个根本问题。在 2018 年全国网络安全和信息化工作会议提出，网信事业发展必须贯彻以人民为中心的发展思想，把增进人民福祉作为信息化发展的出发点和落脚点，让人民群众在信息化发展中有更多获得感、幸福感、安全感。①

宣传思想工作只有坚持以人民为中心，将党的主张与人民的呼声相结合，才能服务群众、教育群众，充分激发蕴藏于人民群众中的巨大的创造活力。

四、宣传思想工作必须坚持"大宣传"格局

中国共产党的宣传思想工作离不开"大宣传"格局。毛泽东指出："什么是宣传家？不但教员是宣传家，新闻记者是宣传家，文艺作者是宣传家，我们的一切工作干部也都是宣传家。"②中国共产党建党初期就注重充分调动一切积极因素，全员动手做宣传工作，强调"共产党员人人都应是一个宣传者，平常口语中须时时留意宣传"③，在革命斗争中，一方面加强专门化的宣传思想工作组织机构和专业化队伍建设，另一方面注意发动工农群众做宣传，专业化与全员化相结合推动宣传思想工作。新中国成立之后，全国范围建立了以宣传员和报告员为骨干成员的宣传网制度，推动宣传思想工作的专业化建设，同时，积极调动广大党员干部、工农群众参与到宣传思想工作队伍中来。改革开放之后，党的宣传思想工作专业化队伍建设取得显著成效，宣传队伍更加壮大。党的十八大以来，习近平总书记强调全党动手做好宣传思想工作的观点，指出"要树立大宣传的工作理念，动员各条战线各个部门一起来做，把宣传思想工作同各个领域的行政管理、行业管理、社会管理更加紧

---

① 参见《习近平强调宣传思想文化工作必须坚持以人民为中心》，http://www.81.cn/sydbt/2018-08/22/content_9260396.htm。

② 《毛泽东选集》（第三卷），人民出版社，1991 年，第 838 页。

③ 中共中央文献研究室、中央档案馆：《建党以来重要文献选编(1921—1949)》（第一册），中央文献出版社，2011 年，第 354 页。

密地结合起来"①。新时代做好宣传思想工作必须树立"大宣传"理念,充分发挥各条战线的积极性,多方联动、齐抓共管、形成合力,形成"大宣传"格局。

"大宣传"格局离不开法律保障和法治环境支撑。中共中央党报委员会于1930年5月颁布《中共中央党报通讯员条例》,建立起广泛深入联系群众的工农通讯员制度,并在理论教育、新闻宣传、文化文艺等领域也作出相应的制度安排。新中国成立后,确立了党统一领导下的宣传思想工作领导体制,建立党员干部教育制度、宣传网制度、新闻宣传工作一体化体制等制度体系,奠定了宣传思想工作的制度基础和组织保障。②改革开放之后,党中央推进依法治国建设,为宣传思想工作提供了良好的法治环境。党的十八大以来,党中央加大力度推进宣传思想工作法治化建设,出台《党委(党组)意识形态工作责任制实施办法》《中国共产党党委(党组)理论学习中心组学习规则》《中国共产党宣传工作条例》。宣传思想工作的规范化制度化法治化建设为形成"大宣传"格局提供制度保障,有利于保证宣传思想工作在规范有序的法治环境中实现整体发展和创新发展。

① 《习近平论党的宣传思想工作》,中央文献出版社,2020年,第18页。

② 参见佘双好、汤桢子:《中国共产党百年宣传思想工作发展历程与基本经验》,《江南大学学报》(人文社会科学版),2021年第6期。

第三章　新时代新征程宣传思想工作面临的风险挑战

第一节　经济全球化文化多元化带来的风险挑战

伴随着世界多极化、经济全球化发展,西方资本主义国家凭借经济、科技、军事等方面的优势,以多种方式和手段向我国输出西方社会的思想观念和价值观理念,多元社会思潮的涌入冲击了以马克思主义为指导的社会主义意识形态,削弱了我国的思想文化基础,影响了广大民众对自身文化和主流意识形态的认同。

一、西方文化输出的主要内容与方式途径

(一)主要内容

广义的文化是人类在社会历史实践活动中创造的物质财富和精神财富的总和,由物质文化、制度文化和思想文化三个圈层构成。表层的物质文化,包括音乐、影视、舞蹈、动漫、建筑等文化艺术作品和产品;中层的制度文化,包括政治制度、经济制度、法律制度等;深层的思想文化,包括价值观、信仰

信念、习俗、道德规范等。在全球化背景下,世界各国文化交流交融日益频繁,西方的物质文化、制度文化、思想文化通过各种方式输入我国。

物质文化。物质文化与人们的衣食住行、休闲娱乐息息相关。西方发达资本主义国家在大工业生产的过程中制造了满足大众需求、引领大众消费的丰富多彩的文化样式,形成了代表西方文明的饮食文化、娱乐文化、建筑文化、服饰文化、节庆文化等,创造了众多具有代表性的文化品牌,牛仔裤、卡拉 OK、摇滚音乐、圣诞节、感恩节、万圣节、情人节等各种节日庆典,肯德基、麦当劳、星巴克咖啡、好莱坞……这些与大众生活紧密相关的文化样式和文化产品在专业技术整合的基础上进行有计划的大量生产,凭借发达资本主义国家在经济上的优势以日常生活和消费的模式强势输出到世界各地。20 世纪 80 年代,我国实行改革开放,西方的物质文化大量涌入,由于物质生活水平之间的巨大差异,人们在欣赏消费西方文化产品的时候,不仅在感观上得到了愉悦,而且渐渐滋生崇拜西方、向往西方的文化心理,物质文化所承载的西方价值观、信仰、生活方式等已经悄然影响到人们的思想观念。

制度文化。从冷战开始,西方学术界以各种理论研究观点为支撑,极力维护西方政治制度和发展模式。其中,“意识形态趋同论”“意识形态终结论”“历史终结论”“文明冲突论”对我国影响比较大。“意识形态趋同论”将社会主义和资本主义糅合在一起,通过在理论上塑造“趋同社会”慢慢使社会主义过渡到资本主义社会;“意识形态终结论”宣扬社会主义意识形态“感召力”丧失了,西式政治制度将是人类社会的终点与目标;“历史终结论”宣扬西方资本主义社会在不断发展中将不再有矛盾,意识形态的冲突必然终结,人类社会终将走向“以自由民主为指向的人类统一的世界史”;“文明冲突论”以文明的冲突取代意识形态的冲突,认为苏联的解体意味着马克思主义的终结和社会主义的失败,文化差别成为冲突的主要根源。虽然这些理论观点不同,但究其实质都在消解社会主义意识形态的合法性,宣传西方的现代化和西方制度的合理性,向全世界传播西方的民主政治,要以“西方标准”取代共产党的领导和社会主义制度,实现全盘西化的政治制度、经济制度等。

　　思想文化。个人主义、自由主义、消费主义、普世主义价值观等是对我国影响比较大的西方价值观，通过各种社会思潮在世界各地传播。西方的个人主义基于原子化个体主义逻辑，只是把社会看成一个一个的个体组成，个人是单一的、封闭的存在，忽视人的社会性存在属性，追求个人利益至上，公共利益和社会利益是不强力推行可以侵犯个人利益的，更不应该要求人们为了公共利益而放弃个人利益，实质上是一种缺乏社会关怀和社会责任感的利己主义。自由主义以个人主义为逻辑起点，是西方资本主义国家最具代表性的价值观，20世纪80年代之后通过新自由主义理念在全世界强力推行。在经济领域，新自由主义竭力强调市场化、私有化，认为只有私有制才能保障个人自由，反对国家干预经济活动，奉行自由放任的原则；在政治领域，新自由主义否定公有制、否定社会主义，宣扬公有制会产生独裁统治，社会主义必然导致集权主义；在全球化方面，新自由主义淡化民族国家，实现全球资本主义；在个人价值观层面，新自由主义主张个人为本位，强调人的本质是自私的，要把个人自由、个人利益、个人价值置于最高的位置。伴随着中国经济的发展，中国民众生活水平的日益提升，消费主义思潮对中国的影响日益明显。消费主义是一种产生于资本逻辑并且服务于资本逻辑的附属性意识形态，①炫耀性、新奇性、奢侈性、享乐性、贪婪性消费是消费主义文化的典型特点。在经济全球化背景下，西方资本主义国家控制着消费产业，通过刺激人们的消费需求，将各种文化样式、商品品牌等元素整合为商业系统，为人们描绘理想的生活图景，德国的汽车、法国的时装、瑞士的手表、美国的大众文化等被标签化，成为时尚高端品位的标志，人们为了满足消费欲望对这些产品趋之若鹜之时，实际上已经成为西方商品的追随者、西方消费文化的追随者。

---

　　① 参见鲍金:《揭开消费主义的意识形态面纱》,《马克思主义研究》,2013年第11期。

（二）方法途径

通过经济方式输出西方文化。在经济全球化的发展过程中，西方国家不断扩大对外经济贸易规模，凭借在生产、投资、技术、贸易等各方面优势，在对外输出资本、管理、技术的同时，也传播西方的价值观和思想观念。跨国公司通过企业培训将母公司的企业文化和母公司所在国家的价值观念传递给子公司，子公司的员工在培训和工作过程中，特别是在跨国公司强大品牌效应的引领下、在追逐利益最大化的需求中逐渐实现了对企业文化的认同，也促进了员工对母公司所在国家的价值观念的认同，但同时却容易迷失自我身份感，逐渐减弱对国家的认同。

通过培养精英输出西方文化。通过举办企业高管文化培训班或交流访问等方式培养企业精英代表，将西方的营销模式、管理经验等植入他们的思想观念，潜移默化改变他们的行为规范、价值理念。深受西方文化影响的企业高层管理者将所接受的西方价值观融入企业制度设计、企业发展规划和企业管理的各项流程之中，影响着员工们的工作思路、生活方式和价值理念，于是企业所生产的产品也承载着相应的企业文化传递给消费者。西方国家还通过文化交流项目或学术研究项目资助、学术人才培养、高端国际研讨会、学术交流等方式培养知识分子精英，在高校、研究机构、跨国企业等，进行文化传播和理论宣传。

通过网络空间输出西方文化。伴随着互联网的迅猛发展，西方国家的文化输出逐渐从传统传播空间转向网络空间。2009 年 11 月，美国前总统奥巴马访华提出"网络自由"理念；2011 年 5 月，美国发布《网络空间国际战略》；2018 年 9 月，特朗普政府发布了《国家网络战略》。通过实施"全面网络自由战略"和"网络空间国际战略"等一系列战略部署，凭借互联网优势，向全世界全方位立体化传播价值理念、政治制度等。

二、西方文化输出对我国的影响

(一)动摇了一些党员干部的理想信念

在西方物质文化的影响下，一些党员干部向往追求西方的享乐主义生活方式，认同消费主义价值观，贪图享乐、奢侈腐化，丢掉了共产党员艰苦奋斗、勤俭节约的优良传统；在西方制度文化的影响下，一些党员干部迷失了奋斗的方向，认同"意识形态趋同论"，宣扬新自由主义、宪政民主、普世价值等，丢掉了马克思主义立场观点和方法，丢掉了共产主义信仰；在西方个人主义、自由主义等价值观影响下，一些党员干部以权谋私，权钱交易、大肆敛财，面对利益诱惑，甚至牺牲党、国家、人民的利益，出卖国家、攻击社会主义制度，丢掉了为中国人民谋幸福、为中华民族谋复兴的初心和使命。

(二)影响了一些人对主流意识形态的认同

改革开放以来，西方文化产品逐渐融入我国民众衣食住行、学习工作娱乐等日常生活的方方面面，人们的道德评价标准、消费观念、生活方式、思维方式随之发生非常大的变化，一些人追逐西方文明崇拜西方世界的热情与日俱增，但马克思主义理论、中华优秀传统文化却被忽视，甚至被诋毁，已经出现了价值观多元化倾向、社会思想多样化趋势。西方敌对势力经常借民众在改革过程中遇到的暂时困境大做文章，引导民众宣泄对党和政府的不满情绪，动摇民众对社会主义的信心，严重影响了人们对主流意识形态的认同。

(三)削弱了社会主义意识形态话语权

在西方思想文化影响下，一些专家学者等高级知识分子缺乏客观理性分析，更没有从中国实际出发研究和提出自己的理论，而是盲目认同"顶礼膜拜"，沉浸在对西方理论的引用阐释之中，用西方理论评价中国的改革开放和市场经济发展，公开对主流意识形态提出质疑和否定。一些高校撤销了马克思主义学院,一些学生使用的教材和辅导资料被换成了西方原版的,一些老师在课堂上大谈西方理论却对马克思主义进行冷嘲热讽,一些研究文章热衷于西方话语体系,一些新出台的政策有明显的西方理论的痕迹……总之,学术理论界对马克思主义理论的疏离而逐渐"西化"的现象,削弱了社会主义意识形态话语权。

第二节　国内经济转型社会转轨带来的风险挑战

中国共产党一直重视宣传思想工作,注重马克思主义中国化的理论创新,注重精神文明建设和思想政治教育等,但是伴随着经济转型社会转轨,宣传思想领域出现了很多新情况新问题,值得我们警惕。

一、基层宣传思想工作淡漠化倾向

(一)理论研究宣传存在与实际相脱节的问题

马克思主义理论研究是一个循序渐进不断深化的过程,马克思主义宣传只有贴近现实呼应现实问题才能得到广大民众的认同,马克思主义基本理论只有与现实相结合才能发挥其科学性和引领力。然而很长一段时间,虽然党中央一直注重马克思主义中国化时代化发展,并且积极将马克思主义普遍原理同中国具体实际相结合推进理论创新,但是基层的马克思主义理论研究和宣传却出现了与实际相脱节的问题。

第二次世界大战以来国际形势纷繁复杂,资本主义国家和社会主义国家出现了很多新情况新变化新问题,人们产生了很多思想困惑,亟须理论研究和理论宣传答疑解惑。但是改革开放以来,在西方意识形态渗透影响下,我们对于马克思主义基本理论的研究和马克思主义中国化时代化的宣传出现了逐渐弱化的趋势。对于一些基础性、根本性的理论问题论证还不是十分充分,对于人们普遍关注的心存疑问的现实问题回答呼应不够。同时,有些理论宣传将党的意识形态理论简单归结为几条原理、几个具体口号和结论,宣传找不准切入点,曲解主题,内容庸俗,严重损害了党的意识形态的科学性、权威性、功能性。理论研究不能及时解决人们的理论困惑、不能及时厘清人们的错误认知,理论宣传不能对现存的实际问题作出具有说服力的解释。于是,社会上出现了理论宣传与现实认同"两层皮"的现象,导致宣传思想工作的思想理论说服力和感召力不足。

(二)宣传教育存在流于形式的问题

很长一段时间,马克思主义理论的宣传教育存在流于形式、方式单一,缺乏实效等问题。

在学校教育中,中小学生的政治课更多以强制灌输为主;大学生的思想政治课形式化严重,多数老师授课由于照本宣科、缺乏现实性和生动性,授课效果较差,所以多数学生学习的目的仅为拿学分,根本无法做到入脑入心。2018年出现了"洁洁良"事件,曾经是优秀党员、优秀学生干部的大学生居然在网络上大肆散布侮辱祖国和母校的言论,充分暴露大学思想政治教育和党建工作存在的问题。

在干部教育和机关党建中,理论学习方式老套,各种学习教育实践活动"走过场""重形式",存在着"两层皮""两面人"现象,口头上和笔头上重视马克思主义,实际工作中经常违背马克思主义的基本立场、观点和方法论,政绩观扭曲。同时,由于理论界散播"意识形态趋同论""意识形态终结论"等"去意识形态化"的错误思想,在部分党员干部中间"新自由主义""宪政民主""普世价值"等西方思潮大行其道,出现了嘲讽、讽刺马克思主义,甚至反对共产主义、反对社会主义的言论。一些党员干部缺乏马克思主义理论素养,理想信念弱化。

党的十八大召开之前,中国社会科学院专家组在对两千多名领导干部的专题调研中发现,在一些领导干部中间存在嘲弄理想信念的问题。党的十八大以来,随着越来越多的腐败分子落马,大量的忏悔录也登上了媒体端。通过整理媒体报道中引用的腐败分子忏悔录发现,谈及落马原因时,与理想信念滑坡和法纪意识淡薄等内容相关的关键词,出现比率超过95%。"信仰""纪律""底线""廉洁""信念""思想滑坡"等词汇是高频词,"放松了世界观的改造""在金钱(美色)的诱惑面前失去了抵抗力""脱离了组织生活""法律意识淡薄"等语句最为常见。内蒙古自治区党委原常委、统战部原部长王素毅在忏悔时称,"愧对了党和人民的培养,一切都源于放松了世界观的培养";铁道部原部长刘志军在庭审时表示,"自己犯了这样的错,确实是因为放松了自己的学习和思想警惕";辽宁省人大常委会原副主任宋勇忏悔称,"我放弃了政治坚守,陷入了精神迷境";公安部原副部长李纪周忏悔录中说,"整天忙于具体业务,很少抽时间认真读书学习";湖南省岳阳市君山区电信局原局长刘绍炎忏悔说,"自从走上领导岗位后,我总是忙于应酬,忙于跑关系,哪想到学习啊。即便是上级组织的各种学习,我也多是流于应付,从来就没有也不敢触及灵魂";湖南省郴州市原副市长雷渊利说,"反腐倡廉方面的文件和规章制度,我基本上没认真学习过。普法知识考试也是抄答案"。①

(三)宣传思想工作存在重视不够能力不足的问题

中国社会科学院专家组在调研中还发现,有些党员干部认为在市场经济条件下,党和国家的中心工作是经济建设,宣传思想工作虽然重要但无法和经济工作相提并论。所以宣传思想文化工作作为一个软指标,在基层各项工作中,往往是"说起来重要,做起来次要,忙起来不要"的现象。有的干部说:"宣传思想工作很重要,宣传思想工作能力建设也非常重要。但是上级对我们的考核主要是经济发展的指标,还有维稳、廉政等,我们要随着指挥棒转。"从事宣传思想工作的干部抱怨:"一说到宣传思想工作,很多人都认为

---

① 《腐败分子落马后大量忏悔录登上媒体端》,人民网—中国共产党新闻网,2015年2月12日,http://fanfu.people.com.cn/n/2015/0212/c393889-26557341.html。

是宣传部门的事情,和自己无关。一有宣传方面的工作,书记、市长往往就是交给宣传部,其他部门几乎都不管。尤其是政府部门的一些行政机关更是不谈、不管意识形态问题,认为自己抓好本部门的工作就行了。"宣传思想工作可有可无的"无为论"和"取消论"的错误思潮,影响了部分人正确认识市场经济发展和宣传思想工作的应有关系。

一些党员干部由于缺乏马克思主义基本理论素养,政治警觉性和敏锐度不高,不能从马克思主义哲学的高度全面理解和把握中央的方针政策,更不会运用马克思主义立场观点方法分析问题解决问题,深入基层调查了解情况不够,决策时只能满足于就事论事和照抄照搬,或片面理解中央的部署,机械地主观地执行中央的指示。一些党员干部对宣传思想工作的基本理论、发展历程和当前工作的基本态势不甚了解,对当前面临的问题、根源、解决办法等也不是很清楚,具体工作不知道从何入手,能力不足、本领恐慌制约宣传思想工作的推进。

二、多元价值取向冲击社会主义主流意识形态

(一)社会主义初级阶段基本经济制度下的利益主体多元化

社会存在决定社会意识。我国处于社会主义初级阶段、是世界上最大的发展中国家。我国社会主义性质和初级阶段国情决定了社会主义初级阶段的经济制度必须是"以公有制为主体,多种所有制经济共同发展",而且特别强调"毫不动摇鼓励、支持、引导非公有制经济发展"。经济制度和基本政策决定了利益主体的多元化,于是,思想观念和价值观念的多元化也是不可避免的。

(二)市场经济的负面作用引发价值观扭曲

市场经济是一把"双刃剑",一方面有利于激发人的积极性创造力,推动经济社会的发展;另一方面,市场经济是一种以"利益"为逻辑起点,以"追求

个人利益最大化"为动力源泉,以"自利的个人"为社会根基的经济模式。市场经济"趋利性"的影响下,一些人只注重物质利益,不谈理想信仰,更不用说无私奉献的精神,一切从个人的实际需要出发,时刻把个人利益摆在第一位,追求个人的满足与快乐,甚至为了满足个人私利,将社会和他人作为手段或者直接损害社会和他人的利益,缺乏社会责任感,崇拜权力金钱地位、极端个人主义的倾向越来越明显,于是,各种社会乱象一次次挑战我们的底线:攀比、炫富颠覆了我们的荣辱观;伴随着"网红经济"的野蛮发展,一些人利用人们的猎奇心理等在网络直播过程中各种恶意炒作,收获粉丝数万收入不菲,于是新的"读书无用论"扭曲了孩子们的价值观;为了一己私利,假冒伪劣、坑蒙拐骗使社会诚信荡然无存;为了争夺金钱和财富,家庭伦理道德关系坍塌……一切向钱看、道德无底线已经成为社会发展最大的隐患,势必影响整个社会的健康发展,危及国家政权的稳定性。

三、发展不协调不充分引发的认同危机

据国内权威机构的调查表明,当前民众对社会的不满主要集中在:官员腐败、公务人员不作为、贫富差距、医疗保险、住房困难、升学就业、诚信缺失、司法不公等方面。这些问题源于发展的不协调不充分,如果不能在改革的过程中逐步解决,必然会影响人民群众对党和政府的信任,导致对社会主义制度的怀疑和否定。

因此,我们要警惕两种声音,一种是处于社会底层或边缘化群体发出的声音,他们对现实的生活状况不满,又担心阶层固化无法摆脱贫困的境遇,他们呼唤公平,片面武断地认为改革开放前没有贫富差异,也没有因为贫穷而住不起房、上不起学、看不起病等社会问题,他们要求扩展政府权力、加强政府对经济生活的控制,希望重新回到计划经济,希望社会回到改革开放之前,实质就是要倒退走回"封闭僵化的老路";另一种是某些既得利益集团发出的声音,他们希望已经拥有的非正当方式获取的庞大财富和巨额利益合法化、私有化,极力鼓吹西方民主制,企图走上"改旗易帜的邪路"。

四、现代化发展带来了思想多元化，各种社会思潮涌动

伴随着社会现代化发展，人的主体意识随之觉醒而不断提升，民众对于传统灌输的认同程度大大降低，思想观念呈现多元化的发展趋势，形成了一元化指导思想与意识形态多样化倾向的矛盾。民粹主义、消费主义、泛娱乐主义、历史虚无主义等社会思潮解构主流意识形态的崇高性、质疑主流意识的科学性和合法性，煽动民众情绪，影响了民众对主流意识形态的认同。

民粹主义，又译为"平民主义"，是在 19 世纪四五十年代的俄国萌芽的一股社会思潮，19 世纪下半叶北美和东欧同时兴起，逐渐成为世界性的社会政治现象，影响着世界政治进程和国家战略决策。民粹主义极端强调平民群众的价值和理想，反对精英主义，极端否定政治精英在社会发展中的重要作用，主张把平民化和大众化作为所有政治运动和政治制度合法性的最终来源。民粹主义者表面上崇拜"人民"，但所崇拜的只是抽象的整体的人民，忽视甚至蔑视组成人民的具体的人；声称"以人民为核心"，但只是以维护民众利益的形式出现，从中抽取片面的民意填充在自己的诉求之中，因此只是政治人物获得政治诉求的手段，实际上并不能真正代表民意。

在全球化和互联网生态的影响下，处于社会转型阵痛期的中国同样面临着民粹主义思潮的影响，主要表现为网络民粹主义和民族民粹主义。互联网技术的迅猛发展为广大网民提供了多渠道获取信息、自由平等交流的平台，经济转型社会转轨的变革时期产生的冲突和矛盾成为网民在网络空间表达不满情绪的主要目标和内容。网络民粹主义利用互联网的特点，以民众关注的发展中的问题为素材，以各类舆情事件为切入点，在网络空间掀起了"仇富、仇官、仇精英"的议题，导致民粹与精英的一系列非理性论战和舆论分化，进一步加深了转型时期社会阶层的对立和人们对于"贫富差距问题、社会公平正义问题"的不满，加剧了业已存在的社会矛盾，甚至引发群体性事件，影响社会和谐稳定。另一方面，民粹主义和民族主义有着内在的联系，逐渐合流为以"排外主义、保守主义、本土主义"为特征的民族民粹主义。根

据复旦大学社会治理中心和上海开放大学信息安全与社会管理创新实验室联合发布的《中国大学生心态调查(2016)》,在大学生中,极端民族主义虽然仅占到全体样本的 4%,但是这一群体表现出对于国家主义、民粹主义的强烈认同,组织开展网络暴力行动(例如"人肉搜索")的可能性也显著高于其他类型。[1]民族民粹主义利用青年人的爱国热情和大国自信煽动的以"爱国"为名的极端暴力行为或群众性事件是必须高度警惕的。

消费主义是起源于 19 世纪下半叶西方资本主义国家的一种思想浪潮。伴随着资本扩张,经济活动的中心由"生产"转向"消费",社会形态也由生产型社会向消费型社会过渡。19 世纪末 20 世纪初,资本主义经济最发达的美国成为最早的消费主导的新型社会,1899 年出版的美国经济学家凡勃伦创作的《有闲阶级论》一书对美国上流社会出现的"炫耀性消费"现象进行了细致的描述和分析,随后,在大众传媒技术的发展推动下,消费热潮逐渐在大众生活层面开始蔓延。消费主义实质上是"一种满足人基本生活需求和正常发展需要之外的其他欲求的一种价值观念与生活方式"[2],是以追求高的物质消费作为生活的核心、追求享乐作为生活准则的一种价值观念和生活方式。消费主义作为一种象征地位和品位的符号、作为资本主义市场体系下生成的生活方式,越来越成为西方社会消费的价值理念和资产阶级道德的重要组成部分。

伴随着经济全球化发展和中国改革开放的深入,西方消费主义逐渐向我国社会渗透,影响着人们的消费观念和消费行为。炫耀攀比消费是消费主义在中国最主要的表现,人们从追求手表、缝纫机、自行车到追求彩电、冰箱、洗衣机等耐用消费品,发展到追求名牌包、名牌时装、名牌首饰、豪华汽车等奢侈品消费,商品成为彰显个人经济能力、身份地位的象征。于是,有些高收入群体往往通过消费品牌进行符号性消费,凸显自身的与众不同和所

---

[1]　参见李良荣:《中国民粹主义三个动向》,《理论导报》,2017 年第 2 期。

[2]　梁鹏飞:《当下中国社会的消费主义及其对青年的影响》,中国青年政治学院 2017 年硕士学位论文。

追求的品位。然而由于处于社会转型期的中国发展不平衡不充分,贫富差距仍然存在,深受消费主义影响的中低收入群体的攀比心理诱导一些人产生了过度的非理性的消费,特别在一些青年中间出现了"月光族""啃老族"现象。"网络贷""信用贷""校园贷"等利用年轻人的消费心理而衍生的一系列金融产品引诱青年超前消费,不断透支而负债累累,引发债务危机,甚至落入不法分子编织的欺诈圈套之中。另外,文化产品商业化倾向也是消费主义在中国的又一表现形式。文化具有"社会效益和经济效益"双重属性,我们不仅要关注文化产品带来的物质化商品附加值,而且更要注重文化产品能够满足人们日益提升的精神需求和审美品位,充分发挥文化"以文化人"的作用。然而在消费主义影响下,一些文化产品片面追求"上座率、收视率","吸引大众眼球",本应滋养人们心灵的精神食粮沦为低俗化的消费快餐,曾一度占据文化市场的主流,破坏了我们的精神家园。忽视了社会责任的商业主体偏离了主流价值观和人们消费精神产品的初衷。

泛娱乐主义是在消费主义、享乐主义等思潮影响下,将娱乐元素和商业化价值观融入社会经济、政治、文化等方面,通过网络、电影、电视等现代媒介,用一种搞怪戏谑的娱乐化的方式进行表达的文化现象。泛娱乐主义将本不该娱乐的事情拿来娱乐,导致社会逐渐沦为娱乐的附属物,人们在娱乐的狂欢中享受着暂时的、浅薄的愉悦和满足,慢慢放弃对崇高的追求和理性的遵循,信奉功利主义和实用主义,最终导致精神缺失、道德失范。

伴随着互联网的迅猛发展,大量资本注入文化市场,网红经济、短视频等产业蓬勃发展,为泛娱乐主义的蔓延提供了新的平台,网络空间成为大众娱乐、乐不思蜀的极乐世界。新闻中充斥着大量的"标题党",各种娱乐八卦新闻成为热点大行其道,一些娱乐节目在逐利的驱动下出现违规现象,文化被资本裹挟、娱乐被资本利用,泛娱乐主义解构了主流意识形态所追寻的价值、所信奉的理念、所遵循的正义、所坚守的立场等,消解了国家的精神文明和民族文化,这会导致青年一代在潜移默化中对社会事务越来越冷漠,在娱乐的氛围中迷失自我。正如美国学者尼尔·波斯曼在《娱乐至死》一书中写道:"如果一个民族分心于繁杂琐事,如果文化生活被重新定义为娱乐的周而复始,如果严肃的公众对话变成了幼稚的婴儿语言,总之,人民蜕变为被动的受众,而一切公共事务形同杂耍,那么这个民族就会发现自己危在旦夕,文化灭亡的命运就在劫难逃。"我们要警惕泛娱乐主义精神鸦片对社会主义核心价值观等主流意识形态的侵蚀。

第三节 新媒体新技术迅猛发展带来的风险挑战

在全球信息化革命的推动下,互联网技术飞速发展,我国在网络信息革命的大潮中抓住机遇快速发展,已经成为互联网大国。工信部发布数据显示,2018年我国4G网络覆盖率已为95%,2020年将超过98%,2019年6月进入5G商用元年,力争6—7年实现5G网络全国覆盖;2019年8月30日,中国互联网络信息中心发布的《中国互联网络发展状况统计报告》显示,截至2019年6月,我国网民规模达8.54亿,较2018年底增长2598万,互联网普及率达61.2%,较2018年底提升1.6个百分点,手机网民规模达8.47亿,网民使用手机上网的比例高达99.1%。2021年8月27日,中国互联网络信息中心发布的《中国互联网络发展状况统计报告》指出,截至2021年6月,我国网民规模为10.11亿,互联网普及率达71.6%。这组数据说明,我国互联网的规模和网民数量在平稳持续上升,特别是移动互联网的发展使人们不仅仅突破了报纸、广播、电视等传统媒体操作使用的局限性,而且突破时间、地点、条件等限制,通过一部智能手机随时随地上网,迅速快捷地接受各种各样的信息。总之,新媒体新技术的迅猛发展使宣传思想工作面对日益复杂的形势。

一、传播主体

在网络时代前,媒体发挥着党和国家的喉舌作用,传播什么、怎么设置传播、在哪里传播都具有严格的规定和把关。网络时代,网络为公众提供了一个自由的信息发布平台,网络传播的平等性打破了传统的舆论垄断和单向传播方式,网络成为兼具信息发布功能、舆论传播功能、社会功能的聚合器。由于普通网民也可以通过微博、微信等平台发布信息并进行互动交流,因此主流媒体议程设置的优势地位开始瓦解。此外,信息传播过程中"把关"角色的缺失使非主流意识形态、不良价值观等通过个体广泛传播,消解了主流意识形态的影响力。

二、传播内容

伴随着人们对于信息的需求不断增长,信息的价值日益提升,信息逐渐成为当今世界最为重要的商品,信息经济快速发展,信息商品化的生产模式引发人类社会新的异化现象即信息异化,信息异化的最终结果必然是人的异化。本应服务于人的信息在资本逐利性的控制下沦为流量的工具,本应造福于民的信息在敌对势力操控下成为煽动民众的武器,信息逐渐失去本真,甚至沿着设定的方向走向虚假。人们在网络空间领域接受着资本操控生成的各种各样虚假的信息,通过猎奇、扒粪、炒作等手段满足着谋私欲泄私愤的虚假需求,享受着虚拟空间的虚假自由,在信息商品化过程中,信息已经站在了人们的对立面,控制着人们的言论、思想和意识,严重影响主流意识形态在网络空间的凝聚力、感召力和引领力。

三、传播过程

网络传播打破了传统媒体的垄断性。在这种情况下,相关管理部门很难再像以前那样对社会新闻信息进行管控,过去集中统一的信息管理模式被推翻,国家对意识形态的引导难度逐渐增大。网络传播的多维性加快了舆论的变动速度,人们随时随地联系互动、讨论问题、频频发出各种声音,制造舆论热点,影响公共事务、公共事件。网络传播的虚拟匿名性使人们摆脱了现实社会各项清规戒律的约束,发表意见时更加自由和随意。于是,网络存在误导大众思想、滋生网络谣言的弊端,而网络谣言的危害力造成的社会后果往往是管理部门难以控制的。依靠互联网强大的传播效用,煽动性、蛊惑性极强的各类谣言在推波助澜下,往往容易蒙蔽大众,动摇、侵蚀着人们的信念,甚至引发思想混乱、危及社会主义意识形态安全。由于网络空间中的信息传播速度、广度和深度大大超越了以往传统信息渠道,国家对网络舆论的把控难度增大,政府有关部门对社会信息的控制力度被逐渐削弱、消解。

四、传播受众

伴随着社会现代化发展,人们的主体意识觉醒且不断提升。网络空间为人们搭建了相对平等的获得信息、发布信息、占有信息的平台,人们的主体意识更是显著增强。在网络空间里,人们可以自主地选择收听收看怎样的信息、自主地判断所接收信息的是非曲直、自主地选择认同什么否定什么、自主地参与各种论坛讨论、自主地表达个人的观点意见、自主地传播信息。但是由于人们的生活经历、文化素养、知识背景、思维方式、立场态度等不同而导致媒介素养良莠不齐。一些人在自主选择和判断的过程中偏听偏信、失误盲从;在自主参与和自主表达的过程中,多元化、差异化、个性化的观点逐渐呈现出来,一些人思想上的偏激和扭曲也充分暴露。质疑、嘲弄、反对主流意识形态的观点在网络匿名隐蔽性特点的"保护"中滋生和传播,拥有负面情绪或错误价值取向的人们在自由的网络舆论讨论中一旦形成情感共鸣、达成思想共识便会汇集成群体意识,并且随着他们的关注点从焦点事件延伸到社会其他领域,舆论讨论的观点逐渐泛化,影响人们对主流意识形态的认同。

总之,互联网已打破了传统的舆论生态,成为治国理政的新平台,影响着党的宣传思想工作。网络信息发布的随意性、内容的多元性、形成的迅速性等特征影响着意识形态原有的格局和机制。网络信息的泛滥、网络技术的异化、网络舆论的蔓延等多重力量对党的主流意识形态产生了消解作用。网络舆情导向变得更加复杂,加大了宣传思想工作的难度和强度。同时,由于传统的"党管媒体"的管理思路和管理模式无法适应新形势发展的要求,现有的互联网管理体制无法紧跟互联网技术发展的步伐,管理"缺位"或"滞后"引发"两个舆论场"即以新媒体为主导的"民间舆论场"与以传统媒体为主导的"官方舆论场"日益走向分化,网络生态乱象逐步影响国家安全和发展。

第四章　新时代新征程宣传思想工作的重要原则和基础保障

第一节　宣传思想工作的重要原则

一、坚持党的全面领导

中国共产党是中国工人阶级的先锋队，是中国人民和中华民族的先锋队，代表中国最广大人民的根本利益，中国共产党的宗旨是全心全意为人民服务。党的领导是中国特色社会主义最本质的特征，是党和国家的根本所在、命脉所在，坚持党的全面领导是新时代新征程宣传思想工作的基本原则。习近平总书记在 2018 年全国宣传思想工作会议中突出强调要旗帜鲜明坚持党管宣传党管意识形态的工作原则。

（一）坚持党的全面领导是做好宣传思想工作的成功经验

1.坚持党的全面领导,确立巩固马克思主义在意识形态领域的指导地位

中华人民共和国成立之后，毛泽东同志在 1954 年 9 月第一届全国人大第一次会议中指出："领导我们事业的核心力量是中国共产党，指导我们思

想的理论基础是马克思列宁主义。"①这确立了马克思主义在意识形态领域的指导地位。毛泽东在 1957 年 6 月 19 日《人民日报》发表的文章《关于正确处理人民内部矛盾的问题》中提出建立以"马克思列宁主义为指导的社会主义意识形态"。1962 年 9 月，他再次强调："凡是要推翻一个政权，总要先造成舆论，总要先做意识形态方面的工作。"毛泽东同志高度重视马克思主义在意识形态领域的指导地位和作用，加强党的意识形态建设，为新中国的意识形态工作奠定了扎实的根基。

党的十一届三中全会之后，邓小平强调："在中国的现实条件下，搞好社会主义现代化，就是坚持马克思主义，就是坚持毛泽东思想伟大旗帜。……毛泽东思想过去是中国革命旗帜，今后将永远是中国社会主义事业和反霸权主义事业的旗帜，我们将永远高举毛泽东思想的旗帜前进。"②面对拨乱反正的历史使命，党中央以马克思主义为指导，提出了"解放思想、实事求是"的思想路线，确立了中国特色社会主义发展道路；面对改革开放以来西方持续的和平演变、错综复杂的形势和任务，党中央以马克思主义为指导，坚持四项基本原则，坚持改革开放，从"两手抓，两手都要硬"到推进"三位一体""四位一体""五位一体"建设，从"三讲教育"到"保持共产党员先进性教育"，从社会主义核心价值体系的提出到社会主义核心价值观的凝练，保证了中国特色社会主义建设向正确的方向前进。正是以先进的科学的理论为指导，中国实现了从站起来、富起来到强起来的伟大转变，人民生活水平显著提高，综合国力日益增强，国际地位不断提升。

党的十八大以来，习近平总书记强调意识形态工作的极端重要性，坚持与巩固马克思主义在意识形态领域的指导地位。他高度评价马克思的一生和马克思主义理论，他认为："马克思的一生是胸怀崇高理想、为人类解放不懈奋斗的一生，是不畏艰难险阻、为追求真理而勇攀思想高峰的一生，是为

---

① 《毛泽东文集》（第六卷），人民出版社，1999 年，第 350 页。
② 《邓小平文选》（第二卷），人民出版社，1994 年，第 162~172 页。

推翻旧世界、建立新世界而不息战斗的一生。"①"马克思是马克思主义的主要创始人,马克思主义是人类历史上的伟大创造。在人类思想史上,就科学性、真理性、影响力、传播面而言,没有一种思想理论能达到马克思主义的高度,也没有一种学说能像马克思主义那样对世界产生了如此巨大的影响。"②他深刻阐述马克思主义对中国发展的重要意义,"马克思主义就是我们党和人民事业不断发展的参天大树之根本,就是我们党和人民不断奋进的万里长河之泉源。背离或放弃马克思主义,我们党就会失去灵魂、迷失方向"③。他要求广大党员干部必须提升马克思主义理论素养。2013 年 3 月 1 日,习近平总书记在中共中央党校建校 80 周年庆祝大会暨 2013 年春季学期开学典礼上的讲话中指出,"认真学习马克思主义理论,这是我们做好一切工作的看家本领,也是领导干部必须普遍掌握的工作制胜的看家本领",十九届中央政治局举行第五次集体学习中指出,"学习马克思主义基本理论是共产党人的必修课"。他积极推动马克思主义的宣传教育,指出"要抓好马克思主义理论教育,深化学生对马克思主义历史必然性和科学真理性、理论意义和现实意义的认识,教育他们学会运用马克思主义立场观点方法观察世界、分析世界,真正搞懂面临的时代课题,深刻把握世界发展走向,认清中国和世界发展大势,让学生深刻感悟马克思主义真理力量,为学生成长成才打下科学思想基础"。

2.坚持党的全面领导,构建中国特色社会主义意识形态话语体系

马克思在 1875 年所著的《哥达纲领批评》一书中将共产主义划分为"第一阶段和高级阶段"两个发展阶段,列宁在《国家与革命》中把马克思设想的共产主义社会第一阶段称为社会主义社会,他认为,在经济落后的俄国只能

---

① 习近平:《在纪念马克思诞辰 200 周年大会上的讲话》,《人民日报》,2018 年 5 月 4 日。

② 《习近平向各国共产党赴华参加纪念马克思诞辰 200 周年专题研讨会致贺信》,《人民日报》,2018 年 5 月 28 日。

③ 《习近平在十八届中共中央政治局第四十三次集体学习时的讲话》。

建成"初级形式的社会主义",而不能立即建成"发达的社会主义"。^①马克思列宁的理论探索和重要观点是构建中国特色社会主义意识形态话语体系的理论基础。

中华人民共和国成立后,中国共产党领导中国人民积极推进社会主义三大改造和社会主义建设,《五四宪法》的颁行标志着我国由新民主主义国家向社会主义国家的转变,1956年社会主义三大改造顺利完成标志着我国社会主义制度初步确立,新民主主义革命时期创立的毛泽东思想进一步丰富发展,奠定了社会主义意识形态话语体系的基础。

党的十一届三中全会之后,反思历史,其实毛泽东在20世纪50年代末60年代初曾提出:"社会主义这个阶段,又可能分为两个阶段,第一个阶段是不发达的社会主义,第二个阶段是比较发达的社会主义。"^②在总结经验教训的过程中,邓小平同志实事求是地分析"什么叫社会主义,什么叫马克思主义?我们过去对这个问题的认识不是完全清醒的"^③。他进一步指出,"现在虽说我们也在搞社会主义,但事实上不够格。只有到了下世纪中叶,达到了中等发达国家的水平,才能说真的搞了社会主义……现在我们正在向这个路上走"^④。党的十二大明确提出"建设有中国特色社会主义"的重大命题,党的十三大以社会主义初级阶段作为理论基础制定发展规划。几十年来,中国共产党以马克思主义为指导,紧紧围绕"中国特色社会主义"主题,开始了中国特色社会主义道路、理论、制度、文化的探索实践,逐渐形成了中国特色社会主义理论体系、习近平新时代中国特色社会主义思想,实现了马克思主义中国化新的飞跃,逐渐发展了中国特色社会主义哲学社会科学,逐渐形成了"摸论""猫论""小康社会""和谐社会""中国梦"等理论话语,丰富发展了中国特色社会主义主流意识形态话语体系。

① 房正宏:《新中国70年党管意识形态工作的基本经验》,《理论与改革》,2019年第3期。
② 《毛泽东文集》(第八卷),人民出版社,1999年,第116页。
③ 《邓小平文选》(第三卷),人民出版社,1993年,第63页。
④ 同上,第225页。

3.坚持党的全面领导,将党管宣传原则贯彻到宣传思想工作各领域

中华人民共和国成立初期,"党中央要求迅速健全各级党的宣传机构,通过报纸、出版、广播、电影、学校及其他各种文化教育工具,经常地向各界人民宣传马克思列宁主义、毛泽东思想和党的各项主张,并规定了党的宣传部门在新闻出版、广播、文化艺术以及群众宣传、理论教育、学校教育等方面的领导职责"①。毛泽东指出:"应该把报纸拿在自己手里,作为组织一切工作的一个武器。"②这一时期,党已经有意识地加强对宣传思想工作和新闻舆论工作的统一领导,逐渐形成了党管宣传、党管媒体的基本原则。

中国特色社会主义现代化建设和改革开放时期,国际国内形势日益复杂,邓小平总结苏联解体的重要原因是执政党忽视了思想文化教育,放松了意识形态主动权,明确要求各级党委要主动抓好意识形态工作,强调"党报党刊一定要无条件地宣传党的主张"③。江泽民同志指出,"党委书记主管思想政治和意识形态工作,这是我们党的一个好传统。各级党委书记都很忙,需要抓的大事确实不少,但是任何情况下都不能放松对思想政治和意识形态工作的领导"④。要求"党报、党刊、国家通讯社和电台、电视台都要积极宣传党的主张"⑤。进入 21 世纪,面对西方学者"意识形态趋同论""意识形态终结论"等企图消解社会主义意识形态的言论,党中央牢牢掌握意识形态工作的主动权,胡锦涛同志强调"党管宣传、党管意识形态,是我们党在长期实践中形成的重要原则和制度,是坚持党的领导的一个重要方面,必须始终牢牢坚持,任何时候都不能动摇"⑥。要求新闻舆论工作必须坚守党性原则,"严格宣传纪律,做到守土有责,在重大问题、敏感问题、热点问题上把好关、把好

---

① 《中国共产党历史(1949—1978)》(第 2 卷)(上册),中共党史出版社,2011 年,第 147 页。

② 《毛泽东文集》(第三卷),人民出版社,1996 年,第 111 页。

③ 《邓小平文选》(第二卷),人民出版社,1994 年,第 272 页。

④ 《江泽民文选》(第三卷),人民出版社,2006 年,第 96~97 页。

⑤ 《十四大以来重要文献选编》(上),人民出版社,1996 年,第 654 页。

⑥ 胡锦涛:《在全国宣传思想工作会议上的讲话》,《解放军报》,2003 年 12 月 8 日。

度"①。面对互联网的发展,提出"要加强网上思想舆论阵地建设,掌握网上舆论主导权,提高网上引导水平,讲求引导艺术,积极运用新技术,加大正面宣传力度,形成积极向上的主流舆论"②。

　　中国特色社会主义进入新时代,党的十八大以来,习近平总书记多次强调宣传思想工作的极端重要性,要求 "各级党委要负起政治责任和领导责任,加强对宣传思想领域重大问题的分析研判和重大战略性任务的统筹指导,不断提高领导宣传思想工作能力和水平"③,高度重视新闻舆论工作,明确指出:"党和政府主办的媒体是党和政府的宣传阵地,必须姓党,必须抓在党的手里,……管好用好互联网,是新形势下掌控新闻舆论阵地的关键,……对新媒体,要建立健全舆情收集反馈机制,加强内容监督,做好分析研判,有针对性地研究解决问题的措施,及时清理网络谣言和各类有害信息。要引导新媒体加强行业自律,自觉落实主体责任,完善内容审核把关、监督检查机制,不制作、不发布、不传播非法有害信息。要教育引导广大网民遵守互联网秩序,依法上网、文明上网,理性表达、有序参与,增强辨别是非、抵御网络谣言的能力,共同营造风清气正的网络环境。"④突出强调"新闻舆论工作各个方面、各个环节都要坚持正确舆论导向。各级党报党刊、电台电视台要讲导向,都市类报刊、新媒体也要讲导向;新闻报道要讲导向,副刊、专题节目、广告宣传也要讲导向"⑤。

　　将党管宣传原则贯穿到新媒体领域。互联网从最初发端于通讯领域到今天与经济、政治、文化、社会等发展全面融合,其产业属性与媒体属性日益增强。伴随着市场经济的飞速发展、全球舆论环境和媒体传播方式的深刻变革、人们思想观念的日益多元化,大量商业元素和资本运作渗透其中,网络

---

　　①　胡锦涛:《在人民日报社考察工作时的讲话》,《人民日报》,2008 年 6 月 21 日。

　　②　新华社电:《胡锦涛提出加强网络文化建设管理五项要求》,《人民日报》,2007 年 1 月 25 日。

　　③　《习近平谈治国理政》,外文出版社,2014 年,第 156 页。

　　④　《习近平总书记重要讲话文章选编》,中央文献出版社、党建读物出版社,2016 年,第 420～429 页。

　　⑤　《习近平在党的新闻舆论工作座谈会上强调坚持正确方向创新方法手段　提高新闻舆论传播力引导力》,《人民日报》,2016 年 2 月 20 日。

空间领域呈现良莠不齐的发展态势。很长一段时间,由于传统的"党管媒体"的管理思路和管理模式无法适应新形势发展的要求,现有的互联网管理体制没有紧跟互联网技术发展的步伐,管理"缺位"或"滞后"引发"两个舆论场",即以新媒体为主导的"民间舆论场"与以传统媒体为主导的"官方舆论场"日益走向分化,网络生态乱象逐步影响国家意识形态安全。因此,我们要切实将党管宣传党管媒体的工作原则贯彻到互联网领域,深入探索网络空间领域党管媒体的新思路,为做好网络宣传思想工作奠定坚实的组织基础。全媒体时代,党办媒体、国有市场化媒体、非公有资本媒体等交相辉映、相辅相成、共同发展,有利于文化的繁荣和社会思想的活跃,有利于更好地满足民众丰富多样的文化需求。网络空间领域坚持党管宣传原则,要努力营造清朗的网络氛围,培育百花齐放的网络空间,切忌"一抓就死",破坏了互联网生长发育的规律。因此,党管宣传党管媒体并不意味着"直接管、管具体",而是要管方向、管宏观、管政策,通过完善法律制度、明确原则规范引导新媒体依据党的要求从事相关活动,同时政府相关管理部门要进行依法依规的监督和管理。

积极推进传统媒体与新媒体融合发展。一方面,推动越来越多的传统媒体在融合发展过程中重新焕发活力,增强传播力和影响力,逐步成长为既有公信力又有竞争力的新型主流媒体,在新时代的全媒体格局中占据主体地位,充分发挥主流引导作用,成为党管宣传党管媒体的坚强依托,成为网络宣传思想工作的前沿阵地。另一方面,在融合发展过程中,加强对不同类型的新媒体的引导。比如,善于发现发掘活跃在网络空间思想健康向上的"网络大V",他们不仅拥有较高学历和现代专业知识与技能,而且大多数有较强的法律意识和政策意识,他们关注国家发展和社会进步,主动参与社会治理,对于国计民生、经济政治文化社会生态建设有许多独到见解,已经成为有一定影响力的自媒体品牌。我们应树立新媒体时代大统战的观念,通过个别访谈和深入走访等方式积极与他们建立联系,在交流过程中适时进行教育引导,保证其正确的导向性,使其在新媒体平台中充分发挥示范作用,主动配合主流媒体从更多维的视角和更广阔的空间、以更新颖的方式发出正能量的声音。

掌握新技术、利用新工具是实现党管宣传党管媒体的重要保障,我们要积极推动新技术发展与创新,从而服务于党管媒体的工作原则。比如,移动互联网技术创新给广大网民提供了全新的信息接收和消费的体验,越来越多的受众通过移动终端生产信息接收信息传播信息。习近平总书记多次指出,人在哪里,受众在哪里,宣传思想工作的重点就在哪里,党管媒体的覆盖就到哪里。因此,移动互联网成为意识形态阵地战的主战场,我们必须善于利用移动互联网的新技术将党管媒体的工作原则落实到位。各级党委要高度重视信息化工作,积极建设全力打造自己的移动互联平台,发出党和政府的声音,同时对于商业化和社会化的移动网络平台要管好用好,引导其能够讲好中国故事,传递主流价值观念。另外,互联网技术创新成果为党管媒体提供技术支撑,党和政府可以利用全媒体大数据、跨平台信息传播追踪等技术进行信息监测与预警、深度分析与研判、舆情预警疏导与效果评估等,提高防范化解重大风险的能力。同时,通过数据分析及时了解民众需求、宣传效果,在党管宣传党管媒体的过程中,精准把握问题,及时有效处理问题,从而更好地为广大民众服务。

二、坚持以人民为中心

马克思主义唯物史观明确指出,人民群众是历史的创造者。中国共产党始终坚持全心全意为人民服务的工作宗旨和"为了人民、依靠人民"的群众观点。党的十八大以来,以习近平同志为核心的党中央进一步提出了"以人民为中心"的发展理念,明确要求遵循"以人民为中心"的工作导向,"以人民为中心"是习近平新时代中国特色社会主义思想的基本方略之一。新时代意识形态工作必须坚持"以人民为中心",将"以人民为中心"贯穿于理论研究、宣传教育、意识形态治理的全过程,深入了解人们的需求、切实解决人们关注的利益发展问题,充分发挥人民群众的主体作用,真正将党的理论政策转变为人民群众的自觉行动。

（一）理论渊源

1.唯物史观的根本要求

马克思主义唯物史观批判揭露唯心主义思想家脱离经济基础将意识形态的形成和发展看成是纯粹思维活动的谬论，立足市民社会解剖分析人类历史发展的规律，突出强调人民的历史地位和社会作用，指出人民群众是社会物质财富和精神财富的创造者。"人们为了能够'创造历史'，必须能够生活。但是为了生活，首先就需要吃喝住穿以及其他一些东西。"[①]马克思主义唯物史观认为，全部人类历史的前提是"从事活动的，进行物质生产的""现实的个人"。人们在生产实践活动中获得维持自身生存所需要的吃穿住用行等生活资料，形成复杂的交往关系，通过"物质生活的再生产""人类自身的生产和再生产""社会交往的生产和再生产"创造着现实的生活，推动着社会的进步。由此可见，物质资料的生产方式等经济因素是历史发展的决定性因素，以无产阶级为主体的广大人民是物质资料生产活动的重要承担者，人民在生产实践活动中创造了丰富的物质财富，为人类历史发展奠定了坚实的物质基础。正如列宁所说，在阶级社会里，"无论不从事生产的社会上层发生什么变化，没有一个生产者阶级，社会就不能生存"[②]。另一方面，马克思主义唯物史观中"现实的个人"不仅是生活在一定物质生活条件和特定历史关系中从事物质生产活动实践的个人，而且是拥有自觉意识、能够独立思考、能够能动地表现生活的个人。人们在自己生成自己、自己发展自己的过程中不仅要满足基本生活的需求，而且要满足精神文化层面的需求，人们的生产实践活动不仅创造着物质财富，而且创造着精神财富，增长着人类的智慧，推动着社会的文明进步。因此，人民在生产实践中创造着物质财富和精神财富，同时也应是物质财富和精神财富的拥有者。

---

① 《马克思恩格斯选集》（第一卷），人民出版社，2012 年，第 158 页。

② 《列宁全集》（第 33 卷），人民出版社，1985 年，第 315 页。

马克思认为,人的本质是自然属性和社会属性的辩证统一,能够自由地劳动实践是人区别于动物的本质所在,社会发展既要满足人们对于物质文化的需求,更要为人们能够自由的劳动、全面的发展提供广阔的舞台,从而高扬人的尊严和价值。然而马克思在现实考察和理论研究的过程中越来越发现,在私有制条件下,人们逐渐丧失了类本质而走向异化。"劳动为富人生产了奇迹般的东西,但是为工人生产了赤贫;劳动生产了宫殿,但是给工人生产了棚舍;劳动生产了美,但是使工人生产变成畸形;劳动生产了智慧,但是给工人生产了愚钝和痴呆。"①广大劳动人民虽然是人类社会物质财富和精神财富的创造者,但却不是物质财富和精神财富的拥有者,人们的劳动不是自由的劳动实践,而是异化劳动。马克思的异化理论揭示了在资本主义社会"物的世界增殖与人的世界贬值成正比"的客观现实,揭露了私有制是人被物控制与束缚逐渐异化而丧失了类本质的根源。因此,只有通过现实的共产主义行动扬弃现有的私有制和异化劳动,才能实现人的解放和全面自由的发展。马克思恩格斯在《共产党宣言》序言中指出,"过去的一切运动都是少数人的,或者为少数人谋利益的运动。无产阶级的运动是绝大多数人的,为绝大多数人谋利益的独立的运动"。马克思的论证分析充分体现了人民立场,凸显了人民的主体地位,指明了为实现人的解放和全面自由发展而奋斗的方向。

马克思主义唯物史观指出,社会存在决定社会意识,经济基础决定上层建筑,意识形态作为观念的上层建筑,由一定社会的经济基础决定。"这些生产关系的总和构成社会的经济结构,即有法律的和政治的上层建筑竖立其上,并有一定的社会意识形式与之相适应的现实基础。"②经济领域的异化必然导致意识领域的异化,资产阶级意识形态的"虚假性"是意识的异化现象。马克思在批判资产阶级意识形态的过程中,揭示了意识形态的阶级性,"统治阶级的思想在每一时代都是占统治地位的思想"。因此,异化的扬弃不可

---

① 马克思:《1844年经济学哲学手稿》,人民出版社,2000年,第54页。
② 《马克思恩格斯选集》(第二卷),人民出版社,2012年,第2页。

能只是停留在思想领域的扬弃,正如马克思恩格斯在《德意志意识形态》中指出,"意识的一切形式和产物不是可以通过精神的批判来消灭的……而只是通过实际地推翻这一切唯心主义谬论所产生的现实的社会关系,才能把它们消灭"①。这就内含了宣传思想工作要"以人民为中心"的根本要求。

总之,新时代宣传思想工作坚持以人民为中心的工作导向,是对唯物史观的贯彻落实,归根结底是要以满足最广大人民的物质文化需求、反映最广大人民的根本利益为出发点,保障人民共享在宣传思想领域基本的政治权益、经济权益和文化权益,为人的本质充分展现营造自由的空间。

2.社会主义意识形态的内在规定

资本主义意识形态立足唯心史观,"借助于这种从一开始就撇开现实条件的本末倒置的做法,他们就可以把整个历史变成意识的发展过程了"②。这种单纯强调意识在人类社会发展中的决定作用的观点,否定了人民的主体地位,遮蔽了人民的历史作用。马克思认为,社会存在决定社会意识,同时社会意识具有相对独立性和能动性,影响和反作用于社会存在。统治阶级为了证明阶级统治的合法性,为了维护阶级统治的长期性和稳定性,为了让广大民众安于被统治的地位,赋予反映维护其阶级特殊利益的意识形态以普遍性的意义并且大肆宣扬,对于少数英雄特别是统治者的作用无限夸大,极力否定本阶级意识形态的狭隘性和阶级性,通过宣传文化教育等多种灌输方式以获得广大民众的认同。在统治阶级意识形态的教化下,人民被麻痹被愚弄逐渐沦为意识形态的俘虏。由此可见,"一个阶级是社会上占统治地位的物质力量,同时也是社会上占统治地位的精神力量,支配着物质生产资料的阶级,同时也支配着精神生产的资料,因此,那些没有精神生产资料的人的思想一般的是受统治阶级支配的"③。

列宁丰富发展了马克思的意识形态理论,指出马克思主义是无产阶级

① 《马克思恩格斯选集》(第一卷),人民出版社,1995年,第95页。

② 同上,第211页。

③ 《马克思恩格斯全集》(第3卷),人民出版社,2006年,第52页。

意识形态,是"工人阶级的理论知识"或"科学的世界观"。毛泽东在《关于正确处理人民内部矛盾的问题》中提出建立以"马克思列宁主义为指导的社会主义意识形态"。社会主义意识形态立足唯物史观,以正确认识人类历史发展规律、自觉意识到无产阶级是代表先进生产力发展方向的阶级、充分肯定人民群众是历史的创造者为前提,坚定人民立场。一方面,建立在生产资料公有制基础之上的社会主义意识形态坚持阶级性和人民性的统一,体现并维护广大人民共同的利益诉求,为无产阶级和无产阶级政党寻求自身解放和全人类解放,进而为实现共产主义服务,为无产阶级政党提供执政合法性论证。因此,"以人民为中心"是社会主义意识形态的内在规定。另一方面,在社会主义革命和建设实践中,要充分发挥无产阶级意识形态和社会主义意识形态的能动引领作用,正如恩格斯在《卡尔·马克思〈1848 年至 1850 年的法兰西阶级斗争〉一书导言》中写道:"凡是要把社会组织完全加以改造的地方,群众自己就一定要参加进去,自己就一定要明白这为的是什么,他们为争取什么而流血牺牲。近 50 年来的历史,已经教会了我们认识这一点。但是,为了使群众明白应该做什么,还必须进行长期的坚持不懈的工作。"[1]长期的坚持不懈的意识形态宣传教育灌输工作唤醒了人们的主体意识,激发了人们的积极性主动性创造性,引导广大民众将自发行为转化为自觉行动,有利于推进人的全面自由发展。因此,坚持以人民为中心的工作导向是宣传思想工作人民性的集中体现。

(二)实践基础

1.党性和人民性的统一

中国共产党是马克思主义政党,将"全心全意为人民服务"作为党的工作宗旨,将"为民担当"作为党的执政理念,将"一切为了群众,一切依靠群众,从群众中来到群众中去"作为党的工作出发点和工作方法,将"实现共产

---

① 中共中央文献研究室:《论群众路线——重要论述摘要》,中央文献出版社,2013 年,第 521 页。

主义,实现全人类的解放和全面自由发展"作为党的最高价值追求。中国共产党是代表最广大人民根本利益的政党,党性和人民性的高度统一决定了宣传思想工作必须坚持以人民为中心的工作导向。

新民主主义革命时期,中国共产党的宣传思想工作充分体现人民性。一方面,党积极主动与人民群众打成一片,注重调查研究,深入民众的现实生活,了解民众的现实需求,帮助民众想办法想对策解决生活中的实际问题。正是长期坚持密切联系群众的工作作风,想人民之所想,急人民之所急,党和人民的鱼水关系逐渐形成,人民对党产生了情感认同,真心拥护中国共产党。另一方面,积极开展马克思主义宣传教育和新民主主义文化建设,将马克思主义普遍原理同中国传统文化相结合、同新民主主义文化建设相结合、同中国革命具体实际相结合,推动马克思主义中国化大众化发展。积极开展理想信念教育,将共产主义远大理想同中国现实民族解放运动相结合、同普通党员工作生活相结合,推动人们对共产主义信仰的价值认同和行为认同。从建党初期到井冈山斗争、从红军长征到延安整风,党坚持不懈开展无产阶级意识形态的宣传教育,哪怕是在极其恶劣的斗争形势下,仍然不放弃宣传思想文化舆论阵地,坚持党和红军在哪里,革命宣传的火种就在哪里。党的宣传思想工作为在黑暗中摸索的人们照亮了前行的方向,无产阶级意识形态先进的观点主张为陷入困惑沉沦的人们燃起了心中的希望、唤醒激发起革命的斗志。

中华人民共和国成立以来,坚持党性和人民性相统一的原则积极推进党的主流意识形态建设、加强宣传思想工作。从理论层面看,从邓小平理论"发展才是硬道路"到"三个代表"重要思想"中国共产党代表最广大人民的根本利益",从科学发展观"以人为本、全面协调可持续发展"到习近平新时代中国特色社会主义思想"实现中华民族伟大复兴中国梦",指导思想的创新和发展都是对人民现实需求的回答与呼应,都是为人民能够实现全面的发展、享受美好的生活描绘蓝图。从实践层面看,从全民学哲学运动到"真理标准大讨论",从"爱祖国、爱人民、爱劳动、爱科学、爱社会主义"的"五爱"教育到社会主义核心价值观的培育，从走好群众路线到坚持以人民为中心的工作导向，从全心全意为人民服务到为民担当，从保持共产党员先进性教育实践活动到群众路线实践教育、"三严三实"实践教育、"两学一做"实践教育、"不忘初心、牢记使命"实践教育。长期的意识形态工作使广大党员干部群众高度认同中国共产党的领导地位，自觉维护党中央权威，坚定政治立场，充分认识党的建设与发展离不开人民的支持与拥护，尊重人民的主体地位，自觉维护人民利益，坚定人民立场。

2.经济工作和宣传思想工作的统一

马克思主义唯物史观指出，经济基础决定上层建筑，上层建筑反映经济基础，上层建筑必须经常进行调整，以适应经济的发展。一方面，意识形态作为观念思想的上层建筑由一定社会的经济基础决定，同时要加强意识形态建设、推动宣传思想工作巩固经济基础。马克思认为，只有消灭私有制和异化才能实现人的解放和全面自由发展，因此一方面，社会主义意识形态建立在生产资料公有制的经济基础之上，处于初级阶段的中国特色社会主义只有坚持以经济建设为中心，解放生产力、发展生产力、巩固壮大社会主义经济基础，才能保证社会主义性质和发展方向。另一方面，意识形态具有相对独立性，意识形态的能动的反作用可以推动或阻碍经济的发展。反思历史，明朝中后期的中国已经产生了资本主义萌芽，但是由于封建势力强大和帝国主义列强的侵略阻碍了中国进步发展的步伐，长期的封建统治和愚民政策导致文化退缩，缺乏先进思想文化引领的抗争最终只能走向失败：以李鸿章为代表的封建统治者的洋务运动以失败告终；以太平天国运动和义和团运动为代表的农民运动失败；以康有为为代表的资产阶级改良派的戊戌变法和以孙中山为代表的资产阶级革命派的辛亥革命最终也都失败了。只有从"变器物""变制度"深入"变文化"，以先进的科学的思想文化为引领唤醒民众众志成城向着伟大理想目标奋斗，中国才能摆脱压迫剥削，重新屹立于世界东方。以马克思主义为指导的中国共产党肩负历史使命，在社会主义革命斗争中充分发挥了宣传思想工作的引领作用，中国走上了社会主义的发展道路。因此,习近平总书记强调指出,经济建设是党的中心工作,宣传思想工作是党的一项极端重要的工作,只有经济工作与宣传思想工作相辅相成、辩证统一才能维护社会稳定和发展。

马克思认为"现实的个人"是全部人类社会历史的重要前提,人类斗争实践最终的目标是实现人的解放和全面自由发展。因此,维护人民利益、发挥人民主体作用、实现人民当家作主是经济工作与宣传思想工作辩证统一的结合点,无论是经济工作还是宣传思想工作坚持以人民为中心的工作导向,以"为了人民、依靠人民、发展成果人民共享"为价值遵循。

(三)现实要求

1.宣传思想工作要满足人民群众的精神文化需求

着眼人民精神文化发展,丰富精神世界。伴随着现代化发展和社会主要矛盾的转化,人民群众的需求日益多元化和多样化,精神文化需求层次进一步提升。因此,关注人民精神文化生活、着眼人民精神文化发展是意识形态工作的重点。习近平总书记指出,文艺创作、哲学社会科学建设、网络空间治理等要以人民为中心不断推进工作创新,"文学、戏剧、电影、电视、音乐、舞蹈、美术、摄影、书法、曲艺、杂技以及民间文艺、群众文艺等各领域应跟上时代发展、把握人民需求,以充沛的激情、生动的笔触、优美的旋律、感人的形象创作生产出人民喜闻乐见的优秀作品,让人民精神文化生活不断迈上新台阶"①。"我国哲学社会科学要有所作为,就必须坚持以人民为中心的研究导向。脱离了人民,哲学社会科学就不会有吸引力、感染力、影响力、生命力。""我们要本着对社会负责、对人民负责的态度,依法加强网络空间治理,加强网络内容建设,做好网上正面宣传,培育积极健康、向上向善的网络文化。"②

关注人民精神文化生活,解决思想困惑。伴随着世界政治多极化、经济全球化和文化多元化发展,国际形势日益复杂多变,同时,改革开放进入攻

---

① 《习近平谈治国理政》(第二卷),外文出版社,2017 年,第 337 页。
② 同上,第 351 页。

坚期和深水区,发展不平衡不充分问题日益突出,复杂的国际国内形势不仅引发我国经济社会领域的矛盾和冲突,而且造成人们的思想困惑和心理矛盾,思想多元化甚至分化、精神领域的浮躁甚至扭曲,严重影响社会的和谐稳定。伴随着互联网的迅猛发展,现实生活中的矛盾冲突在虚拟的网络空间中被无限放大,形成社会舆论,甚至导致矛盾激化。面对人民精神需求的复杂性,宣传思想工作要以问题为导向,着力解决民众的思想困惑。习近平总书记强调,要坚持走群众路线,特别指出走好网络群众路线,将以人民为中心的原则贯穿于网络信息的生产与传播的全过程之中。我们要深入网络生活之中,尤其是密切关注文章或信息的评论、论坛贴吧等网民活跃的场所,了解网民的思想动态、心理需求和利益诉求,以大家感兴趣的话题作为意识形态工作的切入点,以潜移默化的方式及时澄清事实真相,纠正网民的错误认知、呼应网民的疑问困惑。我们要改变传统的"严肃刻板"的灌输教育的说教方式,通过灵活运用丰富多彩极具个性化和感染力的网络语言、图片游戏、音频视频等形式生动而准确地表达主流意识形态,拉近与网民的距离,实现网民对主流意识形态的自觉认同。我们要积极推进网络空间领域的供给侧结构性改革,提供高质量的产品满足人们的精神文化需求,提高人们的审美情趣,提升人们的人文素养。我们要努力营造平等开放的网络空间,不同的网络主体可以开展平等地对话与交流,不同主体在对话交流中不断走向价值共识,充分体现主流意识形态的人文关怀。

2.宣传思想工作要尊重人民群众的主体地位

马克思主义唯物史观强调,"历史活动是群众的活动,随着历史活动的深入,必将是群众队伍的扩大"[1]。毛泽东进一步指出,"人民,只有人民,才是创造世界历史的动力"[2]。人民群众是历史的创造者,是推动社会发展进步的主体力量。在改革开放的探索中,在中华民族伟大复兴的实践中,人民群众的地位和作用越来越突出重要,习近平总书记在讲话中多次指出,"波澜壮

---

① 《马克思恩格斯文集》(第一卷),人民出版社,2009 年,第 287 页。

② 《毛泽东选集》(第三卷),人民出版社,1991 年,第 1031 页。

阔的中华民族发展史是中国人民书写的","每一个人都是新时代的见证者、开创者、建设者","要自觉拜师人民、尊重人民、依靠人民","要始终坚持问政于民、问计于民、问需于民","在人民面前,我们永远是小学生,必须自觉拜人民为师,向能者求教,向智者问策;必须充分尊重人民所表达的意愿、所创造的经验、所拥有的权利、所发挥的作用"。因此,宣传思想工作不仅要努力满足人民日益增长的精神文化需求,而且要尊重人民的集体智慧,尊重人民的实践经验,依靠人民、扎根人民,才能获得人民的自觉认同。

要善于借鉴群众话语,创新意识形态理论话语表达方式。只有生动活泼、中国化、大众化、通俗化的意识形态话语才能得到广大民众的接受和认同。习近平总书记特别重视话语表达方式,注重用民众易于接受的、民族特色的、新颖生动的语言阐述新时代中国特色社会主义重大理论和现实问题,他提出"实现中华民族伟大复兴的中国梦"的思想,并且强调"中国梦是国家的、民族的,也是每一个中国人的",他鼓励人民为了实现梦想要"扣好人生第一粒扣子""撸起袖子加油干",他引用古之圣贤的诗词教导告诫广大干部"勿以恶小而为之,勿以善小而不为""些小吾曹州县吏,一枝一叶总关情",他以博大的胸怀思考中国的发展、世界的发展,提出"中国将永远向世界敞开怀抱,也将尽己所能向面临困境的人们伸出援手,让我们的'朋友圈'越来越大"。借鉴群众话语,将群众语言风格和特点融入意识形态话语体系中,意识形态工作才能广泛开展、深入人心,才会有显著的效果。

要扎根于人民群众生活实践之中,创造丰富多彩的精神财富。社会主义文艺是意识形态的重要组成部分,文艺作品在潜移默化中启迪人们的智慧,荡涤人们的心灵,影响人们的思想观念、引导人们的价值理念。习近平总书记高度重视文艺在宣传思想工作领域中的作用,2014 年 10 月 15 日,习近平总书记主持召开文艺工作座谈会并发表重要讲话,特别强调"坚持以人民为中心的创作导向","社会主义文艺,从本质上讲,就是人民的文艺","人民是文艺创作的源头活水,一旦离开人民,文艺就会变成无根的浮萍、无病的呻吟、无魂的躯壳","人民生活中本来就存在着文学艺术原料的矿藏,人民生活是一切文学艺术取之不尽、用之不竭的创作源泉"。因此,只有扎根人民群众的生活实践,才能收获文艺创作的素材和灵感,才能塑造栩栩如生的人物,讲好中国故事,才能将情与理融入文艺作品中传递中国精神。

3.宣传思想工作成果要人民群众共享

"人民共享"是宣传思想工作成效的显著标志,标志着党的创新理论和精神文化成果得到了人民的自觉认同,人们的思想政治素养和精神境界普遍提升。人民共享宣传思想工作成果要以能够共享理论创新成果和文化发展成果为前提条件。

人民能够共享理论创新成果。马克思主义理论只有与时俱进不断创新才能保证其科学性和引领力,马克思主义理论阐释只有清晰透彻易于接受才能说服民众从而获得人民的认同。然而习近平总书记指出,当前宣传思想工作"在有的领域中马克思主义被边缘化、空泛化、标签化,在一些学科中'失语'、教材中'失踪'、论坛上'失声'"[①]。因此,要坚持马克思主义在意识形态领域的指导地位,进一步加强马克思主义理论的研究和话语体系建构,推进马克思主义理论中国化时代化大众化发展,人民才能共享理论创新成果。

人民能够共享文化发展成果。"中国特色社会主义文化,源自于中华民族五千多年文明历史所孕育的中华优秀传统文化,熔铸于党领导人民在革命、建设、改革中创造的革命文化和社会主义先进文化,植根于中国特色社会主义伟大实践。"[②]要以马克思主义为指导,坚持社会效益为首位、社会效益与经济效益相统一的原则,深入挖掘文化资源,大力发展文化事业和文化产业,构建现代公共文化服务体系,健全现代文化产业体系,推动中国特色社会主义文化繁荣发展,才能保障人民群众的基本文化权益,才能丰富人民群众的精神文化生活,人民才能共享文化发展成果。

---

① 《习近平谈治国理政》(第二卷),外文出版社,2017年,第329页。

② 习近平:《决胜全面建成小康社会　夺取新时代中国特色社会主义伟大胜利——在中国共产党第十九次全国代表大会上的报告》,人民出版社,2017年,第41页。

第二节　宣传思想工作的基础保障

一、物质基础

唯物史观认为,社会存在决定社会意识。社会存在的稳定有序是意识形态安全的重要基础,社会存在的内部矛盾的激化会带来意识形态风险。马克思指出:"物质生活的生产方式制约着整个社会生活、政治生活和精神生活的过程。不是人们的意识决定人们的存在,相反,是人们的社会存在决定人们的意识。"[1]

社会存在的核心是物质生产方式,即生产力和生产关系的辩证统一,生产力和生产关系的辩证运动、发展方向和趋势决定了意识形态的运动方向和趋势,生产力和生产关系矛盾尖锐化导致社会存在的矛盾激化,引发意识形态的对立与冲突。经济基础决定上层建筑,观念的上层建筑意识形态反作用于经济基础。恩格斯指出:"每一个时代的社会经济结构形成现实基础,每一个历史时期的由法律设施和政治设施以及宗教的、哲学的和其他的观念形式所构成的全部上层建筑,归根到底都应由这个基础来说明。"[2]意识形态的内容和形式由物质生产方式决定,意识形态的性质由物质生产方式的性质决定。因此,大力发展社会生产力,革新生产关系使之促进生产力的发展,夯实物质基础是维护意识形态安全的重要基础,是构筑统一社会认识的基础,是做好宣传思想工作的基础。

（一）全面深化改革,激发社会前进的内生动力

党的十九大报告明确指出社会主要矛盾发生转化,一方面,人们由对物

---

[1] 《马克思恩格斯选集》（第二卷）,人民出版社,2012 年,第 2 页。

[2] 《马克思恩格斯选集》（第三卷）,人民出版社,2012 年,第 401 页。

质文化层面的需求转化为对美好生活的向往,在经济、政治、文化、社会、生态等更广泛的领域有更高的要求和期待;另一方面,我国发展仍然不平衡不充分,产业发展、区域发展、收入分配等不平衡,发展方式有待充分转变、依法治国有待充分推进、精神文明有待充分提升、社会事业有待充分发展、生态环境有待充分改善、体制机制有待充分改革,总之,发展总量尚不丰富、发展程度尚不够高、发展态势尚不够稳固。面对新时代社会主要矛盾,我们必须全面深化改革,统筹推进"五位一体"、协调推进"四个全面",加强国家治理体系和治理能力现代化建设,自觉调整和完善制约生产力发展的生产关系和上层建筑,激发社会前进的内生动力。正如习近平总书记指出:"只有把生产力和生产关系的矛盾运动同经济基础和上层建筑的矛盾运动结合起来观察,把社会基本矛盾作为一个整体来观察,才能全面把握整个社会的基本面貌和发展方向。坚持和发展中国特色社会主义,必须不断适应社会生产力发展调整生产关系,不断适应经济基础发展完善上层建筑。我们提出进行全面深化改革,就是要适应我国社会基本矛盾运动的变化来推进社会发展。社会基本矛盾总是不断发展的,所以调整生产关系、完善上层建筑需要相应地不断进行下去。"①

(二)巩固壮大社会主义经济基础,保证社会主义性质和发展方向

唯物史观认为,经济基础决定上层建筑。因此,经济基础的厚实强劲决定上层建筑的安定稳固。当前,意识形态领域出现的反马克思主义、反社会主义等反主流意识形态思潮与经济基础层面的问题密切相关。反思改革开放四十多年历程,由于我国处于社会主义初级阶段,生产力发展水平的相对落后决定了社会主义市场经济的发展道路。资本在社会主义的框架内逐渐激活了社会内部的创造活力和生产活力,改革开放使中国打开国门走向世界、融入世界,推动了中国特色社会主义现代化的发展,中国国力显著增强,

---

① 习近平:《坚持历史唯物主义　不断开辟当代中国马克思主义发展新境界》,中共中央党校网,2020 年 1 月 15 日,https://www.ccps.gov.cn/xxsxk/zyls/202001/t20200115_137531.shtml。

人民生活水平显著提高。然而市场经济是一把"双刃剑",资本的力量在激活生产力、刺激社会消费需求的同时,也唤醒滋生了人们的自私与贪欲,金钱至上、追求享乐、自我膨胀、极端利己的价值观逐渐蔓延,影响人们的日常行为,破坏社会风气;改革开放的同时,西方的各种思潮相继涌入,消费主义、享乐主义、泛娱乐主义、历史虚无主义、新自由主义等思潮在我国传播,自由、平等、博爱、人权等西方普世价值通过影视作品、文学艺术作品、新闻舆论、学术文章著作等方式对我国持续影响。一些为了追求自身利益的私有资本制造舆论、恶意炒作、为反主流意识形态思潮的传播推波助澜。因此,消除宣传思想工作面临的风险挑战的重要方面是从源头入手,只有不断巩固壮大社会主义经济基础,才能逐渐化解资本追逐利益的逻辑和市场经济的负面效应,才能逐渐消解反主流意识形态滋生蔓延的经济基础。

经济基础是由社会生产力决定并同生产力的一定状况相适应的"生产关系的总和"。改革开放以来,为了适应生产力的发展,我国的经济制度发生重大变革,有人认为"既然非公经济已经成为社会主义市场经济的重要组成部分、非公所有制已经成为我国社会基本经济制度的重要组成部分,那么就应该把非公经济也看作是中国特色社会主义社会的经济基础的组成部分"。甚至有人提出,"市场经济更有效率,中国国有企业改革的唯一出路是私有化"。美国前总统尼克松在《透视新世界》一书中坦率地指出,"在经济方面,中国朝自由市场制度前进的过程已经走了一半,现在,它的两种经济—— 一种私有,一种公有——正在进行殊死的竞争",而且"战斗还远远没有结束",只要美国"继续介入中国的经济,就能在帮助私营经济逐步销蚀国营经济方面扮演重要的角色"。面对模糊认识和错误言论,面对西方思想文化的影响,厘清对社会主义经济基础的认识是巩固壮大社会主义经济基础的重要前提。生产资料公有制是科学社会主义的基本原则之一,社会主义的经济基础毋庸置疑是生产资料公有制。处于初级阶段的中国特色社会主义经济制度是"以公有制经济为主体,多种所有制经济共同发展",我国宪法明确规定:"中华人民共和国的社会主义经济制度的基础是生产资料的社会主义公有制,即全民所有制和劳动群众集体所有制。"所有制性质决定社会性质,因此中国特色社会主义的经济基础只能是"生产资料的社会主义公有制而不是别的所有制",我们必须将经济制度和经济基础区分开来,不能混为一谈。公有制的主体地位是由社会主义本质所规定,习近平总书记指出:"中国特色社会主义是社会主义而不是其他什么主义","公有制主体地位不能动摇,国有经济主导作用不能动摇,这是保证我国各族人民共享发展成果的制度性保证,也是巩固党的执政地位、坚持我国社会主义制度的重要保证。"

巩固壮大社会主义经济基础,要确保社会主义公有制经济的主体地位。有人质疑:"我国非国有企业在数量和市场份额上均已超过国有企业,在这一新形势下,怎么坚持公有制为主体?"产生这一质疑和错误观点的主要原因是没有厘清公有经济与国有企业的关系。我们不能将公有制经济简单等同于国有企业。国有企业、国有经济与公有制经济是既有联系又有区别的,国有企业是国有经济的重要组成部分、国有经济是公有制经济的重要组成部分,国有企业是公有制经济,但并非是公有制经济的全部,公有制经济包括国有经济、集体经济和混合所有制经济中的国有成分和集体成分。公有制经济占主体地位有两个方面的重要体现:一是公有资产在社会总资产中必须占优势地位;二是国有经济必须控制国民经济命脉并且要对经济发展起主导作用。目前,如果把能产生直接、间接、潜在经济效益的公有资产都纳入资产统计范围,公有制经济在社会总资产的量上占优势是毫无疑问的,而且关系国家安全、国民经济命脉的重要行业和关键领域,国有经济依然占支配地位。国有企业的发展目标已经由新中国成立初期的主要集中在工业领域调整为以维护国家安全、保持社会稳定、促进经济发展为主,主动退出了一些竞争性领域。这既为非公有制经济让出了发展空间,也调整了国民经济产业布局、优化了国有资产结构。如果仅仅从数量上看,国有企业确实减少了,但其资产结构和质量更加优良。国有企业不仅在石油化工、工程机械、交通运输、电子信息、冶金、有色金属、建材等重要产业占比较高,拥有大量的优质资产和先进技术;而且在相当一部分新兴产业和战略性产业具有领先优势,形成了较强的国际竞争力,发展潜力巨大。①因此,不能简单地片面地从"非国有企业在数量和市场份额上超过国有企业"单一方面进行分析判断。

生产资料公有制是社会主义的经济基础,"以公有制经济为主体,多种所有制经济共同发展"是中国特色社会主义经济制度。一方面,巩固壮大社会主义经济基础,确保社会主义公有制经济的主体地位;另一方面,坚持党的全面领导,坚持马克思主义的指导思想,鼓励、支持非公有制经济发展,不给别有用心的人以可乘之机介入中国的经济,改变中国的社会性质,才能巩固社会主义国家上层建筑的物质基础。

二、组织保障

做好党的宣传思想工作,不能离开以自我净化能力提升为核心的党的建设这个重要法宝。党的十九大指出,要把党建设成为始终走在时代前列、人民衷心拥护、勇于自我革命、经得起各种风浪考验、朝气蓬勃的马克思主义执政党。加强党的自身建设,营造良好党内政治文化是做好党的宣传思想工作的组织保障。

(一)加强思想教育,不忘初心

思想教育是加强党内政治文化建设的首要任务。党内政治文化的形成与建设离不开马克思主义的指导思想,离不开中华优秀传统文化、革命文化和社会主义先进文化的涵养。因此,思想教育一方面要以马克思主义为指导,使广大党员干部坚定理想信念、坚守马克思主义价值观;另一方面要立足文化自信,传承弘扬中国先进文化,真正做到不忘初心,继续前行。

中国共产党是马克思主义政党,马克思主义立场观点方法是我们的行动指南。加强思想教育,要以马克思主义理论武装头脑,通过学习马列经典著作深刻理解马克思主义政党的性质和宗旨,领悟政党成立之"初心",通过

---

① 参见邓玲:《正确看待和坚持公有制为主体》,《人民日报》,2016年4月29日。

学习党章和党的一系列理论成果,提高认识水平和理论水平,只有理论清晰才能做到政治坚定;加强思想教育,要坚持求实思维、辩证思维和系统思维分析中国的历史和现实问题,进一步推进马克思主义中国化时代化的理论创新。

中国共产党不仅是马克思主义政党,还是体现中国特色、风骨和气派的政党。中华优秀传统文化、革命文化、社会主义先进文化是党内政治文化之源,加强思想教育要将文化的传承与发展贯穿其中,以优秀传统文化中"自强不息、厚德载物"的理念、"以民为本""修齐治平"的思想、"为天地立心、为生民立命,为往圣继绝学、为万事开太平"的情怀滋养全党,以革命文化和社会主义先进文化中"实事求是"的思想、"奋斗牺牲"的意志、"开拓进取"的精神教育全党。

(二)严肃组织生活,把握原则

组织生活是加强党内政治文化建设的有效途径,通过严肃组织生活,强化广大党员干部的党性原则,营造健康先进的党内政治文化。

严格执行组织生活制度。组织生活制度包括会议制度、党日制度、党课制度、报告工作制度、民主生活制度、党员汇报制度、民主评议党员制度等。要严格按照组织生活的制度要求开展各项组织活动,特别要杜绝活动"流于形式、走过场"的现象,党员间要真诚坦率,互相学习,互相指出问题和不足,通过彼此交换意见,"使咬耳朵、扯袖子、红红脸、出出汗成为常态"。

遵循组织生活规范。任何党员无论身份地位的高低都是组织中的一员,按时认真参加党组织生活是最基本的组织原则,因此党组织必须要强化党员的组织观念,严明组织纪律,同时坚持民主集中制原则,尊重党员的主体地位,充分发扬党内民主。

丰富组织生活内容。党内政治生活和组织生活要严肃认真地讲政治、讲原则、讲规矩,不能随意平淡、娱乐庸俗。因此,党的组织生活既要注重内容的政治性和规范性,又要关注内容的丰富性和多元化,提升组织生活的吸引力和凝聚力。比如开展国史党史学习交流活动、读书品鉴活动,以地方红色文化资源或地区发展优势资源为依托的教育实践活动等，提升党员的文化自信和民族自豪感,增强党员的荣誉感和责任意识。

创新组织生活方式。恰当的组织生活方式能够增强党员积极参与的热情,激发党员主动学习和思考。新形势下,党的组织生活可以采取多种方式,一方面坚持"老传统",即一直以来行之有效的组织生活方式,比如听党课或文化讲座、参观考察、交流研讨等;另一方面挖掘"新优势",即充分发挥新媒体的优势作用,利用网络平台发布学习资料、通过网络直播远程授课,同时辅之以线上互动活动。

(三)严格监督管理,遵规守纪

监督管理是加强党内政治文化建设的基本保障,我们要通过激浊扬清,使广大党员树立政治意识、大局意识、核心意识、看齐意识,自觉遵规守纪,净化党内政治文化环境。

严格监督管理要把党内监督和外部监督结合起来，努力做到权力到哪里,监督就在哪里,努力实现监督贯穿于干部成长的全部过程、干部工作生活的各个领域,让所有的权力都在阳光下运行,潜规则自然无处现身。

严格监督管理要更加强化党内监督,"外疾之害,轻于秋毫,人知避之;内疾之害,重于泰山,而莫之避",强化党内监督才能推进党实现自我净化、自我完善、自我革新、自我提高。因此,监督管理要坚守"党内监督没有禁区、没有例外""必须贯彻民主集中制原则""预防与惩治相结合"的原则,监督管理中要"强化自上而下的组织监督,改进自下而上的民主监督,发挥同级相互监督作用"。

严格监督管理要抓住"关键少数"。长期以来,"一把手""关键少数"权力过度集中,对其监督不到位、管理宽松软的现象是党内监督的突出问题,严重影响党内政治文化。"欲影正者端其表,欲下廉者先己身",党员干部既要肩负监督主体的责任,又要正视自身对象客体的角色,严格要求自己,随时接受监督。

（四）坚持正确引导，作风正派

正确引导是加强党内政治文化建设的关键所在，通过正确引导提升广大党员干部对党内政治文化的认同。

正确的选人用人导向。党和政府职能的正常发挥离不开千千万万党员和干部具体踏实的工作，领导干部在宣传思想工作中的作用不容小觑，在选配各级干部时，要将政治素质作为首要的考察因素。习近平总书记指出，端正选人用人导向是严肃党内政治生活的治本之策，并提出了"信念坚定、为民服务、勤政务实、敢于担当、清正廉洁"好干部标准。我们要按照这样的标准把好干部选出来、用起来。某些没有良好的政治素质和良好的马克思主义理论修养的人在工作中很难达到预期的要求和目标。同选人用人要坚持原则，消除选人时的"唯票、唯分、唯 GDP、唯年龄"的传统思维，确立"实践标准、实绩依据、实干导向"的原则，并逐步完善干部考核评价机制，特别是容错纠错机制，做到选人用人公平公正，为敢于担当的干部担当，为敢于负责的干部负责，充分激发干部的工作活力。

"关键少数"的率先垂范。"君子之德风，小人之德草，草上之风必偃"，"关键少数"的率先垂范会潜移默化地影响全党，甚至是普通民众，所谓"上行下效""见贤思齐"。因此，领导干部要有责任意识和担当精神，以身作则、做好表率，一级级带动、一层层传导，推动先进的党内政治文化向纵深发展。

三、法治保障

做好宣传思想工作离不开法治建设。面对思想文化领域复杂的问题，著名学者俞吾金曾指出："在这个重要的时刻，面对层出不穷的新问题，我们还没有建立起马克思主义意识形态理论的当代叙述体系，也没有制定出一整套相应的意识形态政策，并逐步使这些政策制度化、法律化。"[①]党从十八大

---

① 俞吾金：《意识形态论》，人民出版社，2009 年，第 17 页。

以来一直努力解决这个问题,积极推进制度治党与依法治国相结合,构筑捍卫主流意识形态的法律制度体系。推进宣传思想工作法治化建设是新时代新征程做好宣传思想工作的法治保障。

(一)积极推进制度治党,加强党内意识形态工作方面的法规制度建设

1. 要以党章为根本遵循

邓小平曾指出:"国要有国法,党要有党规党法。党章是最根本的党规党法。没有党规党法,国法就很难保障。"①习近平总书记也特别强调,"党章就是党的根本大法,是全党必须遵循的总规矩"②,"要完善党内法规制定体制机制,注重党内法规同国家法律的衔接和协调,构建以党章为根本、若干配套党内法规为支撑的党内法规制度体系,提高党内法规执行力"③。2012 年 5 月,中共中央印发的《中国共产党党内法规制定条例》明确指出,"党章是最根本的党内法规,是制定其他党内法规的基础和依据"④。因此,党内意识形态工作方面的法规制度建设必须以党章为根本遵循。

2. 构建意识形态工作党内法规体系

党的十八大以来,习近平总书记高度重视意识形态法治化建设,积极推动意识形态党内法规体系建设。

第一,在加强意识形态党内法规建设方面。2013 年 11 月出台的《中央党内法规制定工作五年规划纲要(2013—2017 年)》明确提出要"完善意识形态工作方面的党内法规。加强宣传思想工作方面党内法规建设,从制度上加强、改进和保障党对意识形态工作的领导"⑤。2016 年 12 月中共中央印发的《中共中央关于加强党内法规制度建设的意见》提出,要研究制定党的宣传

---

① 《邓小平文选》(第二卷),人民出版社,1994 年,第 147 页。

② 习近平:《认真学习党章严格遵守党章》(2012 年 11 月 16 日),《人民日报》,2012 年 11 月 20 日。

③ 《习近平谈治国理政》(第二卷),外文出版社,2017 年,第 119 页。

④ 《中国共产党党内法规制定条例　中国共产党党内法规和规范性文件备案规定》,人民出版社,2012 年,第 1 页。

⑤ 《十八大以来重要文献选编》(上),中央文献出版社,2014 年,第 482 页。

工作等方面的条例,进一步体现了党中央对意识形态工作的高度重视;2018年2月,中共中央印发的《中央党内法规制定工作第二个五年规划(2018—2022年)》提出重点制定宣传工作条例等党内法规。

第二,在强化意识形态工作方面。2015年6月起施行的《中国共产党党组工作条例(试行)》明确规定党组织论和决定本单位重大问题必须包含"意识形态工作、思想政治工作和精神文明建设方面的重要事项";2015年12月起施行的《中国共产党地方委员会工作条例》中增加了有关意识形态工作条款,明确要求党的地方委员会要"加强对本地区宣传思想文化工作的领导,牢牢掌握意识形态工作领导权、话语权"①,进一步明确了意识形态工作是党的地方委员会日常工作重要组成部分;2018年10月28日起施行的《中国共产党支部工作条例(试行)》明确了党支部的基本任务之一就是"做好思想政治工作和意识形态工作"②;2018年12月28日起施行的《中国共产党农村基层组织工作条例》明确规定:"必须在意识形态上站稳立场,旗帜鲜明反对各种错误观点,同一切歪风邪气、违法犯罪行为作斗争。"③2019年4月印发的《关于加强和改进城市基层党的建设工作的意见》中明确要求"加强对基层各类组织的政治引领和对居民群众的教育引导,坚决抵御国内外敌对势力、邪教组织和非宗教活动的影响渗透,坚决同削弱和反对党的领导、干扰和破坏城市社会稳定的行为作斗争"④。由此可见,党委抓意识形态工作从中央延伸到党的基层组织。同时,进一步强化意识形态工作的斗争精神,2019年1月印发的《中国共产党关于加强党的政治建设的意见》明确要求,党员领导干部"对意识形态领域各种错误思潮、模糊认识、不良现象,保持高度警惕,做到眼睛亮、见事早、行动快"⑤。2019年6月印发《中国共产党宣传工作条例》,标志着宣传工作科学化规范化制度化建设迈上新的台阶。

---

① 《中国共产党地方委员会工作条例》,人民出版社,2016年,第3页。
② 《中国共产党支部工作条例(试行)》,人民出版社,2018年,第9页。
③ 《中国共产党农村基层组织工作条例》,人民出版社,2019年,第15页。
④ 《关于加强和改进城市基层党的建设工作的意见》,党建读物出版社,2019年,第8页。
⑤ 《中共中央关于加强党的政治建设的意见》,人民出版社,2019年,第16页。

　　第三,在落实意识形态工作责任制方面。2015 年 10 月,中央印发《党委(党组)意识形态工作责任制实施办法》要求强化党管宣传、党管意识形态,牢牢掌握意识形态工作的领导权主动权,明确各级党委(党组)对本地区本部门本单位意识形态工作的主体责任,要求各级党委(党组)把意识形态工作作为党的建设的重要内容纳入重要议事日程, 这是党的历史上第一次以党内法规形式对意识形态工作责任制作出制度性规定, 在党的意识形态治理历史上具有首创意义;2016 年 10 月颁布实施的《中国共产党党内监督条例》明确规定,党内监督重点内容包含"落实意识形态工作责任制情况";2016 年 11 月,中共中央办公厅印发了《党委(党组)网络意识形态工作责任制实施细则》强调指出,互联网已经成为意识形态斗争的主战场、主阵地、最前沿,网络意识形态工作是意识形态工作的重中之重,对各级党委(党组)落实网络意识形态责任制提出了具体要求, 强化了党对网络空间领域的意识形态治理,推进网络意识形态治理的法治化①;将意识形态工作纳入巡视,2017 年 5 月新修订的《中国共产党巡视工作条例》专门增加了"落实意识形态工作责任制不到位"的内容;2019 年 2 月,中共中央印发《中国共产党重大事项请示报告条例》明确规定,党组织应当向上级党组织请示"重大活动、重要政策的宣传报道口径, 新闻宣传和意识形态工作中的全局性问题和不易把握的问题",报告"加强党的建设,履行全面从严治党责任,包括集中学习教育活动、意识形态工作"②;2019 年 3 月印发的《关于加强和改进中央和国家机关党的建设的意见》提出要"严格落实意识形态工作责任制。部门党组(党委)要加强对意识形态工作的领导, 及时了解掌握动态,加强舆情研判,敢于发声亮剑,引导党员、干部明辨是非、澄清模糊认识,坚决反对和抵制各种错误思潮和负面言论。落实主管主办责任,加强本部门本领域意识形态阵地建设和管

---

　　①　参见肖寒、胡凯:《新时代中国共产党意识形态治理的法治化实践》,《学校党建与思想教育》,2020 年第 3 期。

　　②　《中国共产党重大事项请示报告条例》,人民出版社,2019 年,第 9~10 页。

理,积极稳妥做好重大突发事件和热点敏感问题的舆论引导"①。2019年9月1日起施行的修订后的《中国共产党问责条例》第七条明确规定,要对"意识形态工作责任制落实不到位,造成严重后果或者恶劣影响的"②党组织、党的领导干部予以问责。

(二)积极推进依法治国,以法律手段维护国家安全

1. 通过立法加强宣传思想阵地的建设

党的十八大以来，我国加强了教育立法,《国防教育法》《高等教育法》《义务教育法》等对于爱国主义教育予以明确规定;加强了对文化安全方面的立法,针对历史虚无主义、诽谤谣言等行为进行立法,《中华人民共和国国歌法》《英雄烈士保护法》《中华人民共和国国家安全法》《中华人民共和国集会游行示威法》等相继出台,为意识阵地管理提供了制度保障;2016年4月28日,十二届全国人大常委会第20次会议审议通过了《中华人民共和国境外非政府组织境内活动管理法》,规范、引导境外非政府组织在中国境内的活动;2016年11月7日，十二届全国人大常委会第24次会议审议通过了《中华人民共和国网络安全法》，严格遵循法律规范加强网络意识形态的建设与管理。2020年5月28日,十三届全国人大三次会议以高票表决通过《全国人民代表大会关于建立健全香港特别行政区维护国家安全的法律制度和执行机制的决定》,维护香港安全稳定繁荣。一方面,以专门的规范性文件明确爱国主义活动和爱国主义仪式,国家宪法日、烈士纪念日、中国人民抗日战争胜利纪念日、国家安全教育日的确立激发了民众的爱国热情、培育了民众的民族精神。另一方面,要加强普法宣传,提升民众法律意识,引导民众学法、懂法,用法律捍卫领袖英雄名誉、维护国家利益和尊严,惩治分裂祖国扰乱社会秩序的行为。

---

① 《关于加强和改进中央和国家机关党的建设的意见》,人民出版社,2019年,第7~8页。

② 《中国共产党问责条例》,人民出版社,2019年,第6页。

2. 依法治国与以德治国相结合，积极推进宣传思想工作与法治建设融合发展

2016 年 12 月初，中共中央办公厅、国务院办公厅印发的《关于进一步把社会主义核心价值观融入法治建设的指导意见》指出，社会主义核心价值观是社会主义法治建设的灵魂。把社会主义核心价值观融入法治建设，是坚持依法治国和以德治国相结合的必然要求，是加强社会主义核心价值观建设的重要途径。党的十九届四中全会指出，坚持以社会主义核心价值观引领文化制度建设，完善弘扬社会主义核心价值观的法律政策体系。

因此，要将社会主义核心价值观融入法治建设之中，在立法、执法、守法的各个环节充分体现社会主义核心价值观的价值目标、价值取向和价值规范，通过法治的力量强化人们的理想信念和道德情操。

第五章　新时代新征程宣传思想工作的
重点工作

《中国共产党宣传工作条例》鲜明概括了宣传思想工作的根本任务，"高举中国特色社会主义伟大旗帜，巩固马克思主义在意识形态领域的指导地位，巩固全党全国人民团结奋斗的共同思想基础，建设具有强大凝聚力和引领力的社会主义意识形态，建设具有强大生命力和创造力的社会主义精神文明，建设具有强大感召力和影响力的中华文化软实力"[①]。"一个高举""两个巩固""三个建设"，聚焦于"宣传工作是做什么的"这个根本问题，对宣传思想工作进行了全局性、战略性、长远性的深刻考量，是我们党关于宣传思想工作的工作方向、奋斗目标和工作重点的全面诠释。

第一节　加强理论研究普及

一、推进马克思主义中国化时代化发展

2018 年 8 月 21 日至 22 日，习近平总书记出席全国宣传思想工作会议

---

① 秦强：《守正创新　做好新时代宣传工作的基本遵循》，《领导科学论坛》，2020 年第 9 期。

并发表重要讲话，他指出："举旗帜就是要高举马克思主义中国特色社会主义的旗帜，坚持不懈用新时代中国特色社会主义思想武装全党教育人民推动工作，在学懂弄通做实上下功夫，推动当代中国马克思主义 21 世纪马克思主义深入人心，落地生根。"①马克思主义是无产阶级政党和社会主义国家的主流意识形态，我们必须持之以恒加强理论武装，积极推进马克思主义中国化时代化发展。

（一）加强马克思主义理论的基础研究

加强马克思主义理论的基础研究是推进马克思主义中国化时代化大众化发展的重要前提。

1. 注重批判性研究工作

马克思主义理论的生命力不仅在于它具有符合逻辑的科学体系和思想，而且在于它具有批判性和革命性的品格。马克思在《关于费尔巴哈的提纲》中指出，哲学家们只是用不同的方式解释世界，而问题在于改变世界。马克思主义的哲学基础唯物辩证法的本性就是批判的和革命的，"辩证法在对现存事物的肯定的理解中同时包含对现存事物的否定的理解，即对现存事物的必然灭亡的理解；辩证法对每一种既成的形式都是从不断的运动中，因而也是从它的暂时性方面去理解；辩证法不崇拜任何东西，按其本质来说，它是批判的革命的"②。因此，在马克思主义理论研究过程中，不能只满足于对基本理论的纯粹诠释性的解读，甚至简单地将基本理论的某些表达视为绝对真理，从而形成单纯从书本出发的教条主义思维方法，而忽视了基本理论的科学性内涵和精神实质，忽视了马克思主义的发展史本身就是一部批判的革命的历史，要以批判性和革命性的态度和原则推进马克思主义基本理论的研究。

---

① 《习近平出席全国宣传思想工作会议并发表重要讲话》，《前线》，2013 年第 9 期。
② 《马克思恩格斯选集》（第二卷），人民出版社，1995 年，第 112 页。

2. 注重学术性研究取向

在马克思主义理论研究的过程中，项目、奖励、研究等是衡量评价研究水平的重要载体，但是在实际工作中过分追求外在载体会导致理论研究的功利化倾向。比如，有人为了标新立异，玩弄概念、搞纯逻辑推演，用自己的观点和逻辑曲解马克思主义的观点，将自己的观点和逻辑强加于马克思主义理论之中，说成是马克思主义理论的发展，将不符合自己观点的论述批判为非马克思主义观点等。只有理论研究从片面追求功利转变为脚踏实地注重学术性研究，才能把握理论精髓和精神实质，才能为马克思主义中国化时代化发展奠定坚实的理论研究基础。

3. 注重开放性研究格局

马克思主义学术研究不是单纯讲究学术性，更不能满足于纯粹的思辨，而是要注重实践性和科学性，形成开放性的研究格局，避免抽象化和经院化。马克思主义理论研究要立足实践，在实践中寻找问题，在实践中探寻解决问题的方法和途径，在实践中感悟马克思主义的立场观点方法，在实践中推动马克思主义理论创新。马克思主义理论研究要与历史研究相辅相成，人类创造了历史，人类的思想文化积淀于历史之中，任何概念、观点离开历史发展过程只能是抽象的，返回历史之中才会更加生动鲜活，才会有其真正的内涵和价值。马克思恩格斯非常重视历史研究，并且创造性地提出了唯物史观，历史的唯物的辩证的认识人类社会，探寻人类社会的发展规律，为人类社会发展指明方向。因此，马克思主义研究要将理论、实践、历史相结合，形成开放性的研究格局。

(二)推进马克思主义理论话语体系转化

1. 马克思主义与中国具体实际相结合，讲"新话"，推进理论创新

新民主主义革命时期，以毛泽东同志为代表的中国共产党人坚持实事求是的思想路线，将马克思列宁主义基本原理与中国具体实际相结合，推进马克思主义中国化发展，创立了毛泽东思想；社会主义革命和建设时期，毛

泽东同志提出把马克思列宁主义基本原理同中国具体实际进行"第二次结合",以毛泽东同志为主要代表的中国共产党人,结合新的实际丰富和发展毛泽东思想。毛泽东思想是马克思主义中国化的第一次历史性飞跃,引领中华民族实现了中国从几千年封建专制向人民民主的伟大飞跃、实现了一穷二白、人口众多的东方大国大步迈进社会主义社会的伟大飞跃。改革开放和社会主义现代化建设新时期,以邓小平同志为代表的中国共产党人,坚持解放思想、实事求是的思想路线,反思新中国成立以来社会主义建设的经验与教训,围绕"什么是社会主义,怎样建设社会主义"这一根本问题,创立了邓小平理论;以江泽民同志为代表的中国共产党人坚持解放思想、实事求是、与时俱进的思想路线,在中国特色社会主义的探索实践中,加深了对什么是社会主义、怎样建设社会主义和建设什么样的党、怎样建设党的认识,形成了"三个代表"重要思想;以胡锦涛同志为代表的中国共产党人坚持解放思想、实事求是、与时俱进、求真务实的思想路线,面对 21 世纪以来新形势新任务新挑战,深刻认识和回答了新形势下实现什么样的发展、怎样发展等重大问题,形成了科学发展观。中国特色社会主义理论体系是马克思主义中国化新的飞跃。中国特色社会主义进入新时代,以习近平同志为代表的中国共产党人坚持党的思想路线、倡导"三严三实"的工作作风,总结历史经验与教训,围绕新时代坚持和发展什么样的中国特色社会主义、怎样坚持和发展中国特色社会主义,建设什么样的社会主义现代化强国、怎样建设社会主义现代化强国,建设什么样的长期执政的马克思主义政党、怎样建设长期执政的马克思主义政党等时代课题,创立了习近平新时代中国特色社会主义思想。习近平新时代中国特色社会主义思想实现了马克思主义中国化新的飞跃。[①]

毛泽东思想、中国特色社会主义理论体系、习近平新时代中国特色社会主义思想既一脉相承又与时俱进,是中国共产党人集体智慧的结晶,是马克

---

① 参见《党的十九届六中全会公报》,澎湃在线,2021 年 11 月 12 日,https://m.thepaper.cn/baiji-ahao_15347742。

思主义中国化重大理论创新成果，引领着社会主义中国从"站起来、富起来"向"强起来"迈进。

虽然党中央积极将马克思主义普遍原理同中国具体实际相结合推进理论创新，但是马克思主义研究宣传的"悬空化"却影响了马克思主义中国化时代化大众化的发展。很长一段时间，我国一些马克思主义理论研究者只是专注于纯粹的"学术逻辑思辨"和书斋式的论文创作，甚至将马克思理论进行经院化解读，忽视现实社会生活，脱离生活实际远离社会矛盾，因此马克思主义逐渐成为局限于学术圈的理论，远离普通人民群众，特别是面对二战以来纷繁复杂的国际形势、资本主义国家和社会主义国家层出不穷的新情况新变化新问题，人们产生了很多思想困惑，然而理论研究与理论宣传没能及时答疑解惑、厘清错误认知，影响了人们对马克思主义的认同，甚至影响了一些党员干部的理想信念。

马克思曾在《关于费尔巴哈的提纲》中强调："哲学家们只是用不同的方式解释世界，而问题在于改变世界。"①实践性是马克思主义理论的突出特点，马克思主义中国化时代化大众化发展必须注重历史与现实、理论与实践的辩证统一，我们不仅要继续加强马克思主义基本理论和马克思主义中国化创新理论的研究，深入学习领悟习近平新时代中国特色社会主义思想，而且要坚持调查研究的方法，了解社会现实和社会矛盾，有针对性地运用基本理论的立场观点和方法分析解答人们思想中的困惑、回应人们的质疑，创新主流意识形态话语体系，讲与现实呼应的"新话"，为坚定马克思主义的信仰和中国特色社会主义的信心奠定坚实的理论基础。

2. 马克思主义与中国优秀传统文化相结合，讲"中国话"，增强文化认同

新民主主义革命时期，中国共产党人自觉传承弘扬中华优秀传统文化。刘少奇的《论共产党人的修养》是中国共产党思想史上第一次将共产主义远大理想和儒家传统的君子修身养性之道有机结合。他说，《孟子》上有这样一

---

① 《马克思恩格斯选集》（第一卷），人民出版社，2012 年，第 140 页。

句话:"人皆可以为尧舜",他看这句话说得不错。每个共产党员,都应该脚踏实地,实事求是,努力锻炼,认真修养,尽可能地逐步地提高自己的思想和品质,不应该望到马克思列宁主义创始人那样伟大的革命家的思想和品质,认为高不可攀,就自暴自弃,畏葸不前。如果这样,那就会变成"政治上的庸人",不可雕的"朽木"。他认为共产主义道德是能够"将心比心",设身处地为人家着想,体贴人家;是"先天下之忧而忧,后天下之乐而乐";要有"富贵不能淫、贫贱不能移、威武不能屈"的革命坚定性和革命气节。毛泽东在哲学著作《实践论》中论述实践的必要性指出:"你要有知识,你就得参加变革现实的实践。你要知道梨子的滋味,你就得变革梨子,亲口吃一吃。"他谈道:"中国人有一句老话:'不入虎穴,焉得虎子'。这句话对于人们的实践是真理,对于认识论也是真理。离开实践的认识是不可能的。"在《矛盾论》中运用"两点论""一分为二看问题"等表明对立统一规律;运用"兼听则明,偏听则暗"表明应全面角度看问题;运用"相反相成"等表明矛盾具有同一性。①毛泽东同志在《为人民服务》中论述张思德牺牲的意义价值引用司马迁的诗句"人固有一死,或重于泰山,或轻于鸿毛",张思德同志是为人民利益而死的,他的死是比泰山还要重的。改革开放之后,党中央提出"与时俱进""和谐社会""五大发展理念"等发展战略、发展理念是马克思主义基本理论与中国优秀传统文化相结合的创新理论成果。

但是很长一段时间,马克思主义传播却忽视了马克思主义理论与中国传统文化的结合,新中国成立初期照抄照搬苏联的模式,改革开放之后照抄照搬西方马克思主义的理论研究范式,马克思主义理论研究注重模块化忽略整体性系统性、注重基本原理背离实践原则,抽象化的马克思主义研究难以从中国优秀传统文化中汲取养分,难以与中国文化相融合,逐渐疏离了人民大众。

中华优秀传统文化蕴含着推动社会历史发展进步的文化因子,是民族

---

① 参见朱先锋:《当代中国马克思主义大众化的实践创新研究》,《新西部》,2014年4月下旬刊。

或国家的精神力量和文化心理，是世代传承积淀下来的思想精髓，它深深地扎根于国人的心灵，是中华民族之根。毛泽东指出："马克思主义理论必须和中国的具体特点相结合，并通过一定的民族形式才能实现。"① 2020 年 9 月 17 日，习近平总书记来湘考察，提出了"岳麓书院是党的实事求是思想路线的一个策源地"的重要论述，并指出，"实事求是就来源于这里。共产党怎么能成功呢？当年在石库门，在南湖上那么一条船，那么十几个人，到今天这一步。这里面的道理一定要搞清楚，一定要把真理本土化"。②党的十八大以来，以习近平同志为核心的中国共产党人，坚持把马克思主义基本原理同中国具体实际相结合、同中华优秀传统文化相结合，创立的习近平新时代中国特色社会思想不仅是当代中国马克思主义、21 世纪马克思主义，而且是中华文化和中国精神的时代精华。马克思主义只有与中国优秀传统紧密结合，讲"中国话"，才能深深扎根于中华大地而茁壮成长，才能推进马克思主义中国化的理论创新和实践创新；突出民族特点和时代特色，体现中华民族思维方式和语言风格的表达，才能易于广大民众接受认同。

3. 马克思主义与人民大众相结合，讲"大众话"，提升话语体系的亲和力

马克思主义基本理论要与人民大众需求相结合推进理论创新。"为人类福利而劳动"是马克思 17 岁中学毕业时树立的理想，"实现人的解放和全面自由发展"是马克思毕生的追求，"人民立场"是马克思主义的根本立场，"人民是历史的创造者"是马克思唯物史观的重要观点。中国共产党从诞生之日起注重将马克思主义理论与人民大众需求相结合，在新民主主义革命的实践探索中明确了"全心全意为人民服务"的宗旨，创造性地提出了"一切为了群众，一切依靠群众；从群众中来，到群众中去"的工作方法，将共产主义远大理想和中国现实民族解放运动相结合，为人民描绘美好未来，"它在现阶段为实现中国的新民主主义制度而奋斗，它的最终目的，是在中国实现共产

---

① 《毛泽东选集》（第二卷），人民出版社，1991 年，第 534 页。

② 《以真理的精神追求真理》，中共中央党校网，2021 年 5 月 25 日，https://www.ccps.gov.cn/ll-wx/202105/t20210525_148885.shtml。

主义制度"。"将中国建设成为一个独立、自由、民主、统一和富强的新国家。"在社会主义革命和建设的实践探索中坚守党的宗旨，丰富发展了毛泽东思想，实现了中华民族有史以来最为广泛而深刻的社会变革，各项事业有很大发展。在改革开放和社会主义现代化建设的实践探索中，创造性地阐述社会主义本质"解放生产力、发展生产力，消灭剥削、消除两极分化，最终达到共同富裕"，"三个代表"重要思想明确指出"中国共产党代表最广大人民根本利益"，科学发展观强调"以人为本"等。中国特色社会主义进入新时代，习近平新时代中国特色社会主义思想描绘"实现中华民族伟大复兴中国梦"的蓝图，突出强调"人民对美好生活的向往就是我们的奋斗目标"，中国共产党要"为民担当"。

马克思主义基本理论要与人民大众语言风格相结合创新话语体系。要善于将学术研究成果转化为深入浅出通俗易懂的大众式表达，口语化、形象化的群众语言，增强表达的感染力。比如中国共产党人运用马克思主义基本原理，结合通俗易懂的语言提出了一系列战略和观点，深入人心，"农村包围城市，武装夺取城市""星星之火可以燎原""打土豪分田地""建设人民当家作主的新中国""无论白猫黑猫，抓到老鼠就是好猫""摸着石头过河""鞋子合不合脚，自己穿了才知道"。近些年在马克思主义宣传方面也是注重群众易于理解的表达方式，《人民日报》刊发理论文章"中国共产党为什么能""马克思主义为什么行""中国特色社会主义为什么好"，深入浅出地表达为广大民众答疑解惑。

要充分发挥网络空间的优势，充分调动多元供给主体的创造性，让马克思主义基本理论走入每个网民的心中。增强理论产品的影响力和感召力，是当前马克思主义理论传播面临的重要问题。2016年读书类综艺节目《开卷有理之马克思靠谱》利用多种视听形式传播马克思主义。2016年3月，说唱歌曲《马克思是个九零后》两度登上央视新闻联播。2019年，讲述马克思一生故事的动画《领风者》"闯"进年轻人的世界。因此，要针对不同年龄、不同职业、不同学历等人群的认知特点推动马克思主义基本理论的多样化传播，将马克思主义的观点、马克思的气质和信仰传递给广大民众。

因此，马克思基本理论要讲"大众话"，注重宣传与解惑相辅相成，推进民众从感性层面的认知到理性层面的认同。

二、推进习近平新时代中国特色社会主义思想大众化传播

习近平新时代中国特色社会主义思想是马克思主义中国化的最新理论成果，是党和国家必须长期坚持的指导思想。习近平新时代中国特色社会主义思想大众化是维护人民利益的重要体现，是推进新时代中国特色社会主义伟大事业的理论支撑。习近平新时代中国特色社会主义思想的大众化传播是党和国家的一项重要而紧迫的工作，不断提升习近平新时代中国特色社会主义思想大众化传播力，实现广大民众对党的理论的高度认同，进而将理论认同转化为实际行动，是一项非常重要的理论和现实课题。

党的十九大以来，全国各级党组织、各级教育宣传文化部门从树立"四个意识"、坚定"四个自信"、做到"两个维护"的政治要求出发，积极开展学习、教育、宣传等普及工作。比如，辽宁省大连市委宣传部负责牵头、大连市委讲师团负责具体实施组建宣讲队伍，构建四级宣讲体系，深入推进"基层宣讲种子行动""基层宣讲网格化行动""快闪宣讲行动"，针对不同领域、不同层次干部群众进行分众化宣讲，精心安排部署新思想"进企业""进农村""进机关""进校园""进社区""进网络"。大连市社科联以研讨会、课题立项为牵头组织社科界学习研究新思想，组织社科类社会组织及社科普及基地深入基层宣讲新思想，扶贫与扶智相结合，引导群众脱贫致富。大连新闻传媒集团积极推进媒体深度融合，逐步构建网上网下一体、内宣外宣联动的主流舆论格局和全媒体传播体系。

通过一系列的大众化传播工作，中华民族伟大复兴的中国梦、中国共产党人的初心使命、以人民为中心、传承优秀传统文化、绿水青山就是金山银山、精准扶贫等新战略新理念新观点深入人心，全面深化改革的各项工作在新思想的指导下顺利推进。

(一)新思想大众化传播需要注意的突出问题

在习近平新时代中国特色社会主义思想大众化传播的过程中，仍存在一些需要注意的突出问题。

1. 要注意重形式轻效果，"走过场"的问题

习近平新时代中国特色社会主义思想的大众化传播是一项严肃而认真的工作，既要注重传播形式和方法，更要注重传播效果，要避免"走过场"的问题。从传播主体看，要避免"任务心态"，即为了完成上级部署的任务而被动地盲目地进行传播，只停留在发文件、发书籍、部署学习任务等层面，没有踏踏实实地组织有效的学习，更没有真正检查学习的效果，为了应付有关检查，只满足于简单的"留痕"；避免"作秀心态"，比如在大街小巷乱贴标语口号，热衷于作秀表演或媒体炒作，营造轰轰烈烈热火朝天的宣传氛围，却没有扎扎实实的学习效果，甚至引发民众的反感等负面情绪。

2. 要注意不深刻不准确，"随意化"问题

习近平新时代中国特色社会主义思想是马克思主义中国化的科学理论体系，因此在大众化传播中要注重深刻性和准确性，避免"随意化"问题。从传播内容看，要避免浅尝辄止、一知半解、不求甚解，只知其然而不知其所以然的肤浅化表面化传播；要避免由于传播者理解不透彻或理论功底不扎实造成的阐释不清楚，更要避免对新思想断章取义、望文生义、随意曲解、主观推测等各种错误解读和传播。

3. 要注意不系统不全面，"碎片化"的问题

习近平新时代中国特色社会主义思想是内容丰富、逻辑严密的科学体系，在大众化传播的过程中要注重思想体系的系统性和全面性，避免"碎片化"问题。在传播过程中，避免"盲人摸象"，片面夸大思想体系中的某一观点或某一战略，而忽略了与其相关的其他论述，忽略了各项工作之间的关系，局部地狭隘地传播新思想；避免零散随机，不注重思想体系的逻辑性，学习宣传没有长期的规划设计和科学统筹，只是随时听从上级组织的安排部署，

对于新思想的传播只满足于"跟风",经常处于忙乱无序状态,影响了传播受众对新思想的整体把握。

4. 要注意重理论轻实践,"悬空化"的问题

习近平新时代中国特色社会主义思想是推进中国特色社会主义伟大事业和实现中华民族伟大复兴的行动指南,因此大众化传播既要注重理论层面的宣传解读,更要注重实践层面的引导示范,避免"悬空化"问题。从传播方式上看,要避免传播中的"两层皮",即学习宣传新思想只停留在理论层面,在实际工作中不善于灵活运用新思想的立场观点和方法分析解决现实问题,将新思想学习与业务工作割裂开来;或者经常使用抽象的理论话语进行传播,不善于将新思想融入民众关心的现实生活以通俗易懂喜闻乐见的方式表现出来,影响普通民众对新思想的认知和认同。

(二)推进新思想大众化传播的实践要求

1. 建设优秀传播队伍

打造优秀的传播队伍是推进习近平新时代中国特色社会主义思想大众化传播的重要保障。一方面,要进一步明确各梯队定位。专家学者要不断加强专业学术研究,紧跟理论前沿、把握思想精髓、领悟精神实质,并且通过讲座、访谈等多种形式对新思想进行解读宣传;另一方面,要注重实践问题研究,与基层实际工作相结合,认真剖析习近平新时代中国特色社会主义思想中蕴含的大众化语言风格,推进政治话语体系、理论话语体系向通俗话语体系转换。民间骨干一方面要加强与专家学者的互动交流,不断提升理论素养,全面准确理解新思想的观点和政策规定,另一方面要深入群众,了解社情民意,善于从群众关心的问题切入进行深入浅出的讲解。基层种子是传播的储备人才,各地区要做好推荐工作,要加强对基层种子的培训和实践锻炼,加强基层种子与专家学者和民间骨干的交流。要进一步推进传播队伍的常态化、规范化管理,健全发现人才、吸收人才、培训人才、使用人才的机制,加强从宣讲人才选入、宣讲主题确定、宣讲内容审定、宣讲现场跟踪、宣讲情

况反馈等体系管控,落实基层宣讲工作意识形态责任制。

2. 探索多维传播模式

习近平新时代中国特色社会主义思想大众化的目标是实现广大民众对新思想的心灵认同和行为认同,广大民众不仅是新思想的接受者,也应是传播者和实践者。要尊重民众的主体地位,积极探索多维传播模式,激发其内生动力,充分发挥积极性和主动性。探索双向互动传播模式,在传播过程中要善于对普通民众的实际生活进行"望闻问切",将新思想的理论与群众关心的热点话题进行对接,在解答人们的思想困惑、维护人民的切身利益、解决人们的实际问题过程中,将抽象的理论转化为真实的具体事例进行有效传播。探索分众化传播模式,将传播对象划分为领导干部、普通党员、党外人士、基层民众,针对不同群体对新思想的期待和要求,选择贴合各群体认知特点、理解水平的内容和形式进行传播。

3. 积极拓展传播渠道

媒体传播和人际传播是习近平新时代中国特色社会主义思想大众化传播的主要渠道。要积极拓展媒体传播渠道,不仅利用广播电视报纸杂志网络进行常规传播,而且发挥融媒体优势,制做播出系列微党课和通俗的理论政策类节目,打造思想理论传播品牌;要积极拓展人际传播渠道,充分发挥党员干部的领导示范作用,社区宣传干部更要做好新思想学习的引导者;充分发挥微信强大的社交功能,利用微信朋友圈、公众号传递新思想,推动新思想的学习;充分发挥基层讲习所、道德讲堂、文化礼堂的作用,以讲座、沙龙、歌会等方式生动展现新思想的内涵和精神实质。

4. 强化传播评价机制

传播效果的"大众化"和"化大众"是评价传播活动是否成功的重要标准。首先,"大众化"的评价标准是覆盖面广、影响的民众多,传播范围要从专家学者、党员干部逐步扩展到基层普通民众,传播到各阶层、各民族、各代际的大多数人。因此,要继续推进传播的网格化行动,构建四级传播体系,解决好理论传播最后"一公里"问题,建立相应的工作机制和评价考核机制。其次,"化大众"的评价标准是通过对新思想的系统传播使民众在认知层面和情感层面实现认同并且能够在行动层面付诸实践。因此,要形成社会评价反馈机制,一方面畅通基层群众的反馈通道,采取实地或网络的问卷调查、走访座谈、意见征集等方式了解新思想传播过程中的现实问题和需求期待;另一方面组织专家学者对于传播过程的系统性和传播内容的准确性进行定期评估,并且给予指导性的意见和建议。

第二节　构建"大宣传"格局

一、宣传思想工作融入终身教育体系

将宣传思想工作融入家庭教育、学校教育和社会教育的终身教育体系之中,加强新时代爱国主义教育。

(一)宣传思想工作融入家庭教育、学校教育和社会教育

1. 家庭教育

家庭是孩子成长的第一个课堂,家庭教育影响孩子的习惯养成、观念形成和道德品行等内在品质。父母是家庭教育的第一任老师,承担着引导孩子健康成长的责任。伴随着国家发展和社会文明进步,人们对教育越来越重视,很多家长甚至不惜加大投入力度培养孩子,可谓"望子成龙、望女成凤",都希望孩子能够赢在起跑线上,但是家庭教育所暴露出的"重智育轻德育、忽视言传身教、过度溺爱孩子或过分管教孩子、家庭教育学校化倾向"等问题却影响了孩子的成长发展,有些孩子虽然学习成绩好,但是自私自利、心胸狭隘;有些孩子精神压抑、心理扭曲,甚至出现过激行为。因此,父母必须端正家庭教育观念,注重孩子的思想道德培育,引领孩子树立正确的是非观、人生观和价值观,培养孩子爱祖国、爱家乡的情怀,通过民主的交流建立

正确的认知,并且约束自己的行为,做到言传身教。总之,因地制宜、因势利导,通过家庭的熏陶进行正确的思想教育。

2. 学校教育

学校肩负着教书育人的职责使命,要认真研究学生身心成长发展的规律,根据学生不同阶段的认知特点,结合社会发展需求,规划宣传教育的内容与方式。比如在小学阶段,注重培养学生对祖国的感性认识,通过认识国旗、国徽,学唱国歌等直观的方式,通过了解中国地理、历史、文化等最基本的知识培育爱国情怀;在中学阶段,注重培养学生从感性认知到理性思考,不仅对中国历史、中国国情有比较系统的了解,而且关注现实问题,有分析有判断,树立正确的历史观、价值观,增强国家自豪感和民族自信心;在大学阶段,注重培养学生树立坚定的理想信念,掌握科学的世界观和方法论,提升认识问题、分析问题、解决问题的能力,引导学生积极参与社会政治生活、经济生活,在实践中不断升华对国家民族的责任感和使命感。不同阶段的学校教育之间要做好衔接配合,切实将宣传教育的各项任务落到实处。

3. 社会教育

"人是一切社会关系的总和",社会性是人的本质属性,社会环境、社会风气会影响人的认知、心理和行为。社会教育是家庭教育、学校教育的延伸,注重家庭教育、学校教育与社会教育相结合。比如,一方面,家庭教育与学校教育中的行为习惯养成教育,可以通过积极开展社会学习实践活动、义工活动、志愿者活动等,以知促行,以行促知,将意识形态教育融入日常生活和学习,转化为自觉的行动;另一方面,要充分发挥各种社会组织的力量,传递社会正能量,弘扬社会正气,营造积极健康的社会氛围,同各种非主流意识形态、反主流意识形态进行斗争,引导民众形成正确的认知,提升文化素养和道德品质,实现对主流意识形态的认同。

（二）加强新时代爱国主义教育

1. 新时代弘扬爱国主义精神面临的问题

爱国主义是中华民族生生不息持续发展的内生动力，也是中华民族文明进步的优良传统。但是伴随着全球化发展，处于社会转型期的中国面临复杂的国际国内形势，在传承与弘扬爱国主义精神方面出现了认知层面和行为层面的新问题，影响了人们对主流意识形态的认同。

（1）认知层面的误读

第一，对世界、国家和个人关系的误读。有的人超越国家、民族、意识形态的阶级性大谈世界主义，认为在全球化时代全人类都属于同一"精神共同体"。互联网的发展更加打破了国与国之间的界限、拉近了彼此的距离、共享着世界资源，无需再强调国家民族的主权和利益，甚至用世界主义的观点批驳爱国主义精神，宣扬"爱国主义就等同于极端民族主义""全球化发展浪潮中不需要爱国主义""要遵循普世价值发扬世界主义"等错误言论。世界主义不同于国际主义，国际主义体现了无产阶级的民族观，是各国无产阶级在争取自身解放斗争中互相支持、互相援助、坚持国际团结的思想和政治原则。世界主义则是超越历史、超越阶级的乌托邦式的社会理想。综观历史、审视现实、预测可预见的未来，强权政治下的侵略与反侵略斗争仍然存在，维护国家民族利益依然至关重要。还有的人鼓吹"是否爱国，完全是个人的选择，任何力量无权干涉""不要强制爱国，不要强制人们接受爱国主义教育和宣传"，这是以抽象的人性论为逻辑起点的"极端个人主义"观点。

第二，对爱国与爱党、爱政府、爱人民、爱社会主义关系的误读。有的人将国家与党、政府、人民、社会主义对立起来，宣扬"爱国是必须的，但是不一定要爱党、爱政府""爱国不一定非要走社会主义道路""只有爱人民才是终极真理"等。这些观点超越了国家的阶级性、忽视了历史和现实的必然性，从纯粹主观的角度割裂了爱国与爱党、爱社会主义、爱人民之间的关系，人为故意地将国家与党、政府、人民对立起来。

（2）行为层面的异化

第一，"口头爱国"缺乏实际行动。有的人只是将爱国当成口号，当成标榜自我的工具，甚至达到个人目的的武器，并没有将爱国转化为自觉为党和国家发展、为人民服务的工作热情、担当意识和奉献精神，而是经常将个人利益摆在重要位置，工作中拈轻怕重、遇到问题"绕道走"、困难面前"能躲则躲能逃则逃""不求有功但求无过"、不愿担当更不愿奉献等。有的人片面地认为，"爱国只要体现在大是大非、原则性问题就可以了""大事件才体现爱国主义，平时的抱怨牢骚甚至指责都无可厚非"，缺少对普通社会行为的关注和对社会问题的理性客观分析。

第二，"盲目冲动"的非理性爱国行为。有的人思想极端，常常以过激的非理性的行为表达爱国。比如简单粗暴地抵制外国商品，其实同时也损害了同胞的利益；毁坏日本车、焚烧外资商铺等，不仅不能体现爱国，而且扰乱社会秩序破坏安定团结，已经构成违法行为，造成非常恶劣的影响；各种网络暴力、网络声讨，也是和爱国主义精神大相径庭。

第三，贪图私欲打着"爱国旗号"的辱国行为。有的人被敌对势力收买，成为其"文化打手"或"代言人"，往往打着为了国家发展、为了人民伸张正义的"爱国旗号"，通过撰写文章书籍、组织研讨会、发表网络评论、新闻报道等方式大肆歪曲事实、公开抨击党和政府、激化社会矛盾、煽动民众不满情绪、制造社会动乱等，严重损害党、国家和人民利益。

2. 新时代爱国主义教育的主要任务

爱国，是质朴的情感，是坚定的信念，更是报效国家的行动。个体爱国观念的形成和爱国行为的养成需要经历认知、情感、理性、行动相统合的复杂过程。要把爱国主义教育作为永恒主题，以《新时代爱国主义教育实施纲要》为指导，将爱国主义教育融入家庭教育、学校教育和社会教育之中。

（1）加强爱国主义教育内容建设

爱国主义教育的内容建设要遵循规律，从整体把控教育发展脉络，引导人们从对国家民族的基本认知中升发爱国情感，从对理论和实践问题的深入理解分析中坚定信念，将爱国情感上升为理性自觉的行动。我们可以从"建设性维度"和"防御性维度"加强爱国主义教育的内容建设。

第一，建设性维度。从建设性维度加强爱国主义教育的内容建设，重点任务就是正面宣传爱国主义的理论和新时代爱国主义的内涵本质主题，唱响爱国主义主旋律，营造健康积极的浸润式的爱国空间，激发民众的爱国情感，引导人们的爱国由自发上升为自觉、从理论上升为实践。

加强理想信念和初心使命教育。首先，爱国、爱党和爱社会主义的高度统一是爱国主义的本质，理想信念教育是爱国主义教育的重要内容。坚定理想信念，就是要坚定马克思主义信仰、坚定共产主义远大理想和中国特色社会主义共同理想。只有坚定理想信念，才能在前行的征途中坚守正确的政治方向，才能运用辩证唯物主义和历史唯物主义基本原理客观理性地认识分析复杂的国际国内形势，才能真正实现爱国与爱党、爱人民、爱社会主义的统一，才能真正理解爱国主义与国际主义的关系。因此，坚定理想信念是弘扬爱国主义精神的内在要求。推动马克思主义基本理论和党的创新理论的传播、加强唯物史观和国史党史新中国史教育、国家安全教育，增强政治认同和国家认同；积极传播主流文化，增强文化价值认同，是理想信念教育的重要内容。其次，在理想信念的指引下，中国共产党人明确了"初心"和"使命"，带领全国人民经过浴血奋战建立了新中国，克服艰难险阻共同建设中国特色社会主义国家，党的"初心"和"使命"是中国共产党人爱国主义精神的充分体现和内在升华，因此要加强党员干部的初心使命教育，在"初心使命"的洗礼中，将爱国主义精神融入血脉灵魂，真正转化到日常工作中。

加强中华文化和中国国情的传播。首先，要让中华优秀传统文化更加深入人心。中华优秀传统文化是中华民族的根脉，是中华民族文化自信的重要来源。因此，要促进中华优秀传统文化的创造性转化和创新性发展。网络技术的飞速发展为中华优秀传统文化的弘扬带来了新的机遇。在新媒体环境下，要借助网络平台打造好传统文化IP（网络之间互连的协议），做好相关的衍生产品，积极构建传统文化产业链。比如，故宫文化的传播打破了传统文化传播的固有思维,配有网络用语的故宫表情,包拉近了故宫文化与大众之间的距离,吸引大众深入了解故宫文化,故宫推出的系列文创产品、游戏 App(手机应用程序)等文化产品,让优秀传统文化在现代网络空间中具有了生命力和时代性。2020 年上线的微信小程序"云游敦煌"通过数字化手段展示敦煌文化,带领用户在网络空间浏览敦煌、探索敦煌,用户不仅可以通过沉浸式体验方式领略敦煌的壮美风光,而且进一步了解了敦煌的历史和知识。因此,要系统梳理中华优秀传统文化资源、形成中华优秀传统文化素材库,挖掘和打造好的 IP,转变和创新传统文化的表达方式。

其次,加强国情教育与传播。要讲好"四史",充分利用新媒体技术,将"四史"的内容生动地展示给广大民众。中央党史和文献研究院陆续在抖音、腾讯微视、腾讯视频、百度、好看视频、梨视频等多家网络视听平台开通账号,并在多家网络视听平台同步进行视频推送,探索利用新媒体平台对影视资源的深度开发和有效传播。目前,党史新媒体产品已经得到广大网民的认可,短视频《开国大典》在各大平台总播放量就超过 5000 万,微纪录片《见证初心和使命的"十一书"》自上线以来,全网点击量 2.5 亿次,其中 30 岁以下观众超过 60%,党史漫画《大庆石油会战》深受广大网友喜爱。要讲好中国成就,充分展示党领导人民进行伟大社会革命的成就,展示改革开放以来中国特色社会主义发展成就,通过亮眼数据展示中国经济高质量发展成果,通过真实鲜活的实例展示国家的风采和人民的风貌,增强中华儿女对国家和民族的归属感、认同感和自豪感。

第二,防御性维度。伴随着中国的发展崛起,国内外形势日益复杂,各种对中国的审视评判甚至误解和抹黑的声音随之而来,意识形态安全面临风险挑战,怀疑否定质疑诋毁的声音影响着人们对党和国家的认知,冲击着人们的价值观念。因此,爱国主义教育的内容建设不仅要注重正面宣传的"建设性维度",更要关注"防御性维度",时刻把握舆论的规律和动向,通过呈现事实和理性分析帮助公众认清各种喧嚣背后的意识形态话语权争夺的真相,引导公众主动地自觉地理性地为祖国发声。

坚持问题导向,建构系统性的知识体系。爱国主义经常受到"历史虚无主义"等思潮的冲击,被"民粹主义""民族主义"等思潮裹挟,影响人们正确的认知、价值判断和行为选择。因此,爱国主义教育的内容必须坚持问题导向,建构系统性的知识体系,用通俗易懂深入浅出的方式阐述清楚各种思潮的历史发展、主要观点、理论基础,分析民粹主义、民族主义与爱国主义的本质区别,有针对性地进行爱国主义理论阐释和批判,增强爱国主义在多元社会思潮影响与冲击中的理论阐释力、引导力。

澄清事实,进行深入细致的理性分析。在瞬息万变的互联网舆论场中,爱国主义经常受到各种网络事件以及某些所谓"意见领袖""网络大V"错误观点的解构,人们被大量"碎片化"信息迷惑误导而做出"盲人摸象"式的错误判断。因此,爱国主义教育的一项重要内容就是通过大量的调研和追踪,揭示完整的系统的"背后信息",尽最大可能还原事件的真实情况和过程,对于错误言论进行梳理分析,敏锐地抓住错误观点背后的价值矛盾,揭露错误观点的本质。只有澄清真相基础上的理性分析才能增强爱国主义教育的说服力,坚定人们对党和国家的信心。

(2)创新爱国主义教育形式

第一,创新话语表达方式。生动形象具有亲和力的话语表达易于被人们接受,逻辑严谨论证有力的话语表达易于让人们产生共鸣,因此,爱国主义话语表达应进一步增强亲和力和说理力。

转换话语表达方式。传统的爱国主义教育话语表达注重严肃性严谨性,以宏大叙事为主,以宣传独白的方式准确表达政治立场和价值观念。当爱国主义教育从现实世界延伸至网络空间时,传统的话语表达方式与网络的特点和网民的接受习惯相脱节,话语传播力较弱,影响了爱国主义教育的效果。因此,要认真研究大众的认知心理、接受习惯等,转换话语表达方式,增强话语的亲和力和吸引力。要善于"讲故事",充分挖掘历史和现实生活中的故事,用生动形象的小故事阐述爱国的大道理,用日常工作和生活中的身边小事传递爱国的大思想,"讲故事"可以在"润物细无声"中实现对社会成员的思想引导和价值引领。要增强语言表达的生动性。恰当使用修辞手法提升表达的形象性。比如系列漫画《那年那兔那些事儿》将中华人民共和国成立前后的国内外一些军事和外交的重大事件以动物漫画的形式展现出来,把国家拟人化为兔子,经典台词"此生无悔入华夏,来世还在种花家""每一只兔子都有一个大国梦"衍生为流行的爱国话语,给本来严肃的说教增添了不少趣味性。新浪微博,超级大本营论坛,飞扬军事论坛,那年那兔那些事儿贴吧同步更新。这种展现宏大叙事的方式生动而形象,能够达到情感共鸣和价值认同。但是转变话语表达方式要掌握最佳适度原则,把握好生动活泼的尺度,避免"泛娱乐化"倾向。

建构话语说理体系。爱国主义教育要坚持问题导向,建构具有中国特色和风格特质的爱国主义话语说理体系,增强爱国主义教育的针对性。要立足新时代新形势新任务,通过数据分析及时了解广大民众最关心的问题和最真实的需求,列出民众关注或存有疑虑问题的菜单,主动精选议题、分层次分阶段设置议题,引导人们运用唯物史观和科学的思维方法认识议题,明辨是非,分清主次矛盾,把握主流发展方向,通过广泛讨论,最大限度凝聚和引导人们的思想,掌握爱国主义话语权,唱响爱国主义主旋律。

第二,灵活运用传播形式。丰富爱国主义教育的传播载体。爱国主义教育可以运用短视频、直播平台等群众喜闻乐见而且使用频率较高的媒介创建沉浸式空间,提高教育的代入感和感染力。比如2018年底多所高校师生以快闪方式唱响《我和我的祖国》,抒发爱国情怀,快闪视频上传至网络短视频平台,迅速引起强烈反响,全国范围内掀起了拍摄快闪表达爱国之情的系列活动。《中国的未来,拜托了》短视频通过画面展现自鸦片战争以来,为国家民族努力奋斗乃至献出生命的英雄事迹,慷慨激昂的音乐和感动人心的画面相配合将观者带入中华民族抗争与奋斗的历史长河中,唤起了人们对中华民族深沉的情感和报效国家的勇气和决心。复兴路上工作室发布《中国共产党与你一起在路上》《中国领导人是怎样炼成的》《跟着大大走》等多部时政题材短片引起了国内外的广泛关注,其中《跟着大大走之上合·金砖发布会》首次采用虚拟新闻发布会的形式解读时政知识,工作室还在视频中加入了轻松幽默的方言和流行元素向国内外做深度政治科普,发布5个小时左右,网站的视频点击量超过60万。

开展爱国主义活动,增强教育的互动性和参与性。结合传统节日、重要纪念日积极开展主题鲜明的爱国主义活动,同时,运用互联技术建构活动场景,精心设计具有仪式感和互动参与的活动环节,使人们在沉浸式的互动体验中达到情感认同,并且对国家民族的历史文化有深层次的认知。官方主流媒体要积极参与网民自发组织的爱国主义活动,主动与网民进行对话和交流,引导爱国主义活动向积极健康的方向发展。

二、推进社会治理共同体建设

人民群众是社会主义国家的主人翁,每一个中国人都在社会主义现代化建设和国家治理中承担着重要责任,发挥着重要作用。只有充分体现人民主体地位、充分发挥人民群众的主观能动性,"建设人人有责、人人尽责、人人享有的社会治理共同体",开辟人民治理国家的现实道路,宣传思想工作才能取得良好效果。

(一)创造公正平等的个人奋斗空间

在中国人的认知系统中,个人与国家是密不可分的,个人的理想与国家的命运息息相关,个人的成长与国家的发展紧密相连,只有将个人的奋斗目标和个人的努力融入国家建设的伟大事业之中,让个人的梦想与实现中华民族伟大复兴的中国梦实现同频共振,个人的人生价值才能充分体现,这也是凝聚共识、增进认同的必然要求。党和政府要创造公平正义的社会环境,这是责任更是使命,因为每一个中国人都应该享有展示才华的宽广舞台,每一个中国人都应该拥有与祖国共同成长发展、梦想成真的机会,只有为人们的梦想和成长创造公正平等的奋斗空间,才能增强人们的归属感和使命感,才能增强人们对党和政府的信任和认同,才能将主流意识形态真正根植于每一个中国人的心中。因此,要通过全面深化改革,不断突破体制机制中的障碍,在政策制定方面,建立健全完整的社会保障公平体系,努力实现权利、机会、规则、分配等各方面的公平公正,在政策落实方面,做到实事求是、讲求实效,着力维护人民群众的合法权益,力求让人民群众对于每个问题的决策与处理都能够感受到公平公正。同时,积极引导人民树立客观辩证的公平观和奋斗进取的幸福观,正确地看待自己、理性地看待社会,使人们能够各尽所能、各得其所、平等相待、和谐共处,自觉维护社会的安定团结和持续发展。

(二)提升人民群众共同参与社会治理的能力

面对社会治理中的各种矛盾问题,广大人民群众要有正确的判断,准确表达个人观点,因此要加大教育力度,提升人们的认知水平和素质能力;面对社会治理中亟须解决的难题,广大人民群众要有主动承担的热情,能够积极地献言献策,因此要加大引导力度,强化人民参与社会治理的权益意识、责任意识和服务意识,积极地投入社会公益事业和志愿活动之中。一方面,人民群众共同参与社会治理,形成合力,不断提升社会治理的社会化和协同化水平;另一方面,人民群众在参与社会治理的过程中也会享受着社会治理的成果,整洁安全的生活环境、和谐健康的邻里关系、安定良好的社会秩序、公平正义的社会氛围……共同享有更多的获得感、安全感和幸福感。

三、构建中华民族共同体和人类命运共同体

(一)构建中华民族共同体

中华民族是 56 个民族团结在一起的大家庭,是多元统一的整体,是极具包容性的民族。中国共产党是中国工人阶级的先锋队和中华民族的先锋队,肩负着维护国家统一、领土完整、实现中华民族伟大复兴的历史使命。因此,中国共产党一直坚持党领导下的民族区域自治制度,尊重各民族的语言

文化、风俗习惯,尊重各民族的地方自治权,保障各民族参与国家治理的人民当家作主的权利。党的十八大以来,习近平总书记提出了"中华民族一家亲,同心共筑中国梦"的思想,强调要"牢固树立中华民族共同体意识""积极培养中华民族共同体意识""铸牢中华民族共同体意识"。

中华民族共同体是我国各族人民在长期历史发展中形成的政治上团结统一,文化上兼容并蓄,经济上相互依存,情感上相互亲近,你中有我、我中有你、谁也离不开谁的民族共同体,是建立在共同历史条件、共同价值追求、共同物质基础、共同身份认同、共有精神家园基础上的命运共同体。①从牢固树立中华民族共同体意识、积极培养中华民族共同体意识到铸牢中华民族共同体意识,是中华儿女将共同体意识内化于心,进而外化为维护国家统一和民族团结的自觉行动的过程。维护国家统一、领土完整、民族团结是维护国家政治稳定和巩固党执政地位的基础,是中国特色社会主义主流意识形态的内在要求,中华民族共同体意识和社会主义主流意识形态在内在属性方面相契合。"不断增强各族群众对伟大祖国、中华民族、中华文化、中国共产党、中国特色社会主义的认同",构建中华民族共同体、铸牢中华民族共同体意识,是新时代宣传思想工作的重要内容。

(二)构建"人类命运共同体"

唯物史观认为,世界是普遍联系的,任何一个事物都不可能孤立存在,正如习近平总书记在党的十九大报告中所说的:"没有哪个国家能够独自应对人类面临的各种挑战,也没有哪个国家能够退回到自我封闭的孤岛。"人类社会已经进入"你中有我,我中有你"的全球化时代,进入马克思曾经论述的"世界历史"时代,这是生产力和交往关系变革发展的必然结果,狭隘的民族主义、逆全球化发展是违背人类历史发展规律的,阻碍世界各国前行的步伐。我们始终坚信,中国的发展离不开世界,世界的繁荣也同样需要中国。习

---

① 参见马虎成:《不断增强"五个认同",铸牢中华民族共同体意识》,中国社会科学网,2018 年 4 月 8 日,http://www.cssn.cn/mzx/201804/t20180408_3899890.shtml。

近平总书记从大历史观出发,站在人类社会发展的高度,着眼世界前途,创造性地提出"构建人类命运共同体"的思想,强调要"建立平等相待、互商互谅的伙伴关系""营造公道正义、共建共享的安全格局""谋求开放创新、包容互惠的发展前景""促进和而不同、兼收并蓄的文明交流""构筑尊崇自然、绿色发展的生态体系",而且进一步指出,要"坚持共商共建共享的全球治理观",①希望各国人民能够达成共识,形成合作共赢的全球治理新格局。

"人类命运共同体"不是超越国家制度和意识形态的所谓人类共同的价值观,而是马克思主义的国际主义的时代化表达,是中国共产党领导的中国特色社会主义国家在国际社会承担责任义务的观念,是在尊重多样化社会制度的前提下"求同存异""和而不同"的极具包容性的国际交往价值观,是以习近平同志为核心的党中央遵循马克思主义辩证唯物主义和历史唯物主义世界观和方法论对待国际关系和全球治理问题的大胸怀和大智慧,体现了中国将自身发展与世界发展相统一的大国担当,为世界和平发展和推进人类文明进步提供的中国方案。我们要在积极倡导构建"人类命运共同体"中不断提升社会主义意识形态的感召力。

四、加强对外文化交流

对外宣传是让世界认识中国的重要途径,也是新时代宣传思想工作的重要方面。习近平总书记在 2013 年全国宣传思想工作会议上指出,"要精心做好对外宣传工作,创新对外宣传方式,着力打造融通中外的新概念新范畴新表述,讲好中国故事,传播好中国声音"。

1. 对外宣传工作的主要方向

展现真实立体全面的中国。新中国成立之后,中华民族真正"站起来",经历了 70 多年的风风雨雨、砥砺奋进,逐渐从"一穷二白"走向"全面小康",跃居世界第二大经济体,综合国力持续增强,以崭新面貌屹立于世界民族之

①　习近平:《凝心聚力　务实笃行　共创上海合作组织美好明天——在上海合作组织成员国元首理事会第十九次会议上的讲话》,《人民日报》,2019 年 6 月 15 日。

林。中国的发展不是依靠霸权主义和强权政治,不是依靠扩张侵略掠夺,不是以牺牲别国利益为代价,中国的发展立足自力更生,中国的发展遵循合作共赢、和平共处的原则,中国的发展以人民幸福的享受美好生活为出发点和落脚点。七十多年来,中国人民不仅仅创造了丰硕的物质文明,更展现了朝气蓬勃、昂扬向上的精神风貌。面对新时代新征程日益复杂的国际形势,我们必须加大对外宣传工作的力度,全方位展现中国的历史文化、多角度传递中国的价值理念,用生动的事实向全世界展现真实立体全面的中国,赢得国际社会的价值认同。

彰显自信自立自强的形象。自信自立自强是中国发展繁荣的基础,更是中国获得国际社会尊重和认同的重要前提。因此,我们不仅要坚定中国特色社会主义道路自信、理论自信、制度自信、文化自信,不仅要始终坚持自力更生、艰苦创业、自强不息的奋斗精神,而且还要善于在对外宣传中彰显中国自信自立自强的形象。实事求是地宣传中国取得的伟大成就和未来发展的战略目标,彰显大国自信;充分展示中华民族"保持定力办好自己的事"的决心,彰显大国自立;生动地描绘中国人民不畏艰险、拼搏进取的精神,彰显大国自强。党的十九大报告中提出的"中国特色社会主义进入到新时代""为解决人类问题贡献了中国智慧和中国方案",党的十九届五中全会公报高度评价"决胜全面建成小康社会取得的决定性成就"提出"把科技自立自强作为国家发展的战略支撑"。

努力提升国际话语权。习近平总书记在《在全国党校工作会议上的讲话》中指出:"落后就要挨打,贫穷就要挨饿,失语就要挨骂。形象地讲,长期以来,我们党带领人民就是要不断解决'挨打''挨饿''挨骂'这三大问题。经过几代人不懈奋斗,前两个问题基本得到解决,但'挨骂'问题还没有得到根本解决。""挨骂"的问题没有解决的根本原因在于我们还没有将中国的发展成就、优势、综合国力和现代文明转化为话语优势。长期以来,西方国家占据世界主流话语体系,运用西方的标准评判中国的发展,中国被迫处于"有理说不出,说了传不开,传开叫不响"的被动"挨骂"的局面。党的十八大以来,习近平总书记多次强调要加强国际传播能力和对外话语体系建设,努力"增强国际话语权",进一步"提升国际话语权"。因此,要加强对外宣传的话语体系建设,努力提升国际话语权。要构建中国的发展理念和发展模式与世界发展潮流和全球发展事业相呼应的话语体系,要构建既彰显中国特色又体现国际表达的话语体系,要构建突出中国价值融通中外灵魂的话语体系,努力将中国观点、中国主张转变为世界话语和国际共识。

2. 对外宣传工作的重点内容

阐释好"中国梦"。2012 年 11 月 29 日,习近平总书记在参观国家博物馆的《复兴之路》展览时首次提出和阐述了"中国梦"。他指出:"每个人都有理想和追求,都有自己的梦想。现在,大家都在讨论中国梦,我以为,实现中华民族伟大复兴,就是中华民族近代以来最伟大的梦想。这个梦想,凝聚了几代中国人的夙愿,体现了中华民族和中国人民的整体利益,是每一个中华儿女的共同期盼。"从这时起,"中国梦"就成为全党全社会乃至全世界高度关注的一个重要思想概念。2014 年 11 月,习近平总书记在中央外事工作会议上的讲话中指出,我国对外工作的一个重要内容是"要争取世界各国对中国梦的理解和支持,中国梦是和平、发展、合作、共赢的梦,我们追求的是中国人民的福祉,也是各国人民共同的福祉"[1]。2015 年 10 月 22 日,习近平总书记在伦敦金融城演讲中进一步指出:"中国梦是中国人民追求幸福的梦,也同各国人民的美好梦想息息相通。中国发展必将寓于世界发展潮流之中,也将为世界各国共同发展注入更多活力、带来更多机遇。"因此,我们在对外宣传中要深入阐释"中国梦"的内涵和意义,讲清楚"中国梦"的源起即中国近代以来中国人民的伟大梦想,讲清楚"中国梦"的本质即"国家富强、民族复兴、人民幸福"的统一,更要讲清楚"中国梦"与"世界梦"相融相通的关系,向世界传递中国追求和平发展、互利共赢的真诚和信心。

阐释好中国特色。2013 年 8 月 19 日,习近平总书记在全国宣传思想工

---

① 习近平:《要争取世界各国对中国梦的理解和支持》,《人民日报》,2014 年 11 月 30 日。

作会议上发表重要讲话，指出宣传思想工作要阐释好中国特色，"讲清楚每个国家和民族的历史，传统文化积淀，基本国情不同，其发展道路必然有着自己的特色；讲清楚中华文化积淀着中华民族最深沉的精神追求，是中华民族生生不息发展壮大的丰厚滋养；讲清楚中华优秀传统文化是中华民族的突出优势，是我们最深厚的文化软实力；讲清楚中国特色社会主义植根于中华文化沃土，反映中国人民意愿，适应中国和时代发展进步要求，有着深厚历史渊源和广泛现实基础"[①]。只有围绕"四个讲清楚"阐释好中国特色，才能进一步向世界阐述清楚"中国道路、中国模式"，彰显中国制度的优势。

阐释好中国形象。习近平总书记在十八届中共中央政治局第十二次集体学习时提出了中国应有的四种形象："重点展示中国历史底蕴深厚、各民族多元一体、文化多样和谐的文明大国形象，政治清明、经济发展、文化繁荣、社会稳定、人民团结、山河秀美的东方大国形象，坚持和平发展、促进共同发展、维护国际公平正义、为人类做出贡献的负责任大国形象，对外更加开放、更加具有亲和力、充满希望、充满活力的社会主义大国形象。"这四种形象分别从文化、社会、外交、制度四个维度高度概括了新时代中国应有的大国形象，既尊重历史文化又体现现代特性，既彰显大国自信又呼应国际社会对中国的质疑和期待。要将新时代中国的四种大国形象作为国家形象对外传播的重要议程设置，通过不断塑造和宣传阐释，逐步深化国际社会对中国的认知。

阐释好中国理念。党的十八大报告首次明确提出"倡导人类命运共同体意识"；党的十九大报告进一步提出，坚持和平发展道路，推动构建人类命运共同体，促进全球治理体系变革，将"坚持推动构建人类命运共同体"作为新时代坚持和发展中国特色社会主义的基本方略之一；第十三届全国人民代表大会第一次会议通过的宪法修正案，将宪法序言第十二自然段中"发展同各国的外交关系和经济、文化的交流"修改为"发展同各国的外交关系和经

---

① 习近平：《提高软实力实现中国梦》，《人民日报》，2014年1月1日。

济、文化交流,推动构建人类命运共同体"。党的十八大以来,习近平总书记多次在国际交流中阐述"人类命运共同体"的理念。习近平总书记在访问坦桑尼亚时谈到"中非从来都是命运共同体";出席博鳌亚洲论坛2015年年会时提出了"通过迈向亚洲命运共同体,推动建设人类命运共同体"的倡议;在纽约联合国总部发表重要讲话指出:"构建以合作共赢为核心的新型国际关系,打造人类命运共同体。"同时,通过倡导推动"一带一路"发展积极践行"人类命运共同体"的价值理念。"构建人类命运共同体"不仅是中国现代化建设的内在要求,也是中国应对人类共同面对的危机挑战、维护人类共同利益给出的中国方案。"人类命运共同体"是重要的外交和全球治理理念,传播"人类命运共同体"理念是对外宣传的重要任务。

3. 对外宣传工作的有效途径

讲好中国故事。2016年2月19日,习近平总书记在党的新闻舆论工作座谈会上的讲话中指出,"讲故事,是国际传播的最佳方式。要讲好中国特色社会主义的故事,讲好'中国梦'的故事,讲好中国人的故事,讲好中华优秀文化的故事,讲好中国和平发展的故事。讲故事就是讲事实、讲形象、讲情感、讲道理。讲事实才能说服人,讲形象才能打动人,讲情感才能感染人,讲道理才能影响人。要组织各种精彩、精练的故事载体,把中国道路、中国理论、中国制度、中国精神、中国力量寓于其中,使人想听爱听,听有所思,听有所得"①。中国故事既是近代以来中华民族抗击侵略争取独立解放的奋斗历程,又是中国特色社会主义探索实践的经验总结;中国故事既是新中国七十多年发展的历史轨迹,又是改革开放四十多年取得的辉煌成就。讲好中国故事,就是要向世界讲好中国道路的故事,向世界宣传中国和平发展的道路和理论,澄清西方学界和政界对中国特色社会主义的"误读""误解"和"误判";讲好中国故事,就是要向世界阐述中国理念、中国精神,展现中国面貌,向世界呈现"全面的、立体的、真实的"中国,使更多的海外受众在听故事的过程

---

① 习近平:《讲好中国故事,传播好中国声音》,求是网,2021年6月2日,http://www.qstheory.cn/zhuanqu/2021-06/02/c_1127522386.htm。

中消解对中国的偏见从而增强对中国的认知和认同，争取各国人民的理解和支持。

善用新媒体与新平台。随着现代科技的发展，相对于广播、电视、报纸、杂志等传统媒体的新媒体形态即网络媒体、手机媒体、数字媒体、新媒体等成为信息传播的主渠道，对现实社会的影响力越来越大。《中国国家形象全球调查报告》显示，有51%的海外受众倾向于通过新媒体了解中国。新媒体的快速发展与受众的需求为新时代对外宣传工作提出了新的要求。习近平总书记多次在不同场合强调要利用新技术新应用创新媒体传播方式，并提出新媒体建设要"加快媒体融合发展，占领信息传播制高点""坚持先进技术为支撑、内容建设为根本""必须把意识形态工作的领导权、管理权、话语权牢牢掌握在手中""把握好网上舆论引导的时、度、效"等要求。因此，一方面，要善用海外社交媒体，转换话语表达方式，提升对外宣传的效果；另一方面，要善于搭建国际合作交流平台，通过加强中外合作，把更多更好的融入中国元素的中国作品投放到合作交流平台上，进入国际受众的视野中。

4. 加强对外文化交流，实施文化"走出去"战略

加强对外文化交流，在国际舞台展示中国文化形象，向世界传递中国的价值理念、思想观念和人文精神，能够增进国际社会对中华文化、中国智慧、中国精神的认同。

继续办好孔子学院。孔子学院是对外文化交流的重要载体，通过开展汉语教学增进世界各国各地区人民对中国语言文化的了解，通过开展丰富多彩的文化交流活动发展中国与外国的友好关系。自创办以来，孔子学院的建设得到国家大力支持，在国际社会持续"汉语热"的背景下，海外孔子学院数量和规模不断扩大。孔子学院直属于教育部的中国国家汉语国际推广小组办公室（简称国家汉办），与政府的直接关联性导致一些媒体将孔子学院视为"文化侵略"，称其进行"意识形态渗透"。2012年孔子学院就遭到美国的限制，之后陆陆续续有多家孔子学院被关停。面对当前的国际局势，原国家汉办进行调整，2020年7月，孔子学院品牌由"中国国际中文教育基金会"全面

负责运行,政府只做搭台服务,进一步明确了孔子学院的民间公益教育机构的属性,未来的孔子学院要不断转型发展。要注重"内涵式发展",通过加强优秀师资培养、特色课程建设、精细化管理机制提升服务质量,通过与当地政府、企业、学校等合作服务国家战略,通过增加线上教育资源拓展语言文化教育渠道。要注重"多元化发展",孔子学院要根据不同国家的文化特征和社会需求合理定位和科学规划,避免同质化,走"一国一策"的多元化特色发展道路。同时,要推进中华文化与当地文化的融合,处理好孔子学院的本土化发展与政治意识形态的关系。要注重"方式方法",对外文化传播中唯我独尊的"古董心态"、浮于表面的"小农意识"、盲目行动的"官僚作风"不仅影响传播效果而且引发国际社会的质疑和指责。因此,孔子学院的对外文化教学和文化交流要注重选择具有人类文化通感的内容,可以采取隐性文化传播的策略,避免大张旗鼓的展示,以更加温和的方式彰显中华文化的魅力。

构建对外文化贸易格局。文化"走出去",不仅仅依靠公益性方式非市场机制的文化"送出去",更要通过市场化方式运作将文化"卖出去",积极构建对外文化贸易新格局。要发挥政府的引导作用,通过完善制定文化产业政策、了解对外文化传播企业需求,不断创新管理方式,搭建公共服务平台,帮助企业拓宽贸易渠道、解决版权等难题、降低交易成本、提升文化生产力和创造力;企业要树立"内容为王"的精品意识,推动中国文化资源的创造性转化和创新性发展,整合传统文化资源和时尚流行文化元素,生产既融入中国元素和社会主义核心价值观、又获得国际市场认可的具有自主知识产权的文化精品,同时,在对外文化传播交流过程中充分发挥企业的市场主体作用;要保障对外文化交流领域的外向型研究人才和经营管理人才的供给,在资金扶持、生产经营、组织管理等方面加强机制建设,进一步完善奖励机制、加强知识产权保护。通过构建对外文化贸易新格局,促进文化产业走向国际,世界人民在享受中国文化产品、接受中国文化服务的过程中会进一步了解中国的历史文化、价值理念、社会制度,加深对中国的理解和认同。

第三节　守护宣传思想阵地

一、守护网络空间阵地

在全球信息化革命的推动下,互联网技术飞速发展,网络用户不断激增,人们在网络中发布信息、共享资源、讨论问题、发表意见……一个不同于现实物理空间的虚拟开放的网络空间应运而生。网络空间不仅为人们日常互动的社会交往活动提供了新的平台,而且是现实社会空间的延伸,经济政治文化等各种社会行为、纷繁复杂的社会矛盾和社会冲突以镜像的方式在网络空间中呈现甚至放大。人们以匿名隐蔽的状态存在于网络空间中,摆脱了现实社会的约束、放下了心中的戒备,主动接受认同某些观点,批判否定另一些主张,积极表达自身的利益诉求。于是,网络空间里出现了激烈的价值观念和思想意识的交融、碰撞和论争,网络空间成为新闻舆论工作的主阵地。习近平总书记指出,宣传思想文化阵地,我们如果不能占领,必然被敌人占领。我们只有充分发挥网络传播媒介时效性强、感染力强等优势,将主流意识形态传递给广大民众,才能守住阵地。

（一）影响网络宣传思想阵地的主要因素

第一,主体因素。党和政府是网络宣传思想工作的主体,一方面,通过主导网络传播的方向、规范网络传播的内容、制定网络传播的规则等维护网络安全,防范化解网络空间领域重大风险挑战;另一方面,通过自觉维护人民利益、提升人民获得感幸福感归属感、加强自身建设提升执政权威性、创新主流意识形态网络宣传话语体系和传播方式、提升社会主义意识形态的凝聚力和感召力等增强民众的自觉认同。

第二,客体因素。广大民众是宣传教育的受众,民众对于主流意识形态的自觉认同是党宣传思想工作取得良好效果的重要标志。在网络空间领域，广大网民是网络宣传思想工作的接收端，是网络宣传思想工作中的客体。随着社会的文明进步，网民们的主体意识不断提升，实践经历、利益诉求、基本认知、文化素养、价值观念、思想意识、道德品质等因素会影响他们对所接收信息的认识和判断，影响他们对党和政府的归属感、信任感和对主流意识形态的认同。

第三，环境因素。全球化背景下的网络空间环境也是影响党宣传思想工作效果的重要因素之一。掌握先进的网络技术是维护网络安全的基础，是占领信息传播制高点的关键，是网络宣传思想工作占据主动权的前提；网络信息传播的平台建设、网络信息传播方式和表达形式影响宣传思想工作的亲和力、吸引力和感染力；网络社区、虚拟社交群体等非官方的新媒体组织影响着网民的个人意识和行为。

第四，实践因素。网络空间治理模式是主体在网络治理实践中逐渐形成的治理经验的升华，也是国家和政党主流意识形态在网络治理实践过程中的集中体现，网络治理模式和治理能力影响网络宣传思想工作的效果。如果网络治理有利于维护国家网络安全和社会公正和谐，有利于保护人民的合法权利和主体地位，有利于营造风清气正的网络环境和安定有序的网络秩序，那么人们作为网络宣传思想工作接收端的客体会在网络空间中与作为网络宣传思想工作发出端的主体有更多的互动过程，逐渐出现"同频共振"，于是人们会在参与治理实践、认同治理模式的过程中感悟主流意识形态的价值取向，从而实现价值认同和政治认同。

(二)网络空间领域宣传思想工作面临的挑战

网络空间领域宣传思想工作面临的挑战体现在主体挑战、客体挑战、环境挑战、实践挑战四个层面。

1. 主体挑战：网络宣传思想工作主体公信力、传播力、引领力亟须提升

第一，部分党员干部的工作态度与工作能力影响宣传思想工作的公信

力。中国自改革开放以来，坚持以经济建设为中心，经济发展水平不断提高，经济实力逐渐增强，但是一些党员干部片面强调经济建设，轻视宣传思想工作，多元文化和各种社会思潮影响了人们的价值认同和文化认同，消解了主流价值观；一些党员干部嘲弄理想信念，脱离人民群众，贪污腐败追求享乐，甚至为了私利危害党和国家安全，党风政风影响社会风气，在市场经济负面作用的催化下，社会价值观呈现多元化甚至分化，一切向钱看、道德无底线已经成为社会发展最大的隐患。

党的十八大以来，党中央高度重视宣传思想工作，广大党员干部逐渐认清形势任务，深刻理解其重要性，但是宣传思想工作能力薄弱问题日益凸显，影响了工作效果和公信力。一些党员干部缺乏担当精神，担心工作的敏感性和风险性，工作中能躲则躲、能回避就回避；一些党员干部缺乏斗争精神，面对宣传思想工作领域的风险矛盾，不敢"亮剑"；一些党员干部缺乏政治理论素养和互联网工作经验，工作中处处被动、甚至经常失误严重影响宣传思想工作的推进。

第二，传播方式和传播手段影响网络宣传思想工作的传播力。在传统媒体时代，宣传传播主要依靠报纸、广播、电视等载体自上而下单向灌输，党和政府能够严格审核信息的源头，控制信息传播的过程，受众是被动的信息接收者。但是伴随新媒体技术迅猛发展，网络空间为信息传播搭建了自由的平台，网民在网络空间能够自主选择所要接收的信息，传统单一陈旧的传播方式和传播手段渐渐失去了传播优势。近几年，党中央高度重视网络宣传的传播力建设，积极推进传统媒体与新媒体融合发展，融媒体、政务新媒体、政务自媒体等迅速成长。但是有些传统媒体虽然运用了新媒体的载体，却依然受传统传播思维方式的影响，或是简单地将党和政府公开的文件、新闻通稿直接放到网络平台，或是将网络平台做成各种信息的汇总等，缺乏个性特色和吸引力。因此，只有掌握先进的网络传播技术手段、创新网络传播方式，注重网络传播的政治性与时效性、新颖性相结合，才能不断增强宣传思想工作的传播力。

第三,马克思主义的理论认知与认同影响网络宣传思想工作的引领力。虽然我们始终坚持马克思主义为党和国家发展的指导思想,积极推进马克思主义中国化发展,一系列理论创新成果引领中国特色社会主义实践,并且取得了突出成绩,但是长期以来,马克思主义理论的宣传教育存在"悬空化"问题,重形式轻内容、重过程轻效果,人们对马克思主义的理论认知与认同不够,普通网民甚至很多党员干部不了解马克思主义立场观点和方法,更不懂得运用马克思主义立场观点方法分析和解决现实问题,在网络空间舆论斗争的过程中,马克思主义理论难以发挥其应有的引领力。因此,只有不断加强马克思主义理论研究,循序渐进潜移默化地进行宣传普及,使广大民众真正了解马克思主义、提升马克思主义理论的基本素养,才能保证宣传思想工作在网络空间的引领力。

第四,网络宣传的表达方式影响网络宣传思想工作的感召力。在传统媒体时代,宣传思想工作通常以严肃的政治话语、严谨的理性话语为表达形式,规范的话语体系保证了传播过程的原则性和方向性,有利于维护正确的价值取向,但政治化、理论化、抽象化的话语体系却拉开了主流意识形态与广大民众的心理距离。互联网时代,新媒体运用活泼生动的语言,通过图片、动画、视频等各种声情并茂的方式传播信息,充满情感温度、贴近广大民众的话语体系征服了广大网民,形成了以新媒体为主导的"民间舆论场",挑战主流意识形态的权威性,影响了网络宣传思想工作的感召力。因此,我们必须重新建构网络宣传的话语体系,将严肃的政治话语与严密的学术话语相结合、将严谨的理性话语与温暖的感性话语相结合,用民众喜爱的表达方式传递主流意识形态的观点主张价值取向,使其真正"走"进广大民众的内心,才能不断提升网络主流意识形态的感召力。

2. 客体挑战:网民主体意识明显提升,媒介素养良莠不齐

伴随着社会现代化发展,人们的主体意识随之觉醒而不断提升。网络空间为人们搭建了相对平等的获得信息、发布信息、占有信息的平台,人们的主体意识更是显著增强。在网络空间里,人们可以自主地选择收听收看怎样

的信息、自主地判断所接收信息的是非曲直、自主地选择认同什么否定什么、自主地参与各种论坛讨论、自主地表达个人的观点意见、自主地传播信息……总之,全媒体时代,每位网民都拥有"麦克风",成为网络"评论员"和话题"传播者"。

主体意识的提升激发了人们的主观能动性、创新创造活力和积极参与社会事务的热情,有利于增强社会活力,但是由于人们的生活经历、文化素养、知识背景、思维方式、立场态度等不同而导致媒介素养良莠不齐。一些人在自主选择和判断的过程中偏听偏信、失误盲从;在自主参与和自主表达的过程中,多元化、差异化、个性化的观点逐渐凸现出来,一些人思想上的偏激和扭曲也充分暴露。质疑、嘲弄、反对主流意识形态的观点在网络匿名隐蔽性特点的"保护"中滋生和传播,拥有负面情绪或错误价值取向的人们在自由的网络舆论讨论中一旦形成情感共鸣、达成思想共识便会汇集成群体意识,并且随着他们的关注点从焦点事件延伸到社会其他领域,舆论讨论的观点逐渐泛化,影响人们的客观理性判断和认知。

3. 环境挑战:网络空间环境日益复杂

第一,各种社会思潮在网络空间蔓延。民粹主义、消费主义、泛娱乐主义、历史虚无主义等社会思潮的思想观念渗透到国家的经济、政治、文化、社会、军事等各个领域,利用网络空间肆意发展蔓延。网络民粹主义利用互联网的特点,以民众关注的发展中的问题为素材,以各类舆情事件为切入点,在网络空间掀起了"仇富、仇官、仇精英"的议题,导致民粹与精英的一系列非理性论战和舆论分化,进一步加深了转型期社会阶层的对立和人们对于"贫富差距问题、社会公平正义问题"的不满,加剧了业已存在的社会矛盾,甚至引发群体性事件,影响社会和谐稳定。消费主义在互联网经济的推动下引诱人们非理性消费、超前消费,人们在扭曲的价值观引导下滋生各种失德失范行为,甚至不断透支而负债累累,引发债务危机,落入不法分子编织的欺诈圈套之中。伴随着互联网的迅猛发展,大量资本注入文化市场,网红经济、短视频等产业蓬勃发展,为泛娱乐主义的蔓延提供了新的平台。新闻中充斥着大量的"标题党"、各种娱乐八卦新闻成为热点大行其道、一些娱乐节目在逐利的驱动下出现违规现象、文化被资本裹挟、娱乐被资本利用,泛娱乐主义解构主流意识形态所追寻的价值、所信奉的理念、所遵循的正义、所坚守的立场等,消解国家的精神文明和民族文化,将会导致青年一代在潜移默化中对社会事务越来越冷漠,在娱乐的氛围中迷失自我。

第二,网络空间舆论形势严峻复杂。近些年,我们虽然加大了网络舆情监控、加强了网络舆情研判,积极引导网络舆情的发展,但是网络空间舆论形势依然严峻复杂。网络空间舆论来自四面八方,内容广泛分散,观点各异,传播速度快,主流媒体管控和主流意识形态引导难度比较大。网络舆情经常围绕娱乐八卦等"鸡毛蒜皮"的内容以碎片化状态呈现,一波未平一波又起,冲淡了人们对主流意识形态的关注。一些别有用心的所谓"公知"或网络"意见领袖",打着伸张正义的旗号对社会热点公共事件、民生问题等进行片面解读,一味指责党和政府,引导舆论走向,诱导群众在网络空间发泄不满情绪,舆情持续发酵甚至引发网络暴力和群体性事件;还有一些人以"低级红""高级黑"的方式故意歪曲马克思主义、丑化党员干部形象、嘲讽政府的决策部署,消解党的权威性。一些敢于与其斗争、维护党和政府权威、维护社会主义制度的正直之声却被污名化,甚至遭受网络围攻谩骂乃至人身攻击,导致很多想要"亮剑"发声的人心存忧虑,为了明哲保身而选择沉默,如果越来越多的人都是事不关己的心态,必然影响宣传思想工作的发展。

网络具有开放性、普及性、便捷性和实时性等特点,网络空间为每位网民提供发布和传播信息的平台。由于信息发出的过程缺乏有力的阻碍的力量,网络空间又经常成为虚假信息和谣言滋生蔓延的平台。一些人为了谋取私利或者发泄私愤,故意散播不实信息或编造谎言,通过网络快速传播引发社会恐慌、激化社会矛盾。虽然我们加大了对于网络虚假信息和谣言发布者传播者的管控和处罚力度,但是仍然屡禁不止,破坏了网络空间和现实社会的正常秩序。

第三,网络空间存在"流量至上"的风气。资本逻辑宰制下的的网络空间形成了特有的思维逻辑——有"热度"才能有"流量",有"流量"才能带来"效益"。于是,一切网络舆论生态都可以被量化,立场、观点、态度、情感异化为点赞、评论、转发的流量指标。某些内容供给主体为了"博眼球""蹭热度",将网络议题进行选择性地"拼装组合",一些推文和短视频一味迎合受众的情感需要,话语表达极具煽动性和鼓惑性,有些话语表达以"断章取义""过度解读"甚至"编造谣言"的方式引发网络热议、激发民众的情感共鸣。资本对市场的强势掌控导致网络乱象丛生,"水军""推手"等人为制造的"虚假民意"影响党和政府的决策判断。同时,网络群体娱乐化、戏谑化的话语表达方式、"非主流"话语的集体声讨和情感宣泄,解构了价值崇高且叙事背景宏大的话语的权威性,影响宣传思想工作的价值引导力。

另一方面,由于人们在网络空间能够自主选择喜欢的或者希望获得的信息,大数据时代的算法精准推送,不知不觉地强化了人们"只看想看的内容"的信息接收习惯,使很多网民陷入了自己喜好和偏爱的"信息茧房"之中。网民的政治素养、道德素养和文化素养参差不齐,一些本身不关心时政、不关注民生的群体或者本身思想观念存在偏颇的群体由于算法推送可能错过大量宣传教育的信息,而被束缚于"信息茧房"之中,因此"信息茧房"造成的信息壁垒影响了宣传思想工作内容的传播力。

4. 实践挑战:网络意识形态治理能力和水平相对不足

1987 年 9 月中国向海外成功发出第一封电子邮件,拉开了中国互联网发展的序幕,几十年间快速成长为世界上拥有最多网民的互联网大国。长期以来,中国互联网的发展离不开商业和资本的推动,缺乏网络安全意识,网络治理的缺位带来一系列重大问题,比如网络空间领域充斥着谣言、错误言论、反主流意识形态思潮,国家重要网站被恶意攻击、国家重要情报被窃取等,严重威胁国家安全。党的十八大以来在推进国家治理体系治理能力现代化的改革实践中,网络治理取得了显著成效,但是挑战依然存在。

从网络治理理念看,习近平总书记在 2018 年全国网络安全和信息工作会议上指出,要提高网络综合治理能力,形成党委领导、政府管理、企业履责、社会监督、网民自律等多主体参与，经济、法律、技术等多种手段相结合的综合治网格局。但是目前，仍有部分地方政府存在传统的"一言堂"的管理理念，影响了社会各界共同参与治理的热情，网络意识形态的多元主体综合治理格局尚未形成。从网络治理模式看，部分地方政府高度重视网络管控和监测工作，但是网络舆情研判、网络危机预防、网络舆论引导等工作却相对滞后，网络治理经常出现"事后管控"的被动局面。从网络治理法治化看，党的十八大以来，我国虽然陆续出台了《中华人民共和国境外非政府组织境内活动管理法》《中华人民共和国网络安全法》等法律法规，但是政策制度体系与法律法规体系仍未健全完善，法律法规建设仍然滞后于互联网技术发展，比如，法律法规中涉及的行为还无法完全涵盖网络空间领域出现的以爱国为名损害他人合法利益或者损害国家形象等行为，网络治理法治化水平亟需提升。

（三）做好网络空间领域宣传思想工作的主要途径

1. 主体优化：党员干部增强本领提升能力

第一，遵循原则，敢于斗争，提升网络宣传思想工作公信力。一是遵循"党的全面领导"的原则。"党管宣传、党管媒体、党管意识形态"是坚持党的领导的基本原则，是党的优良传统和经过长期实践形成的成功经验。伴随着互联网的迅猛发展，全球舆论环境和媒体传播方式发生深刻变革，传统党管媒体的经验模式无法适应新形势新要求，习近平总书记在 2015 年视察解放军报社时曾指出，受众在哪里，宣传报道的触角就要伸向哪里。我们要切实将"党管宣传、党管媒体、党管意识形态"的原则贯彻到互联网领域，为提升网络宣传思想工作的公信力奠定坚实的组织基础。网络空间领域坚持党的全面领导原则，切忌"一抓就死"，破坏了互联网生长发育的规律，要努力营造清朗的网络氛围，培育百花齐放的网络空间。二是遵循"以人民为中心"的原则。网络空间领域坚守"以人民为中心"，归根结底是要以人的发展引领互联网技术创新和新媒体发展，以满足最广大人民的物质文化需求、反映最广大人民的根本利益为出发点，保障人民共享在网络空间领域基本的政治权益、经济权益和文化权益，为人的本质的充分展现营造自由的空间。

要敢于亮剑发声，及时答疑解惑、回应人民诉求，提升网络宣传思想工作的公信力。面对复杂的国际国内形势，网络空间领域的斗争将会是长期的复杂的"持久战"，因此我们必须发扬中国共产党敢于斗争善于斗争的优良传统，增强斗争自觉性和斗争胆识。在大是大非面前不能含混不清、回避矛盾，要立场坚定、澄清错误、积极与各种不良言论展开斗争；面对情况复杂的负面舆情，要善于进行深度剖析，明晰舆情背后深层次的问题，以事实为依据，有针对性地进行处置，引导广大民众认清事实真相，客观公正辩证地看待纷繁复杂的社会现象和中国的发展前景；要转变"出了问题再引导，有了谣言去澄清，针对负面舆论去批驳"的被动应对的局面，树立主动出击的意识，抢占先机、先声夺人。

第二，积极推进传统媒体与新媒体融合发展，提升网络宣传思想工作的传播力。习近平总书记多次指出，人在哪里，受众在哪里，宣传思想工作的重点就在哪里。一方面，通过融合发展，推动越来越多的传统媒体逐步成长为既有公信力又有竞争力的新型主流媒体，增强传播力和影响力，在新时代的全媒体格局中占据主体地位，充分发挥主流引导作用，成为党管媒体、党管意识形态的坚强依托，成为网络宣传思想工作的前沿阵地。各级党委要高度重视信息化工作，积极建设全力打造自己的移动互联平台，发出党和政府的声音。另一方面，在融合发展过程中，对于商业化和社会化的不同类型的新媒体要管好用好，引导其能够讲好中国故事，传递主流价值观念。

第三，持之以恒加强理论武装，提升网络宣传思想工作的引领力。马克思主义是无产阶级政党和社会主义国家的主流意识形态，只有坚定马克思主义信仰、坚持以马克思主义为指导思想，我们才能在复杂而长期的思想文化斗争中占据主动。我们必须持之以恒地加强理论武装，积极推进马克思主义中国化时代化大众化发展。一方面，加强马克思主义基本理论和马克思主义中国化创新理论的研究，深入学习领悟习近平新时代中国特色社会主义思想,特别是有针对地运用基本理论的立场观点和方法分析解答人们思想中的困惑、回应人们的质疑,为坚定马克思主义的信仰和中国特色社会主义的信心奠定坚实的理论基础;另一方面,创新马克思主义意识形态话语体系,将学术研究成果转化为深入浅出通俗易懂的大众式表达,通过网络空间进行广泛传播,并且注重宣传与解惑相辅相成,推进民众从感性层面的认知到理性层面的认同。

第四,转换话语表达方式,提升网络宣传思想工作的感召力。将以人民为中心的原则贯穿于网络信息生产与传播的全过程之中,转换网络宣传话语表达方式。要深入网络生活之中,尤其是密切关注文章或信息的评论、论坛贴吧等网民活跃的场所,了解网民的思想动态、心理需求和利益诉求,以大家感兴趣的话题作为宣传思想工作的切入点,以潜移默化的方式及时澄清事实真相,纠正网民的错误认知、呼应网民的疑问困惑。要改变传统的"严肃刻板"的灌输教育的说教方式,通过灵活运用丰富多彩、极具个性化和感染力的网络语言、图片游戏、音频视频等形式生动而准确地表达正面观点,拉近与网民的距离,实现网民对主流价值观的自觉认同。要努力营造平等开放的网络空间,不同的网络主体可以开展平等地对话与交流,既充分体现人文关怀,又有利于不同主体在对话交流中不断走向价值共识,彰显网民的主体性。

2. 客体优化:提升网民媒介素养

第一,防范信息异化,提高信息辨别力。信息时代,人们对于信息的需求不断增长,信息的价值日益提升,信息逐渐成为当今世界最为重要的商品。信息商品化的生产模式引发人类社会新的异化现象即信息异化,本应服务于人的信息在资本逐利性的控制下沦为流量的工具,本应造福于民的信息在敌对势力操控下成为煽动民众的武器。[①]信息逐渐失去本真,甚至沿着设

---

① 参见江瑛林、李俊伟:《网络环境下的信息异化与意识形态风险防范》,《中共天津市委党校学报》,2019 年第 6 期。

定的方向走向虚假。面对纷繁复杂的网络信息,网民要有防范信息异化的意识,树立正确的信息接收和信息传播观念,提升审视信息和辨别信息的主体判断能力,不仅要做到不盲目听信谣言传播谣言,而且能够主动调节异化信息带来的对于现实世界和网络世界认知层面的不平衡,自觉维护主流思想观念的权威性。

第二,培养公共意识和公共精神,理性参与网络活动。互联网作为公共虚拟空间为人们提供了平等对话交流的平台,而不是个别人猎奇炒作、谋私欲泄私愤的场所。网络空间中的网民必须培养公共意识和公共精神,要积极推进网络空间领域的供给侧结构性改革,提供高质量的产品满足人们的精神文化需求,提高人们的审美情趣,提升人们的人文素养。网民要增强法律素养,遵守网络法律规范,依法依规上网,自觉维护网络秩序,守护网络生态;网民要加强自律,客观全面地看待网络公共事件、公正理性地参与网络讨论,充分认识网络舆论暴力的危害,摆脱主观片面情绪化思维方式,不做网络暴力的践行者和推波助澜者,要互相尊重,将乐观和善意带到网络空间。网民要有自我保护和自觉维护网络安全的意识,要保护好网络空间领域个人信息和自身合法利益,要守护好保密信息资料,严防泄密,要理性参与各种网络活动。

3. 环境优化:营造风清气正的网络空间环境

第一,积极促进社会主义网络文化健康有序繁荣发展。文化是文明进步之"根",是国家和民族发展之"魂",网络文化是人们借助互联网平台,在网络空间领域以文字、图片、音频、视频等媒体内容为载体,传递在政治活动、经济活动、社会活动中的各种文化现象、价值观念和社会心态。网络文化不仅是社会文化现象、文化观念、文化心理在网络空间的延展和体现,而且逐渐渗入各种社会文化形态之中,影响着文化的发展与变革,甚至关乎国家文化安全和社会稳定。面对西方持续的网络文化渗透,我们必须善于讲好中国故事、阐释好中国观念、传递好中国精神,积极引导优秀传统文化、革命文化、社会主义先进文化的融会贯通,构建强劲有力的网络文化话语体系。要大力发展网络文化事业和文化产业,生产出丰富多彩的具有思想性、艺术性和娱乐性的文化产品满足广大网民需求,营造风清气正积极健康的网络文化空间,增强网络传播的感染力和影响力。

第二,积极搭建网络平台,进一步推进网络民主建设。首先,搭建主流意识形态信息发布宣传平台。新媒体要构建主流意识形态的舆论场,主动、及时、准确地发布重要和权威的信息,新媒体人要运用自身的专业知识和媒体素养正确传递党和国家的意志。其次,搭建社情民意网络调研平台。利用新媒体开设各种论坛专栏,广泛收集人们的意见和建议,汇集民众的观点和智慧,及时准确了解社情民意,明确民众的利益诉求,正确把握舆情动向。最后,搭建舆论监督平台。全面提升新媒体的反馈、交流等互动性服务功能,提高民主监督能力。

第三,区别对待不同性质矛盾,净化思想舆论领域。习近平总书记指出,当前我国思想舆论领域存在着"红色、灰色和黑色"三个地带,要守护社会主义意识形态根基的"红色地带",要狠狠打击恶意抹黑攻击党和政府、企图颠覆社会主义制度和分裂国家的"黑色地带",要对特征不明显、性质不明确的"灰色地带"进行深入研究,分析矛盾形成的原因,有针对性地化解矛盾。对于别有用心、恶意攻击党和国家的黑恶势力,我们必须敢于"亮剑",坚决斗争;一些民众在敌对势力影响渗透和煽动下,对于社会主义意识形态缺乏认同感甚至对党和政府有敌对情绪,我们要密切关注这个群体,及时澄清事实、呼应困惑、讲明道理,更加细心地关爱这个群体,主动团结、热情服务、排忧解难,用耐心细致的思想工作和人文关怀进行感化,从而使其改变观点实现认同;一些民众虽然言语表达比较尖锐,但是内容有理有据,属于善意的批评和监督,忠言逆耳有利于改进工作推动发展,我们要热烈欢迎、虚心接受、及时改正。总之,只有做到具体问题具体分析,我们才能有效引导"灰色地带"向"红色地带"转变,才能真正维护党、国家和人民的利益。

第四,掌握先进网络技术,推进网络技术创新,维护网络安全。掌握先进的网络技术是占领信息传播制高点的关键,是网络宣传思想工作占据主动权的前提。目前,核心技术受制于人是网络安全最大的隐患,我们要有弯道超车的信心与勇气,一方面,以开放的思维包容的胸怀建立网络技术人才培养与引进机制,不仅努力培养打造一支具有国际竞争力的创新型人才队伍,同时积极引进国际顶尖网络英才,携手推进网络事业发展;另一方面,以自主创新为主体、借鉴创新为辅助积极推进核心技术的研发,提升网络技术国产化水平,同时以核心技术为基础,建立覆盖全球的全方位的网络安全监控系统、网络舆情监测平台和信息传播系统。党和政府可以利用各类平台提供的数据进行信息监测与预警、深度分析与研判、舆情预警疏导与效果评估等,提高防范化解重大风险的能力,从根本上保障网络意识形态的安全。同时,通过数据分析及时了解民众需求、宣传效果,使党管媒体的过程中,问题把握精准,问题处理及时有效,从而更好地为广大民众服务。

4. 实践优化:加强网络治理,形成综合治网格局,构建网络空间命运共同体

第一,提升依法治网本领。依法治网应体现在网络建设、网络监管、网络使用各领域。网络建设领域,要依法依规办网,立法部门应进一步明晰"谁能办网"和"如何办网"的基本法律规范,相关审批管网部门是管理主体,要及时完善管理规范,指导责任主体依法依规办网,互联网企业是责任主体,应主动学法、自觉守法,不断提升依法依规办网的能力。网络监管领域,要依法依规管网,坚持党管互联网的原则,从全局的高度和系统的角度做好网络信息工作的顶层设计规划,进一步围绕运营层面的"管什么"和"怎么管"以及内容层面的"审什么"和"怎么审",做好法律政策规章制度建设,运用法治手段化解网络空间的风险,运用法治思维解决网络空间的冲突和矛盾。网络使用领域,要求网民依法依规上网,立法部门应明确指出在网络空间领域"怎样的行为是违法违规行为",积极开展网信普法活动,用创新的形式和易于网民接受的喜闻乐见的表达方式进行普法宣传,提升网民的法律意识、增强网民的法律素养。

第二,形成综合治网格局。治理主体共同参与发挥合力。维护网络安全

应该是社会各方面共同的责任，治理主体应各司其职、协同配合、共同推进。党委负总责把方向；政府加强内部组织建设、明确责任分工；企业提高政治站位、严格履责；营造氛围、搭建平台，激发社会各界的主动性和参与性，发挥社会监督作用；加强对网民的教育引导和法律规范约束，提升网民的自律性。[①]

第三，构建网络空间命运共同体。互联网突破了传统传播方式的壁垒，拉近了国与国、人与人之间的距离，在全球化背景下，世界各国相互交融、"你中有我、我中有你"，网络空间日益成为全人类共同活动的空间，维护网络安定和谐有序发展是大家共同的期盼，更是保证世界和平发展的重要方面。

目前，网络发达的国家长期占据网络空间的主导权和控制权，现有的网络空间秩序也是由西方国家掌控和设计的。伴随着新兴国家的不断崛起，网络空间的话语权和分配权备受关注。越来越多的国家反对网络霸权主义，主张网络空间有主权，主张既要维护本国的网络安全，又要营造各国交流合作的网络空间平台。因此，世界各国应该拥有共同掌握管理网络空间的权利，要重新建构网络空间新秩序、探索网络空间治理的新模式。

习近平总书记审时度势，运用辩证思维创造性地提出了构建网络空间命运共同体的理念，积极推动互联网全球治理体系变革。全球网络空间治理应始终坚持以"兼收并蓄、合作共赢"为基本原则，以"维护共同利益，保障网络安全、促进网络有序发展"为共同责任，通过建立对话协商机制，积极推进网络空间国际规则的制定，多边参与、多方参与、共商共建，充分发挥政府、国际组织、互联网企业、技术社群、民间机构、公民个人等各种主体作用。[②]

---

① 参见蒋桂芳：《网络意识形态的社会治理模式创新研究》，《贵州省党校学报》，2018 年第 6 期。

② 参见阚天舒、李虹：《网络空间命运共同体：构建全球网络治理新秩序的中国方案》，《当代世界与社会主义》，2019 年第 3 期。

二、守护中国特色社会主义文化和新闻舆论阵地

党的十九届四中全会指出，"坚持和完善繁荣发展社会主义先进文化的制度，巩固全体人民团结奋斗的共同思想基础"①，为坚定文化自信奠定了理论基础，为进一步加强文化建设和守护好文化艺术阵地指明了方向。

（一）坚持马克思主义在意识形态领域指导地位的根本制度

马克思主义理论是代表广大无产阶级利益的科学世界观和方法论，从诞生之日起就以"为绝大多数人谋利益""实现人类解放和人的全面自由发展"为奋斗目标。中国共产党是代表最广大人民根本利益的马克思主义政党，中国共产党领导的国家是人民当家作主的社会主义国家，马克思主义是立党立国的指导思想，是党和国家意识形态领域的"定盘针"。正是我们党始终坚持以马克思主义为指导，社会主义革命和建设才取得了一个又一个胜利，创造了一个又一个奇迹。只有坚持马克思主义的指导地位，才能坚守社会主义社会的性质和方向，才能维护人民的利益，才能凝聚民心，推动社会发展。

深入学习领会习近平新时代中国特色社会主义思想。习近平新时代中国特色社会主义思想实现了马克思主义中国化新的飞跃，是党和国家必须长期坚持的指导思想。一方面，要深入理解新思想蕴含的马克思主义立场观点和方法，全面把握新思想的逻辑脉络、主要观点和战略部署，深刻领悟新思想的人民性、实践性和斗争性。只有在学中思，在思中悟，才能进一步提升政治认同、理论认同、价值认同，做到知行合一。因此，要"健全用党的创新理论武装全党、教育人民工作体系"②，推进新思想新理论的学习培训和实践教育的常态化、制度化。另一方面，党员干部不仅要带头学习，更要结合实际工作深入讨论，真正以新思想为指导解决现实问题，进行科学决策，只有学懂

---

①② 《中共中央关于坚持和完善中国特色社会主义制度　推进国家治理体系和治理能力现代化若干重大问题的决定》，《人民日报》，2019 年 11 月 6 日。

弄通做实,努力将学习成果转化为思想觉悟和工作能力,才能提高工作的科学化和规范化水平。各级党委(党组)要不断完善理论学习中心组的学习制度,要明确学习内容,坚持以政治学习为核心,系统掌握马克思主义理论、党的知识和创新理论、党中央的战略部署等,要创新学习形式,坚持自学、研讨与调研相结合,同时充分利用好"学习强国"等网络学习平台,积极推进新思想的宣传教育,全面落实党中央的决策部署。

加强马克思主义理论的研究、教育与宣传。一方面,要深入研究马克思主义基本理论,运用马克思主义立场观点和方法分析解答人们思想中的困惑、回应人们的质疑,为坚定马克思主义的信仰和中国特色社会主义制度的信心奠定坚实的理论基础;另一方面,要创新马克思主义意识形态话语体系,将学术研究成果转化为深入浅出通俗易懂的大众式表达,注重宣传与解惑相辅相成,推进民众从感性层面的认知到理性层面的认同,将马克思主义理论融入终身教育体系之中,不断加强各级各类学校的思想政治教育工作。

落实意识形态工作责任制。广大党员干部要提高政治鉴别力,认清各种错误思潮和错误言论,"注意区分政治原则问题、思想认识问题、学术观点问题"[1]。一方面,面对意识形态领域的斗争,要沉着冷静、敢于"亮剑",增强斗争精神和斗争本领,坚决捍卫马克思主义在党和国家的指导地位,有效遏制错误观点和言论的扩散与传播。另一方面,面对不平衡不充分发展中的社会矛盾,要善于进行深度剖析,有针对性地化解矛盾,引导广大民众客观公正辩证地看待纷繁复杂的社会现象和中国未来的发展前景。

(二)社会主义核心价值观培育并引领文化制度建设

社会主义核心价值观是中国特色社会主义意识形态的本质体现,是引领多样化社会价值观和各种思潮的一面旗帜,是中华民族凝心聚力的"最大公约数"。只有大力培育和弘扬社会主义核心价值观,才能为巩固马克思主

---

[1] 《中共中央关于坚持和完善中国特色社会主义制度　推进国家治理体系和治理能力现代化若干重大问题的决定》,《人民日报》,2019 年 11 月 6 日。

义意识形态主体地位奠定坚实的思想基础。

1.社会主义核心价值观的培育

(1)深入理解社会主义核心价值观

价值观是人们对客观事物的基本立场、态度和判断,对周围事物的总体评判,关于"该做什么和不该做什么"的基本准则,是区分"是非、好坏、善恶"的总体观念。目前,我国处于全球化背景下的经济转型和社会转轨期,结构转变与利益关系调整必然带来各种思想观念的碰撞与交织,民族文化与外来文化、传统文化与当代文化的并存博弈,使人们的价值观念呈现多元化甚至分化的趋势。如何凝聚人心,增强中华民族的凝聚力? 凝练核心价值观,推进价值认同至关重要。因此,习近平总书记强调"把培育和弘扬社会主义核心价值观作为凝魂聚气、强基固本的基础工程"。社会主义核心价值观提出国家、社会、个人三个层面的倡导,明确了国家层面的价值目标、社会层面的价值取向和个人层面的价值准则。

一方面,社会主义核心价值观体现了"人民性、实践性、规范性、开放性"的辩证统一。人民性,是社会主义核心价值观的本质特征,是由我国社会主义的国家性质和马克思主义的指导思想决定的, 主要表现在价值主体的人民性、价值目标的人民性和价值标准的人民性三个方面。实践性,社会主义核心价值观是中国共产党在革命建设和改革的实践中形成的, 是中国优秀传统文化和世界文明成果与中国特色社会主义实践相结合的产物。规范性、价值观属于一种思想体系,它对于实践活动具有社会指导性和约束作用,用核心价值观的基本原则规范引导社会成员的行为模式和价值取向。开放性、社会主义核心价值观是开放的体系,在培育与践行的过程中,既坚持以中国特色社会主义理论为指导, 同时又吸收和借鉴中华优秀传统文化和世界文明的成果,努力推进三者的有机统一。

另一方面,社会主义核心价值观体现了"根、本、魂"的辩证统一。中华优秀传统文化是国家文化软实力之"根",社会主义文化是国家文化软实力之"本",社会主义核心价值观是融合"根""本"基础上的"魂",它是国家和民族为了推进社会的发展进步,在传承优秀传统文化的基础上,按照国家意识形态的根本要求,遵循国家的基本经济制度和政治制度的本质属性,从而在国家层面正式提出并确定的价值观念,它是全民族全社会全体人民的基本遵循和价值导向。

展望未来,中华民族要想在纷繁复杂的国际国内发展环境中永葆青春的活力,建构我们美好的精神家园势在必行。社会主义核心价值观便是精神家园中一粒粒充满生机的种子,如果能够深深地扎根于中华大地,必然为我们的国家和民族带来满园春色、枝繁叶茂的繁荣景象。

(2)培育与践行社会主义核心价值观的困境:文化认同危机

培育与践行社会主义核心价值观是实现中华民族伟大复兴的中国梦、推进中国特色社会主义建设进程中"凝魂聚气强基固本"的基础工程,人民群众是实践主体,因此实现社会主义核心价值观的大众认同尤为重要。从党的十八大提出社会主义核心价值观的主要内容到各地开展广泛的宣传教育活动,民众对于"国家、社会、个人三个层面的倡导""12个方面24个字"越来越熟知。但是培育与践行社会主义核心价值观必须实现其大众认同,即从认知认同到价值认同,从价值认同到心灵认同,从心灵认同到行为认同的由表及里、由理论到实践的过程。在这个过程中,价值认同是非常重要的一环,它是内化践行的前提。价值认同必须以实现文化认同为基础,价值认同是文化认同的实质,文化认同是价值认同的根基。因此,培育与践行社会主义核心价值观必须以文化认同为基础。

文化认同,即"我是谁"的问题,是人们在内在心理和思想观念上喜欢、认可、接受某种文化,这种文化通过其潜在的影响力使人们形成共同的信念、理想和价值观,于是在价值判断、价值选择、思想观念、思维方式、行为模式等方面达成一致,从而形成非常强大的向心力和凝聚力,维系着国家和民族的精神。文化认同是以对于中华优秀传统文化认同为基础的。然而多年来,我们一直面临着文化认同危机。文化认同危机是"不知道我是谁"的问题,即人们对国家或民族的传统文化、现有的社会道德和伦理规范存在质疑与批判，从而丧失了对本国本民族文化的自豪感、自信感和归属感，导致个人自我价值感和意义感的缺失。

第一，从历史的维度反思。

近代以来，伴随着国家和民族生死存亡的危难，国民们面临着前所未有的严峻的文化认同危机。中华文化源远流长，我们曾有着强烈的文化自豪感，但这种自豪在闭关锁国的政治与文化背景下却慢慢演变为盲目的孤芳自赏和狂妄自大。但是当侵略者用枪炮打开我们的国门之时，当我们仍坚持着"中学为体，西学为用"的文化自信却遭遇洋务运动失败之时，当我们急于摆脱民族危机力求拯救国家探寻独立之时，很多人却将一切灾难的原因简单归咎为曾让我们引以为豪的传统文化，只是将西方的民主意识、科学精神和制度文化奉为人类最高的文明，于是我们陷入了文化的极度自卑状态，全盘抛弃中华文化，开始拥抱西方。中国人原有的文化信念和文化认同动摇了、颠覆了，国民集体陷入文化身份焦虑。

随着中国无产阶级革命的胜利和中华人民共和国的成立，以马克思主义为指导、崇尚共产主义和道德理想主义的新文化获得了民众的认同，成为中国人民共有的精神家园。正是这种强大的文化力量支撑着积贫积弱的新中国战胜了敌人的一次次阴谋和挑战，战胜了自然灾难带来的生存危机，顺利完成了社会主义的三大改造。但是没有完全培育好中华文化根脉的文化认同始终暗藏着危机。因此，"文化大革命"之后，伴随着反思"文化大革命"、苏联解体、东欧剧变，人们对马克思主义和共产主义开始产生怀疑，重新建立的文化认同再次动摇。同时，在全球化浪潮的推动下，我国的改革开放迅速推进，于是产生了多种文化的碰撞，特别是以美国为代表的西方文化价值观以其强劲有力的势头和多样化的传播方式对中华传统文化的价值观念和处世理念、马克思主义的理想道德信仰及中国特色社会主义发展理念进行消解，文化认同问题更加凸显出来并且日益加剧。文化认同危机使曾经的价值信仰系统被一个个打破，新的符合新时代的价值信仰系统尚未建成，于是国民们丧失了理想信念、信仰系统出现真空。而当一个国家和民族失去了自已的精神家园处于流离失所状态时，人们的价值观必然走向多元化甚至分化，人们的社会行为必然出现无序和失范。

第二，从现实的角度审视。

经济与社会发展的失衡、大国地位与国家形象的矛盾、国人素质与现代文明的背离让我们越来越强烈地感受到重建国人精神家园的紧迫性。只有以文化认同为基础，探寻价值观多元基础上的一元，实现价值观一元引领多元的发展，才会凝聚国人力量，提升民众文明素养，实现中华民族的伟大复兴。社会主义核心价值观正是引领我们重建精神家园之"魂"。但是在社会主义核心价值观培育和践行的实践中，我们面临的最大困境仍是文化认同危机：比如，在历史虚无主义和民族虚无主义言论的影响下，一些缺乏文化底蕴、不清楚文化历史的民众盲目偏听偏信，对于传统文化淡漠和疏离，缺乏文化自觉与文化自信；而又有一些人盲目热衷于彻底复兴传统文化，但只对其进行肤浅地只言片语地解读，希冀利用传统文化解决中国一切的现实问题；一些人越来越不认同马克思主义的意识形态，怀疑和批判社会主义文化；又有一些人教条地理解马克思主义，"极左"情绪希望中国重新回到封闭僵化的老路；一些人"言必称西方"，对西方文化盲目追捧和严重误读，甚至把中国目前存在的一切问题错误地归咎为中国特色社会主义道路；又有一些人视西方为洪水猛兽，否定我们历史上的学习和借鉴..总之，国民的精神世界一直挣扎在中国传统文化、社会主义文化与西方文化的交融与冲突中。因此，突破文化认同危机的困境，实现中华优秀传统文化、中国特色社会主义文化与国际现代先进文化的融合，从而探寻实现文化认同的有效途径是社会主义核心价值观培育与践行的关键。

（3）以传承中华优秀传统文化为基础推进社会主义核心价值观的培育与践行

马克思指出："历史不过是追求着自己目的的人的活动而已。"①个体都是

---

① 《马克思恩格斯全集》(第2卷)，人民出版社，1995年，第152页。

基于自己的需要而行为,个体的目的和需求又是多样各异的,那么如何使每一个个体行动的价值和意义获得他人的接受和认可呢?文化的导向和传续功能使得某种价值观和行为规范通过社会化的方式延续下来并得到人们的认同。长期积淀的文化基因能够帮助人们求同存异、实现有效沟通、达成共识,因此必须以传承中华优秀传统文化为基础,实现文化认同,推进社会主义核心价值观培育与践行。

第一,以马克思主义为指导,推进中华传统文化的传承与创新。中华优秀传统文化虽然是中华民族之"根",但毕竟有其历史局限性。因此,习近平总书记强调:"对历史文化特别是先人传承下来的道德规范,要坚持古为今用、推陈出新,有鉴别地加以对待,有扬弃地予以继承。"①我们不仅反对"全盘否定"的历史虚无主义,而且也要警惕"全盘肯定"的文化保守主义,依然要坚持"取其精华、去其糟粕""与时俱进、推陈出新"的原则,对中华传统文化进行创造性转化。

在中华传统文化创造性转化中,有一个重要问题就是正确区分"文化复兴与文化复古"。我们传诵经典古训、尊孔祭孔,不要简单地主观地认为只是"回归儒学",更不是抛弃马克思主义而重新回归传统的"文化复古",甚至"独尊儒术"。我们要正确理解马克思主义和以儒学为主导的中国传统文化之间的关系,以马克思主义立场观点审视中华优秀传统文化并深入挖掘和系统阐发,同时又要以马克思主义基本方法对其进行创造性转化,使其与中国特色社会主义相适应、与时俱进的时代精神相契合。

因此,推进中华传统文化传承与创新,要"实现中华优秀传统文化、中国特色社会主义文化、国际现代先进文化相融合"。深入挖掘传统文化的精华,赋予其现代价值内涵,建构优秀传统文化的传承体系;精读马克思主义经典著作,将马克思主义基本观点和方法运用到分析解决中国现实问题的实践中,研究如何才能真正坚持中国特色社会主义的文化发展方向和以人民为

---

① 《习近平在山东考察:汇聚全面深化改革的强大正能量》,中国政府网,2013 年 11 月 26 日,http://www.gov.cn/idhd/2013-11-28//content_2537584.htm。

中心的文化工作导向；在增强民族文化自信的基础上，认真学习研究国际现代先进文化，对其价值理念进行反思与扬弃，从而批判地接受，与中华优秀传统文化与中国特色社会主义文化进行有效整合。

第二，坚持以人民为中心的工作导向，积极宣传中华优秀传统文化。中华优秀传统文化只有深入人心才能充分发挥其无穷魅力，所以要坚持以人民为中心的工作导向，营造良好的社会文化环境氛围、拓展和创新宣传传播方式，努力让中华传统文化走出书斋，走向民间，惠及群众，使人们潜移默化地受到熏陶，统一思想，凝聚人心。

首先，中华优秀传统文化的宣传普及面临的最突出问题就是"传统文化与民众的距离感"，由于历史原因，很多人的古文修养不高，传统文化的经典文本又晦涩难懂，极大地影响了民众对于学习中华优秀传统文化的积极性，所以我们必须从通俗方式入手引导民众了解传统文化、走进传统文化、自觉传承传统文化。比如创办出版有关传统文化的通俗读本和报纸杂志、举办传统文化公开讲座；挖掘、保护和宣传民间艺术等非物质文化遗产；积极利用春节、端午节、中秋节、重阳节等传统节日中蕴含的文化元素向国人传递"团圆的美好愿望、爱国的高尚情操、孝敬的伦理品质"，充分发挥传统文化的教化功能；充分发挥民约乡规、民间习俗的自我约束、自我管理、自我教育的作用等。

其次，我们在宣传普及中华优秀传统文化时还应注意避免"过于形式主义""误读误导""断章取义"。近几年来，在"国学复兴"的浪潮中，出现了很多文化乱象。比如，过于重视外在形式的诵读活动、个别地方政府为了经济利益争抢所谓历史文化名人的闹剧、将传统文化中庸俗糟粕的东西拿来津津乐道的娱乐、对于传统文化宗教式的宣讲等。这些文化乱象折射出的形式化、商业化、庸俗化、宗教化的倾向令人担忧。我们在宣传普及中华优秀传统文化时，一定要坚持以人民为中心的工作导向和正确的文化发展方向，以社会主义核心价值观为引领，以"深入浅出、雅俗共赏"为目标，让传统文化插上流行的翅膀，飞进千家万户去启迪中华大地上的每一位炎黄子孙。

最后，要注重宣传形式与实践效果相一致。中华优秀传统文化的传承必须实实在在与社会主义实践相结合，并且在实践中真真切切体现出社会主义本质的实践效果。否则，宣传形式与实践效果不一致，甚至背道而驰，只能让人们认为宣传只是一种形式主义，最终不可能产生认同感。另外，对于人们在长期实践中形成的植根于中华传统文化中的具有约束力的行为规范如乡土文化、民约规矩等，既要发挥它涵养社会主义核心价值观的作用，又要实现其与社会主义核心价值观的一致性，在实践中教化，在教化中实现认同。

第三，构建中华优秀传统文化终身教育体系，提高全民族的文化道德素养。将中华优秀传统文化和中国特色社会主义文化融入终身教育体系中，构建中华优秀传统文化终身教育体系，学前教育、学校教育、职业教育分阶段推进，家庭教育、学校教育、社会教育分类别强化，遵循教育规律，坚持教育与社会生活相结合，从而引导价值认知，增强文化认同，不断提高人们认同和践行社会主义核心价值观的自觉性。

从教育目的来看，要使被教育者自觉地运用马克思主义的立场观点审视传统文化，达到文化认同，实现价值认同，从根本上提高全民族的文化道德素养；从教育内容来看，家庭教育以孝道教育、家风教育为突破口，学校教育以"读经典、学国学"为基础，社会教育以增进对民族文化、民风民俗的亲近感为主要方向；从教育方式上看，要实现显性教育与隐性教育相结合、教育课程与文化活动相结合。比如，父母、老师的言传身教至关重要，这是一种潜移默化的隐性教育，对古代典籍的学习研读又是一种显性教育，我们既要在学校的教学计划中增加一些传统文化教育课程，同时也可以通过办报纸、画墙报、微型广告、文艺表演等丰富多彩的文化活动传承中华优秀传统文化。

第四，以文化事业与文化产业为载体弘扬中华优秀传统文化，增强民众的文化认同。宣传与教育固然是弘扬中华优秀传统文化的有效途径，但同时我们也不应忽视文艺作品、群众文化活动"随风潜入夜，润物细无声"的力量。习近平总书记指出："推动文艺繁荣发展，最根本的是要创作生产出无愧于我们这个伟大民族、伟大时代的优秀作品。"①好的艺术作品、优秀的电视节目、精彩的文化活动更容易使民众在愉悦中享受、在享受中认同,认同我们的主流价值观,从而在认同中自觉地践行。因此,文化生产必须将社会效益放在首位,以创造出体现中华文化精神、传播社会主义核心价值观、反映中国人审美追求的优秀作品为中心环节。我们仍然要大力发展文化事业和文化产业,并打通文化事业与文化产业的节点,将二者有机结合,通过认真挖掘、系统梳理传统文化资源,形成中华传统文化素材库,同时充分激发全民族的文化创造活力,生产创作出越来越多的时代经典和精品力作。

2.社会主义核心价值观引领文化制度建设

社会主义核心价值观决定国家和民族的文明程度和精神高度,决定文化制度建设的性质和方向。社会主义核心价值观的"三个倡导"为民众指明了价值目标、明确了价值取向和价值规范,只有坚持以社会主义核心价值观引领文化制度建设,才能高扬中国精神、凝聚中国力量。

推动理想信念教育的常态化和制度化。实现"立"与"破"相结合,既要加强基本理论的宣传教育,夯实理想信念的思想根基,又要明辨是非,主动与错误观点言论斗争,敢于"亮剑"、善于"亮剑"。一方面,注重"史"与"论"相结合,既要深入学习基本理论,提升理论素养,又要加强中华民族的发展史、中国共产党的奋斗史、新中国的建设史等教育,引领民众树立正确的国家观和历史观,使民众进一步增强爱国意识、认同中国共产党的领导、坚守社会主义制度;另一方面,重视"德"与"行"相结合,既要加强公民的家庭美德、社会公德、职业道德等道德层面的建设,又要立足民众实际,引导实践养成,积极推进新时代文明实践中心建设。

完善弘扬社会主义核心价值观的法律政策体系。一方面,要坚持依法治国与以德治国相结合的原则,将社会主义核心价值观融入法治体系建设之中,贯穿于立法、执法、司法、守法的各个环节,将价值观的要求转化为具有

---

① 《习近平在文艺工作座谈会上的讲话》,新华网,2014年10月15日。

强制约束力的法律规定,将价值观的原则转化为具有操作性的法律规范。另一方面,要以核心价值观为引领不断完善乡规民约、市民守则、行业规章等,将社会主义核心价值观融入社会治理的方方面面,要使社会主义核心价值观体现在国民终身教育体系、现代公共文化服务体系和文化产品创作生产的全过程。

推进中华优秀传统文化的传承与发展工程。中华优秀传统文化的传承与发展工程是守住文化根脉、固本培元的基础性工程。中华优秀传统文化的价值理念、人文精神和道德品质滋养着中华民族五千年生生不息的文明。一方面,我们要对中华传统文化进行系统梳理、挖掘,运用历史唯物主义观点进行分析鉴别、批判继承、守住根脉、传承基因;另一方面,要结合革命文化和社会主义先进文化,推进中华优秀传统文化的创造性转化和创新性发展,建设中华民族美好的精神家园。

健全志愿服务体系。志愿服务是社会文明的重要标志,是人们自我价值的重要实现方式,是自觉践行社会主义核心价值观的重要体现。一方面,要加强教育宣传,提升全社会志愿服务的意识;另一方面,要出台志愿服务的法规政策,大力扶持志愿服务组织,培育志愿服务人员队伍,推动志愿服务的制度化、专业化和社会化。

完善诚信长效机制。诚信是社会文明的重要标志,是公民素养的主要体现,是维护社会秩序的价值规范。一方面,要通过宣传诚信理念、培育诚信文化进一步提升人们的诚信理念、规则意识、契约精神,使诚实守信成为人们的内在追求和行为习惯;另一方面,要建立健全覆盖全社会的征信体系,"加强失信惩戒,让守信者处处受益、失信者处处受限,使褒扬守信、惩戒失信成为一种社会共识和自觉行动……努力在全社会形成诚实守信、重信守诺的良好风尚"①。

---

① 王晓晖:《坚持以社会主义核心价值观 引领文化建设制度》,《人民日报》,2019 年 12 月 6 日。

(三)健全人民文化权益保障制度

社会主义文化建设要始终坚持"为人民服务、为社会主义服务"的方向,以人民为中心,保障人民的文化权益,要始终坚持"百花齐放、百家争鸣"的方针,不断满足人民的文化需求,使人民共享越来越丰富的文化发展成果。

加强现代公共文化服务体系的构建和完善。一方面,要注重公共文化服务体系的标准化和均等化发展,构建人民共享公共文化服务的体制机制,建设实用配套的公共文化服务网络;要推动基层文化惠民工程,优化城乡文化资源配置,构建城乡一体化的公共文化服务体系,建立丰富群众性文化活动的机制,促进乡村文化振兴;另一方面,要不断探索公共文化服务方式方法、创新公共文化服务的运行机制,鼓励社会力量参与文化建设与文化服务,积极引入竞争机制,做好向社会力量购买公共文化服务的工作。

推动文化精品创作生产和传播,为人民提供丰富多彩的积极健康的充满智慧的精神食粮。一方面,要系统梳理中华优秀传统文化资源,做好文化遗产的保护、整理和传承,形成中华优秀传统文化素材库;另一方面,要构建和完善深入基层实际、尊重客观事实、满足人民需求的文化产品创作生产传播的激励机制,进一步规范文化产品创作生产的评价制度等。

(四)坚持正确导向的舆论引导工作机制

舆论是影响思想观念、社会氛围、国家发展不可忽视的力量,我们党历来重视新闻舆论工作。党的十八大以来,习近平总书记多次强调,做好新闻舆论工作事关道路旗帜、事关党和国家的各项事业。面对国际国内复杂的舆论环境,必须完善坚持正确导向的舆论引导工作机制。

坚持党管媒体的原则。党管宣传、党管媒体、党管意识形态,是我们党的优良传统,是建设和发展中国特色社会主义的成功经验。全媒体时代,一方面,我们要切实将党管媒体、党管意识形态的原则贯彻到互联网领域,积极推进传统媒体与新媒体融合发展;另一方面,通过完善法律制度、明确原则规范引导新媒体依据党的要求从事相关活动，同时政府管理部门要依法依规地进行监督和管理，努力营造清朗的舆论氛围。

构建主流舆论格局。新闻舆论工作面临复杂的国际国内形势，一方面，要把握舆论的产生、传播、影响等规律，加大正面宣传，增强底线思维，建立舆情分析研判和预警机制，健全重大舆情、突发事件和社会热点问题的舆论引导机制，完善舆论监督制度。对于引发舆情关注的突发事件要以事实为依据"第一时间"发声，为民众还原真相、表明观点和主张，引导正确的舆论走向；另一方面，伴随着全球化发展，中国与世界高度融合，构建主流舆论格局必须统筹国际国内两个大局，加强内宣与外宣联动，提升对外传播力，及时准确传递中国理念、中国精神和中国主张。

建设全媒体传播体系。一方面，要加强内容建设，完善高质量产品产出机制，打造优秀新闻产品，弘扬主旋律，提升全媒体传播体系的引领力和公信力，要推进技术创新，充分利用先进技术不断创新传播方式，提升全媒体传播体系的辐射力和影响力；另一方面，要注重管理创新，媒体融合中"一手抓融合，一手抓管理"。推动越来越多的传统媒体逐步成长为既有公信力又有竞争力的新型主流媒体，在新时代的全媒体格局中占据主体地位，充分发挥主流媒体的引导作用。对于商业化和社会化的不同类型的新媒体要管好用好，引导其能够讲好中国故事，传递主流价值观念。

建立健全网络综合治理体系。一方面，要将网络强国战略思想贯穿到网络综合治理的每一个环节，增强互联网思维、把握互联网规律、提升网络舆情研判能力和网络安全把控能力、提高服务民众、引导民众、组织民众的本领；另一方面，"要提高网络综合治理能力，形成党委领导、政府管理、企业履责、社会监督、网民自律等多主体参与，经济、法律、技术等多种手段相结合的综合治网格局"①。

---

① 习近平：《敏锐抓住信息化发展历史机遇自主创新推进网络强国建设》，《党建》，2018 年第 5 期。

（五）建立健全"双效统一"的文化创作生产体制机制

文化具有"社会效益和经济效益"双重属性，我们要辩证认识和正确处理二者之间的关系，要注重和坚持"社会效益为首位"的原则，积极推进"双效统一"，守护中华民族的精神家园，凝聚起激人奋进的精神力量。

完善文化管理体制和生产经营机制。一方面，继续推动政府职能转变，政府既要履行好市场监管和引导的职能，又要为文化企业发展提供更多的服务，简化审批程序与办事流程，在适当放宽对文化市场管控的基础上赋予文化企业一定的自主权；另一方面，要遵循文化发展规律适应市场经济的要求，创新文化生产经营机制。构建文化产品创作生产激励机制及综合考核评价体系，打造文化精品工程。引导文化企业将社会效益放在首位，坚持社会价值优先原则，坚持"为社会主义服务、为人民服务"的正确方向，不断激活文化企业的创新创造活力。

健全现代文化产业体系。一方面，进一步加强市场主体的培育，引导文化企业逐步建立现代企业制度，转变思想观念，拓宽融资渠道，不断开拓市场，提升文化供给质量，创新文化消费模式，加强品牌建设，同时，推动网络文学、游戏、动漫、影视等多领域的联动发展，推动文化与教育、文化与旅游、文化与科技、文化与创意设计相融合，积极探索构建文化产业链；另一方面，充分发挥政府、企业和社会的协同作用，政府通过制定政策、加强引导与扶持、提供服务，营造健康的发展环境，调动企业和社会机构的内生动力，同时，推动公共文化服务与社会机构、文化企业合作，实现优势互补、合作共赢。

第六章　提升领导干部的宣传思想工作能力

做好新时代新征程宣传思想工作,关键靠人才、靠宣传队伍的建设。领导干部要加强调查研究,增强脚力、眼力、脑力、笔力,开阔视野、拓展知识、熟悉新领域、掌握新技能,增强宣传思想工作的本领、提升宣传思想工作的能力。

第一节　提升调查研究能力

习近平总书记指出,研究问题、制定政策、推进工作,刻舟求剑不行,闭门造车不行,异想天开更不行,必须进行全面深入的调查研究。在浙江工作期间,他提出,调研工作"一定要保持求真务实的作风,努力在求深、求实、求细、求准、求效上下功夫"①。在调查研究中了解客观实际情况、了解人民群众的思想状况和基本诉求是做好新时代宣传思想工作的基础。

---

① 习近平:《调研工作务求"深、实、细、准、效"》,《浙江日报》,2003 年 2 月 25 日。

一、调查研究要走好群众路线

群众路线是党的根本路线,是党长期革命和建设经验的总结和不断致胜的重要法宝。深入群众、走好群众路线是提升调查研究能力的重要方面。毛泽东指出,调查研究如果"没有眼睛向下的决心,没有求知的渴望,没有放下臭架子、甘当小学生的精神,是一定不能做,也一定做不好的"①。习近平总书记指出,要坚持到群众中去、到实践中去,倾听基层干部群众所想所急所盼,了解和掌握真实情况,不能走马观花、蜻蜓点水、一得自矜、以偏概全。对调研得来的大量材料和情况,要认真研究分析,由此及彼、由表及里。因此,只有深入群众,走好群众路线,才能了解群众所思所想,为做好宣传思想工作奠定群众基础,提升工作的针对性。

为了做好宣传思想工作,宣传思想干部必须在调查研究的过程中亲历亲为,做到"身到""眼到""心到"。"要放下架子、抛开面子、迈开步子、扑下身子、走出院子,到田间地头、车间码头、农村社区倾听心声、体察实情、感受困难、总结经验、汲取智慧。"②只有扎扎实实深入广大群众中间,才能听到真实的声音,获取真实信息,宣传思想工作才能有的放矢。

伴随着互联网的迅猛发展,网络为人民群众提供了新的存在空间。毛泽东指出:"我们共产党人好比种子,人民好比土地。我们到了一个地方,就要同那里的人民结合起来,在人民中间生根、开花。"③习近平总书记指出:"老百姓上了网,民意也就上了网。群众在哪儿,我们的党员干部就要到哪儿去。"④互联网成为新时代党员干部了解民意、交流互动的新渠道,发扬民主、科学施政、造福人民、治理社会的新途径,接受群众监督、听取意见建议的新平台。

---

① 《毛泽东选集》(第三卷),人民出版社,1991年,第790页。

② 杨玉冰:《大力提升年轻干部调查研究能力》,《党政干部论坛》,2021年第6期。

③ 《毛泽东选集》(第四卷),人民出版社,1991年,第1162页。

④ 《习近平谈治国理政》(第二卷),外文出版社,2017年,第336页。

要提高认识，自觉践行网络群众路线。调研中发现，有的党员干部受传统思维影响，对于互联网存在偏见，认为网络中的大量信息是网民发泄不满情绪的牢骚，面对网民留言熟视无睹或官话套话。这种处置方式挫伤了人民参与社会治理和政治生活的积极性，影响人民对党和政府的信任。习近平总书记指出："网民大多数是普通群众，来自四面八方，各自经历不同，观点和想法肯定是五花八门的，不能要求他们对所有问题都看得那么准、说得那么对。"①党员干部必须克服思维定势或认知障碍，辩证看待复杂的网络信息，善于透过纷乱喧嚣的网络世界看到民众的疑惑和关切，善于从杂乱无章的观点中汲取人民的聪明才智。

要增强本领，坚决走好网络群众路线。网络空间匿名、开放、多变等特点给党员干部收集和分析民意、有针对性地服务民众化解矛盾带来难题；网络语言的特殊表达方式给党员干部了解民情、沟通交流带来障碍。部分党员干部在理论素养、网络素养方面本领恐慌，在收集信息、分析研判、问题处置、网络话语运用方面能力不足。习近平总书记指出："善于运用网络了解民意、开展工作，是新形势下领导干部做好工作的基本功。"②党员干部要自觉加强马克思主义基本理论和创新理论的学习研究，增强理论素养；要主动熟悉网络知识和网络技能，增强网络素养；要善用哲学思维创新工作方法，提升收集信息分析研判的能力；要自觉接受群众监督，将批评与建议相结合，提升问题处置能力；要灵活恰当使用网络话语与网民沟通交流，及时厘清人们的模糊认知，及时化解人们的怨气怨言，逐渐拉近党员干部与广大网民的距离。

二、调查研究要坚持实事求是

毛泽东用"实事求是"高度概括了中国共产党应该始终坚持的思想路线。他指出："'实事'就是客观存在着的一切事物，'是'就是客观事物的内部

---

①② 《习近平谈治国理政》（第二卷），外文出版社，2017年，第336页。

联系,即规律性,'求'就是我们去研究。"①实事求是不仅是党的思想路线,而且是党的基本思想方法、工作方法和领导方法,是做好宣传思想工作的基本原则之一。只有脚踏实地地调查研究,才能真正做到实事求是。

要深入实践。知行合一是中国传统哲学关于认识论和实践论的基本命题,马克思主义认识论系统阐述了实践和认识的辩证关系,突出了实践在人的认识中的重要作用。习近平总书记坚持实践第一的观点,注重"实践出真知"。宣传思想干部要提升调查研究能力,必须积极参与实践锻炼,主动到各领域、各群体中间采集资料、寻找问题、发现典型,在实践中提高认识、收获经验、发现问题、增长才干。

要了解实情。习近平总书记曾在接受媒体采访时谈到治理国家的体会,"了解中国是要花一番功夫的,只看一两个地方是不够的。中国有960万平方公里,56个民族,13亿人口,了解中国要切忌'盲人摸象'"②。他进一步强调,"当县委书记一定要跑遍所有的村,当市委书记一定要跑遍所有的乡镇,当省委书记一定要跑遍所有的县市区"③。做好宣传思想工作同样需要掌握全面的真实的情况,宣传思想干部在调查研究中必须注重调研范围和调研内容的全面性、系统性。从调研范围来看,既要到距离近的地方,又要去偏远的地方;既要到工作情况好的地方,又要到困难较多的地方;既要走进党政机关学校,也要深入社区乡镇;既要走近老年人,也要了解年轻人。从调研内容来看,既要听表扬,又要听批评;既要总结经验,又要寻找问题;既要了解普遍,又要发现典型。全面系统地了解客观实际,注重系统的整体性、各要素之间的关联性和协同性,调查研究才能够取得实实在在的效果。

要把握问题。1930年5月,毛泽东在《反对本本主义》中指出:"调查就像'十月怀胎',解决问题就像'一朝分娩'。调查就是解决问题。"④调查研究的

①　《毛泽东选集》(第三卷),人民出版社,1991年,第801页。

②　《习近平谈治国理政》,外文出版社,2014年,第409页。

③　《习近平谈治国理政》(第二卷),外文出版社,2017年,第144页。

④　毛泽东:《反对本本主义》,《中国民政》,2018年第8期。

过程,就是寻找发现问题、分析研究问题和科学解决问题的过程。因此,调查研究必须强化问题意识、坚持问题导向。要不仅围绕人民群众最关注、最关心的问题制定调研计划、开展深入调研、了解基本情况,而且善于在深入实践、掌握实情的过程中发现人民群众的新问题新困惑,在纷繁芜杂的现象中找准目标、洞察本质,发现带有苗头性、倾向性问题。

要讲求实效。调查研究的目的在于将解决问题的思路对策应用于现实工作中。习近平总书记指出:"对经过充分研究、比较成熟的调研成果,要及时上升为决策部署,转化为具体措施;对尚未研究透彻的调研成果,要更深入地听取意见,完善后再付诸实施;对已经形成举措、落实落地的,要及时跟踪评估,视情况调整优化。"①调研成果转化是提升调查研究能力的重要方面,也是做好宣传思想工作的必然要求。宣传思想干部要善于对收集的信息、资料进行系统梳理和归纳总结,通过深入思考和科学论证,有针对地设计工作方案,提高宣传思想工作的规范性和有效性。

三、调查研究要掌握科学方法

毛泽东多次强调,不做调查没有发言权,不做正确的调查同样没有发言权。习近平总书记指出:"调查研究是一门致力于求真的学问,一种见诸实践的科学,也是一项讲求方法的艺术。"②提升调查研究能力必须把握调查研究的规律,掌握调查研究的科学方法。

做好充分准备。习近平总书记指出,领导干部搞调查研究,要"尽力掌握调研活动的主动权"③,做好调研前的准备工作是掌握主动权的前提。因此,在调查研究之前,要确定调研的时间地点、明确调研的主题和重点、设计调查问卷、认真思考调研的方案、预定主要实施手段及步骤、拟定调研计划和

---

① 习近平:《年轻干部要提高解决实际问题能力　想干事能干事干成事》,http://hi.people.com.cn/n2/2020/1011/c231187-34341526.html。

② 习近平:《之江新语》,浙江人民出版社,2007年,第166页。

③ 习近平:《谈谈调查研究——中央党校秋季学期第二批入学学员开学典礼上的讲话》,《学习时报》,2011年11月16日。

调查提纲等,做足各项准备。

做到察言观色。"察言观色"是毛泽东在长期领导革命和建设的实践中总结的调查研究方法之一,他曾经教导党员干部,"每到一个地方,要察言观色。察言观色,就是看老百姓吃得怎么样,穿得怎么样,脸色怎么样,情绪怎么样。通过这些现象的观察,就了解到了群众生活的基本情况。当然,这还是不够的,但了解群众的第一步,应当是察言观色"①。宣传思想干部只有深入群众中善于察言观色,才能为全面了解实际情况奠定基础。

召开高质量座谈会。毛泽东非常重视通过大范围地开高质量的座谈会以听到真话。他每次召开调查会,规模、人数都会视情况而定,座谈会对象尽可能具有广泛性、代表性。②宣传思想干部在召开座谈会时也要注重参会人员的广泛性和多元化,要根据调研主题,召集不同领域、不同职业、不同年龄的人参与座谈,全面了解情况,并且以满腔热忱和虚心求教的态度同到会人员展开讨论,开座谈会时要认真做好记录,征得与会人的同意后可以录音、录像等。

做好典型访谈。典型访谈是深入调查的重要方式,要选择与调研主题相关的知情人或有经验的人作为访谈对象,访谈的关键是调查者要与访谈对象以心交心,访谈时必须认真倾听、虚心接受,了解真正实情。

认真思考总结。"解剖麻雀"是党经过长期革命建设总结的思想方法和领导方法,调查研究要发扬"解剖麻雀"的精神,将调研中收集的资料信息,进行科学剖析,由个别到一般、由特殊到普遍、由个性到共性,洞悉全貌、抓好典型、细致分析、把握本质,求得对普遍情况的真正了解和对一般规律的正确认识。

---

① 苏马:《毛主席教我们调查研究》,http://cpc.people.com.cn/n1/2017/0724/c223633-29424961.html。

② 参见苏亮:《毛泽东怎样开展调查研究》,《学习时报》,2022 年 4 月 8 日。

第二节　提升政治鉴别能力

政治鉴别能力充分体现党员干部的世界观、人生观和价值观,是做好各项工作的"总开关",提升政治鉴别能力是做好宣传思想工作的重要前提。

一、政治鉴别能力的重要内涵

党和国家历来强调领导干部要"讲政治",毛泽东在《关于正确处理人民内部矛盾的问题》中提出:"没有正确的政治观点,就等于没有灵魂。"邓小平在 1986 年 8 月 20 日视察天津时指出:"改革、现代化科学技术,加上我们讲政治,威力就大多了。"党的十八大以来,习近平总书记多次提出党员干部要旗帜鲜明讲政治,2020 年 12 月 24 日至 25 日, 中共中央政治局召开民主生活会,习近平总书记主持会议并发表重要讲话,讲话围绕的一个重要主题就是"讲政治"。他指出,旗帜鲜明讲政治,既是马克思主义政党的鲜明特征,也是我们党一以贯之的政治优势。政治鉴别能力,是党员干部能够站在政治高度审视国内外的各种形势、现象、事件、关系等的能力,能够站在政治高度对世界政治、经济、社会、文化等发展中的重大问题作出预判、分析、甄别的能力,能够认清和辨识各种社会思潮利害的认知和判断能力。政治鉴别能力是政治洞察认知能力、政治分析判断能力、政治自我约束能力的综合体现。提升政治鉴别能力有利于坚定立场、明辨是非,把握好宣传思想工作的工作方向和工作原则。

政治洞察认知能力是指能够透过现象看到本质的敏锐的"眼力"。能够遵循政治原则、严守政治方向,在"大是大非"面前对负面的、错误的观点和言行有清醒的认识并能够采取合理的措施;能够根据一些苗头有所预见,从细微处把握趋势方向并且能够积极地正向地引导;能够客观理性地面对错综复杂的形势和各种言论,善于运用去粗取精、去伪存真、由表及里等方法进行梳理,认识清楚其中正确的现象和观点,找出有所偏离的观点和言行;能够看清有些貌似客观公正的观点和言行背后背离唯物史观和违背人民利益的本质,认清其欺骗性和危害性。

政治分析判断能力是指能够将马克思主义基本立场观点方法作为分析判断的工具,对于纷繁复杂的观点和言论进行鉴别和评判的"思维力"。马克思主义基本理论是中国共产党人非常重要的理论武器和思想方法,引导我们科学严谨、唯物辩证地分析问题。能够站在大局的高度充分理解、贯彻党和国家的大政方针政策,观察和处理工作中遇到的问题,从而作出正确的判断;能够运用矛盾分析的方法把握主要矛盾和矛盾的主要方面,避免教条主义和"上纲上线"的倾向,警惕将政治问题无限扩大化;能够唯物地辩证地继承一些历史经验,批判地吸收借鉴一些新观点、新主张,以更加开放的态度和思维方式面对新形势新任务。

政治自我约束能力是指面对复杂多变的形势能够保持政治定力、处于特殊环境、特殊时间节点能够保持清醒的坚守原则和严于律己的"行动力"。能够坚决做到"两个维护",树立"四个意识",始终与党中央的精神保持高度一致,以党中央的各项规定为准则开展各项工作;能够坚守人民立场,坚持"以人民为中心"的工作导向,始终以全心全意为人民服务、为人民担当为宣传思想工作的宗旨,追求对党、国家和人民利益的最大化;能够严守政治纪律和政治规矩,敢于"亮剑",敢于和各种错误思想和言论作斗争,在宣传思想工作中起到表率引领作用。

二、提升政治鉴别能力的主要途径

(一)坚定理想信念

坚定马克思主义信仰、共产主义远大理想、中国特色社会主义共同理想是中国共产党人的理想信念。理想信念是中国共产党人的精神之"钙",影响党员干部的世界观、人生观、价值观;理想信念是政治方向的核心和灵魂,影响党员干部的政治立场和政治观点。缺乏理想信念或理想信念不坚定会导致党员干部逐渐迷失政治方向、动摇政治立场,政治免疫力不断降低,思想防线一步步崩溃,最终在各种复杂的环境中作出错误的判断和选择。正如习近平总书记在2013年6月28日全国组织工作会议上的讲话中指出:"党的领导干部特别是高级干部,在大是大非面前没有态度,出了政治性事件、遇到敏感性问题没有立场、无动于衷,岂非咄咄怪事!"个别领导干部丧失政治立场,被国外敌对势力收买,出卖国家情报、危害国家安全,甚至妄图破坏党的领导、颠覆社会主义制度;一些领导干部不信马克思主义,信神拜佛、大搞封建迷信,损害党、国家和人民利益,乞求通过神明庇护达到所谓"升官发财"的野心;一些党员干部面对负面或错误言行,为了个人利益,不会"亮剑"、不愿"亮剑"、不敢"亮剑",听之任之甚至放任纵容;一些党员干部受"新自由主义"等非马克思主义舆论思潮和"资本社会主义""宪政民主"等观点影响,对社会主义发展道路产生怀疑,对党和国家战略目标、大政方针政策进行错识解读。

1. 加强学习,增强理想信念

要加强政治理论学习。马克思主义基本原理是中国共产党人的理论根源,马克思主义中国化的创新理论是中国共产党人治国理政的指导思想。只有系统掌握马克思主义基本原理、深刻理解马克思主义立场观点和方法、用马克思主义中国化的创新理论即中国特色社会主义理论体系武装头脑,才能进一步坚定理想信念;只有不断提升马克思主义理论素养,能够自觉运用辩证唯物主义历史唯物主义世界观和方法论认识问题、分析问题、解决问题,才能逐步提升政治鉴别力。

要加强"四史"学习。历史是最好的教科书。学好"党史、新中国史、改革开放史、社会主义发展史",是党员领导干部的一门必修课。通过学习"四史",在思想上弄清楚、理解透中国共产党为什么"能"、中国特色社会主义为什么"好",归根结底是马克思主义"行"。要回看走过的路、比较别人的路、远眺前行的路,深刻认识红色政权来之不易、新中国来之不易、中国特色社会主义来之不易,进一步增强"四个意识"、坚定"四个自信"、坚决做到"两个维护",切实做到理论上清醒和政治上坚定。

2. 善于思考,增强理想信念

要善于抓住关键问题进行思考分析。2015年12月11日,习近平总书记在全国党校工作会议上的讲话中,点出过十三个问题:"第一,如何看待马克思主义的真理性;第二,如何看待社会主义本质特征;第三,如何看待中国特色社会主义理论体系的科学性;第四,如何看待加强和改善中国共产党的领导;第五,如何看待自由、民主、平等的科学内涵和实践;第六,如何看待西方所谓'普世价值';第七,如何准确把握'四个全面'战略布局;第八,如何深刻领会新的发展理念;第九,如何科学认识经济发展新常态;第十,如何看待使市场在资源配置中起决定性作用和更好发挥政府作用;第十一,如何看待坚持我国社会主义制度优越性和全面深化改革;第十二,如何看待坚持党的领导、人民当家作主、依法治国有机统一;第十三,如何看待党风廉政建设和反腐败斗争。"①在学习的基础上思考分析这十三个问题、想清楚这十三个问题,有利于党员干部进一步把握马克思主义的真理性,认清具有迷惑性的错误言论,增强理想信念,提升政治鉴别力。

(二)增强宗旨意识

全心全意为人民服务是中国共产党的宗旨,党中央始终强调坚持"以人民为中心"的工作导向和发展理念,党员干部要自觉为人民担当。然而有些干部缺乏马克思主义权力观、缺乏宗旨意识和群众观点,对于"权从何来""如何用权"问题上有错误认识,不懂得"权为民赋,权为民用"的观点,忽视人民的利益,不能及时呼应群众的合理诉求,甚至只唯上、唯利,形式主义、官僚主义作风盛行;有些党员干部以庸俗的权力观为指导,在市场经济逐利的大潮中将公权私化、权力商品化,思想防线全面崩溃,以权谋私、与民争

---

① 习近平:《在全国党校工作会议上的讲话》,中共中央党校网,2016年5月1日,www.ccps.gov.cn/zt/xxgcqgdxgzh/ttxw/201812/t20181211_117811_2.shtml。

利,甚至损害人民利益,祸国殃民,严重影响党群干群关系。

1. 要树立正确的权力观

习近平总书记强调,干部要"树立正确的权力观、地位观、利益观,任何时候都要稳得住心神、管得住行为、守得住清白"。党员干部要从思想深处解决好"权从何来,为谁掌权、对谁负责"的根本问题,牢固树立"权力来自人民、权力属于人民"的观点,同时充分认识到,党和人民把权力赋予党员干部,这是一种信任,要正确对待这份信任,为人民掌好权、用好权,使权力造福于社会、权力造福于人民。党员干部要明确权力与责任的关系,权力与责任如一枚硬币的两面,相辅相成,有多大的权力必须承担多大的责任,尽了多大的责任必将成就多大的作为,要对社会、对人民有责任感,勇于担当,主动作为、甘于奉献,关注人民群众的所思所虑、所欲所求,帮助人民群众解决难题渡过难关。

2. 要尊重人民群众的主体地位

马克思主义唯物史观指出,人民群众是历史的创造者。人民是国家的主人,是改革创新的实践主体,是推进中国特色社会主义事业的决定性力量。中国共产党的百年奋斗历程充分证明,植根人民、依靠人民、造福人民是党继往开来的动力源泉,坚持人民主体地位是党的根本宗旨和执政理念的充分体现。新的历史条件下,党员干部要尊重人民群众、依靠人民群众,保障人民群众改革开放实践主体地位和社会监督主体地位,保护人民群众的积极性主动性,要善于问计于民、倾听人民的呼声,要让人民广泛参与社会治理,加强自我管理,最大限度激发人民群众的创新创造活力,正如党的十八届三中全会提出,"坚持以人为本,尊重人民主体地位,发挥群众首创精神,紧紧依靠人民推动改革,促进人的全面发展"。

(三)严守政治纪律

政治纪律是全党在政治立场、政治方向、政治行动等方面的刚性约束,习近平总书记指出,"政治纪律是最重要、最根本、最关键的纪律,遵守党的政治纪律是遵守党的全部纪律的重要基础","严明党的纪律,首要的就是严明政治纪律"。严守政治纪律、坚守政治原则是党员干部做好工作的底线,也是确保党员干部在大是大非面前不犯错误的基本要求。在经济转型社会转轨的特殊时期,由于制度政策等尚未健全,市场经济负面效应诱使少数意志薄弱的党员干部站不稳立场、辨不清方向、政治纪律松弛,在错误思想观点的影响下一步步冲破纪律原则底线,出现了政治腐败。严守政治纪律是提升政治鉴别力的关键。

1. 要自觉维护看齐和追随

党员干部要加强党性教育和党性锻炼,增强党员意识和党性观念,通过不断地改造主观世界,在思想上自觉与党中央保持一致,自觉维护以习近平同志为核心的党中央权威,坚定"四个自信",对党和人民绝对忠诚;党员干部要注重躬身践行,以知促行,以行求知,在行动上努力做到"知行合一",将维护看齐落实到追随的具体行动中;党员干部要强化责任担当意识,永葆干事创业、奋斗进取的精气神,遇到困难,不畏艰险,挺身而出,接到任务,迎难而上,绝不推脱,主动担当,主动作为,充分体现党员干部良好的政治素养和精湛的业务能力;党员干部要有敢于斗争的精神,斗争精神既是中华民族宝贵的精神财富,也是共产党人鲜明的政治品质,更是党和国家各项事业取得成功的基本经验。面对宣传思想领域复杂的形势,党员干部要扛起政治责任,主动迎战,敢于斗争,善于斗争,自觉在责任担当上维护、看齐和追随。

2. 要自觉按原则办事

自觉按原则办事,就是要求党员干部必须在党的纪律规则和国家法律规范范围内行使自己的权力。自觉按原则办事是党员干部严守政治纪律的根本要求。要善于批评和自我批评,克服"好人主义",要敢于动真碰硬,及时指出并纠正工作中遇到的问题,杜绝得过且过、避重就轻;要消除特权思想,无论是谁,无论是何身份,无论职位高低,规矩不能破坏、原则不能践踏;要秉公办事,公道正派,不能将人情置于党性原则之上,更不能利用公权谋求私利;要及时总结教训,对于警示教育中的反面案例要引以为戒,对自身已经存在的问题要认真分析及时整改,增强抵御风险的能力。

第三节 提升工作创新能力

习近平总书记指出,做好党的宣传思想和意识形态工作,比以往任何时候都更加需要创新,这就要求我们做到"因势而谋、应势而动、顺势而为"。新时代宣传思想工作面对复杂的新形势和新任务,必须积极推动工作理念创新、工作内容创新、工作机制创新和工作方式创新。

一、推动宣传思想工作理念创新

理念是行动的先导,工作理念决定工作方向和工作态度。曾经一段时间,有些党员干部认为,国家的中心工作是经济建设,在市场经济条件下,重点任务就是把经济指标搞上去;有些党员干部狭隘地认为宣传思想工作应该是宣传部门的事,其他部门只需要抓好自身的业务工作;有些基层单位对于宣传思想工作缺乏应有的重视和深入的研究,存在淡漠化的倾向。党的十八大以来,以习近平同志为核心的党中央高度重视宣传思想工作,明确提出,经济建设是中心工作,宣传思想工作是一项极端重要的工作,围绕推进宣传思想工作作出很多具体的部署、出台相应的文件、强化工作责任,广大党员干部对宣传思想工作有了新认识,对于工作方式和工作方法越来越关注、越来越重视。但是仍有些党员干部还没有认识到宣传思想工作的极端重要性,不理解经济建设与宣传思想工作的辩证关系,工作中存在"不想抓、不敢抓和不会抓"等问题,导致工作被动、流于形式。因此,只有积极推进宣传思想工作理念创新,才能进一步增强认识、提升工作的科学性。

(一)树立"宣传思想工作极端重要"的理念

宣传思想工作关乎国家发展繁荣。思想文化作为观念的上层建筑由一定社会的经济基础决定，同时思想文化对经济社会的发展繁荣起到思想引领、文化支撑、精神动力的作用。经济建设是强基固本的中心工作，宣传思想工作是凝魂聚力的极端重要的工作，二者互为条件与保障，相辅相成、相得益彰，任何一方的缺失都会影响国家的健康发展。因此，党员干部要以马克思主义唯物辩证法和唯物史观为指导，深刻理解经济建设与宣传思想工作的辩证关系，打破只注重经济指标忽视宣传思想工作"唯 GDP"的政绩观，充分认识到经济发展背后的意识形态的支撑作用，真正做到"两手抓，两手都要硬"。

宣传思想工作关乎国家生死存亡。习近平总书记指出，宣传思想工作事关旗帜道路，事关国家发展，事关民族复兴。党的十八大以来，党中央把宣传思想工作摆在治国理政的战略位置，举旗帜、敢亮剑、强基本、正方向，推动宣传思想工作取得历史性成就和历史性变革。党员干部必须充分认清形势，不能将宣传思想工作简单地理解为开开会、学学文件、搞点宣传等，必须树立总体国家观，既要重视国家领土、主权、人口、资源等传统安全，又要重视经济、信息、生态、文化、科技等非传统安全，充分认识到"做好宣传思想工作"与"提升文化软实力"相结合已经成为国家安全和国家利益的重要组成部分，要将宣传思想工作上升到国家安全层面，坚持守正与创新，勇于担当宣传思想工作的使命任务。

（二）坚持"以人民为中心"的理念

民心是最大的政治，能够获得人民的自觉认同是新时代做好宣传思想工作的关键。因此，宣传思想工作必须坚定人民立场，树立"以人民为中心"的工作理念。习近平总书记指出："人民不是抽象的符号，而是一个一个具体的人，有血有肉，有情感，有爱恨，有梦想，也有内心的冲突和挣扎。"宣传思想工作要求及时了解群众不断提升的精神文化需求，对群众的思想动态有精准把握。党员干部要深入基层，与群众交朋友、拉家常，通过深入地调查研究列出群众的需求清单和问题清单，针对不同年龄、不同家庭和社会背景、不同职业属性的群体制定有针对性的宣传思想工作方案。

(三)形成大宣传工作理念

宣传思想工作是社会各方面共同的责任,党委、政府、企业、社会、民众等多元主体应各司其职、协同配合、共同推进。

加强党对宣传思想工作的领导。各级党委要高度重视宣传思想工作,新媒体时代注重信息化工作,既要积极建设全力打造自己的移动互联平台,发出积极向上正能量的声音,又要努力营造清朗的网络氛围,培育百花齐放的网络空间。党委领导切忌"一抓就死"的"直接管、管具体",要尊重互联网生长发育的规律,管方向、管宏观、管政策,通过完善法律制度、明确原则规范引导新媒体依据党的要求从事相关活动。

加强政府对宣传思想工作的管理。基层政府要顺应社会潮流,拉近与人民群众的距离,提升政务信息公开力度;要创新传播手段和表达方式,加大主流意识形态的宣传力度;要由传统单向管理的模式向双向互动转变,注意线上线下有机结合;要利用互联网新技术进行信息监测与预警、深度分析与研判、舆情预警疏导与效果评估,实现对网络空间领域的智慧监管。

企业要提高政治站位、严格履责。比如,传统媒体企业要逐步成长为既有公信力又有竞争力的新型主流媒体,增强传播力和影响力,在新时代的全媒体格局中占据主体地位,充分发挥主流引导作用,成为党管宣传、党管媒体的坚强依托和网络宣传思想工作的前沿阵地。商业化和社会化的不同类型的新媒体要从更多维的视角和更广阔的空间、以更新颖的方式讲好中国故事,传递主流价值观念,发出正能量的声音。

发挥社会监督作用。要努力营造开放、诚信、文明、法治、安全的社会环境和舆论环境,搭建平等对话与交流的平台,激发社会各界的主动性和参与性,在互动交往的过程中达成价值共识,充分发挥其对意识形态的监督作用。

广大民众要加强自律。教育引导群众提升自我教育与互相宣教的能力,提升认知力和判断力。比如在网络虚拟空间,网民要客观全面地看待网络公共事件、公正理性地参与网络讨论,充分认识网络舆论暴力的危害,摆脱主观片面情绪化思维方式,不做谣言的制造者和传播者,不做网络暴力的践行者和推波助澜者,以相互尊重的心态将乐观和善意带到网络空间。

二、推动宣传思想工作内容创新

(一)宣传思想工作与社会治理工作相融合

从马克思主义唯物史观角度来看,宣传思想工作和社会治理工作都是依据一定社会的经济基础建构上层建筑的实践活动。宣传思想工作建构观念层面的上层建筑,社会治理建构政治层面的上层建筑,二者内在统一、相互联系、相互影响。一方面,宣传思想工作向社会宣传社会治理的相关理论或政策;另一方面,社会治理工作是宣传思想工作的现实基础,有效的社会治理工作能够将宣传思想工作中宣传的内容转变为现实、推动人民群众对党和国家重要理论和重大政策的认同。因此,基层的宣传思想工作要与社会治理工作有机结合,形成良性互动。

在基层社会治理中,要构建传播新格局,将党的创新理论和大政方针政策、中华优秀传统文化、党和国家取得的突出成就等贯穿于社区治理的方方面面,推动社会治理工作与宣传思想工作相融合,增强广大民众对党和国家发展的信心。我们既要注重正能量的宣传与传播,更需要通过有效的国家治理和社会治理,及时化解改革发展过程中出现的矛盾,满足人民日益增长的需求,使人们能够切身感受并理解认同党和国家的发展方向、发展理念和发展道路。

(二)宣传思想工作与乡村振兴工作相融合

党的十九大报告提出"实施乡村振兴战略","按照产业兴旺、生态宜居、乡风文明、治理有效、生活富裕的总要求,统筹推进农村经济建设、政治建设、文化建设、社会建设、生态文明建设和党的建设"。①加强宣传思想工作，是实现乡村振兴的重要保障。

加强宣传思想工作，维护乡村和谐稳定。在全面深化改革的过程中，乡村处于转型发展的特殊时期，一些长期积淀的深层次矛盾和问题逐渐显现出来，而且在短时间内还不能得到有效解决，如果不能及时正确地引导，民众很容易被别有用心的人蛊惑，对于党和政府的不满和质疑，甚至将一些民生问题政治化。因此，只有踏实做好宣传思想工作，给广大民众讲清楚党和国家的发展理念、战略目标、发展思路、发展中遇到的问题和困境等，把民众关心的政策解释到位，引导民众遵循社会主义的道德准则、塑造平和理性的社会心态，才能协调利益纷争、逐步化解矛盾，维护乡村和谐稳定，为乡村振兴营造良好氛围。

加强宣传思想工作，推进乡村文明建设。乡村文明是乡村振兴的重要方面，宣传思想工作具有思想引领、文化滋养、价值整合等作用，有利于推进乡村文明建设。要加强思想道德建设和价值观培育，逐渐消除一些农民的"等靠要"思想，激发谋求富裕、谋求发展的内生动力，营造"勤劳致富"的文化氛围；要弘扬和创新传统乡贤文化，加强精神文明建设，有效遏制乡村的不良风气和"读书无用"等错误思想等。

三、推动宣传思想工作机制创新

工作机制是工作理念在制度层面的体现，是做好工作的坚实保障。进一步完善宣传思想工作机制，推动宣传思想工作机制创新，能够逐步提高宣传思想工作的规范性。

(一)推进学习教育常态化

要在常态化的学习教育过程中引导党员干部研读马克思主义经典著作

---

① 中共中央国务院印发《乡村振兴战略规划(2018—2022 年)》，中国政府网。

和中国特色社会主义理论相关著作，深入学习习近平新时代中国特色社会主义思想，夯实理论功底、提高理论素养；引导党员干部认真学习党和国家的大政方针政策和法律法规，将马克思主义理论与建设中国特色社会主义现代化国家的实践相结合，提升灵活运用理论指导实践解决实际问题的能力。通过常态化的学习教育，增强党员干部对主流意识形态的认同，增强政治意识和阵地意识，巩固马克思主义在意识形态领域的指导地位，巩固全体党员干部团结奋斗的共同思想基础。

（二）形成宣传思想工作联动机制

要善于从国内国际两个大局出发，对于宣传思想工作进行整体规划，促进宣传思想工作与经济、政治、党建工作协同发展。政治建设要为宣传思想工作的开展与完善提供服务，宣传思想工作要以政治建设为统领；经济建设要为宣传思想工作奠定物质基础和民心基础，宣传思想工作要为经济建设提供强大的精神动力；宣传思想工作要坚持党的全面领导的基本原则，全面从严治党中要提高党领导宣传思想工作的能力。要厘清宣传思想工作中的多重关系，关注各种关系之间的互动性和契合性，推动各级党组织、各级政府职能部门、企业、社区、广大民众等的工作联动，形成"党政联动、各部门联动"的宣传思想工作齐抓共管的新格局。

（三）创新宣传思想工作管理机制

要进一步完善风险研判机制，针对管辖区域内存在的思想观念、负面情绪等方面的苗头性、倾向性的矛盾或问题进行分析研判，及时作出防范和应对；要建立健全重大问题处置机制，对于重大负面舆论或事件及时进行有效处置并能够在第一时间公开作出正面回应；要创新工作考核机制，避免片面追求量化指标、痕迹呈现，克服考核中的形式主义倾向，注重工作实效的考核；要创新工作监督机制，鼓励群众对宣传思想工作过程、工作实效等进行全方位监督，推动监督的经常性和针对性。

四、推动宣传思想工作方式创新

(一)善用哲学思维,推进工作方式优化

面对思想文化领域复杂严峻的斗争形势,我们要善于运用哲学思维,推进宣传思想工作方式优化,推进宣传思想工作取得良好效果。

善用底线思维,防范化解重大风险。底线思维是习近平总书记科学运用马克思唯物辩证法质、量互变原理和最佳"适度"原则提出的哲学思维,要求我们在认识事物和分析解决问题的过程中善于从坏处着眼,向好的方向努力,争取达到最好的效果。我们要善用底线思维,防范化解宣传思想领域重大风险,增强工作的主动性。

善用辩证思维,营造风清气正的环境。辩证思维是遵循唯物辩证法原则,以联系和发展的观点认识客观事物,运用对立统一等矛盾分析法解决实际问题的思维方法。比如,"立"与"破"相辅相成,"立"就是要推进精神文明建设健康有序繁荣发展;"破"就是要具体问题具体分析,化解宣传思想领域不同性质的矛盾。"德治"与"法治"辩证统一,注重"德治",提升民众的思想道德素质和文化素养;加强"法治",积极推动宣传思想工作法治化建设。

善用系统思维,形成宣传思想工作综合治理格局。系统思维将认识对象视为系统,关注系统与要素、系统与环境、系统中的要素与要素之间的联系与相互作用,是"见木又见林"综合考察认识对象的思维方式。我们要善于运用系统思维方法,尽快转变传统的"一言堂"的管理观念,形成党委领导、政府管理、企业履责、社会监督、民众自律等多主体参与,经济、法律、技术等多种手段相结合的综合治理格局。

(二)学会换位思考,推进工作方式"接地气"

宣传思想工作实质上是做人的思想工作,而民众的思想意识是随着时代的改变而不断变化的,宣传思想工作也应应势而动。由于社会结构的复杂

化和生活模式的多样化,民众思想活动的独立性、选择性、多变性、差异性明显增强,因此强制性、刚性的工作方法虽然有一定的效果,但是局限性却日益显现,这种相对生硬的方法往往使人产生阻抗和逆反心理,要学会换位思考,注重人文关怀和心理疏导,顺势而为,探索潜移默化的、打动人心的工作方法。

要善于运用大众化、口语化、形象化的群众语言,增强表达的感染力。比如,习近平总书记的讲话中,古今中外的各种典故、诗文常常信手拈来,民间谚语、俗语随处可见,这些个性十足的语言成为中国领导人与老百姓交流的独特方式。要善于拿捏词句,表达要准确到位。比如,习近平总书记指出,我们要避免陷入历史虚无主义的陷阱,提出"两个不能否定"即不能用改革开放后的历史时期否定改革开放前的历史时期,也不能用改革开放前的历史时期否定改革开放后的历史时期,这是拿捏词句的一个经典文本。要善于创新话语。比如习近平总书记通过"中国梦"这样一个创新的表达带动和激发了全民族的凝聚力和向心力。

(三)运用新手段,拓展工作方式新渠道

伴随着现代信息技术的发展,我国已经成为互联网大国。工信部发布数据显示,2018 年我国 4G 网络覆盖率已为 95%,2020 年将超过 98%,2019 年6 月进入 5G 商用元年,力争 6—7 年实现 5G 网络全国覆盖;2019 年 8 月 30日,中国互联网络信息中心发布的《中国互联网络发展状况统计报告》显示,截至 2019 年 6 月,我国网民规模达 8.54 亿,较 2018 年底增长 2598 万,互联网普及率达 61.2%,较 2018 年底提升 1.6 个百分点,手机网民规模达 8.47亿,网民使用手机上网的比例高达 99.1%。这组数据说明,我国互联网的规模和网民数量在平稳持续上升,特别是移动互联网的发展使人们不仅突破了报纸、广播、电视等传统媒体操作使用的局限性,而且突破时间、地点、条件等限制,通过一部智能手机随时随地上网,迅速快捷地接受各种各样的信息。在智能互联的新时代,宣传思想工作必须应用好网络技术,通过微信、抖音、微视等各种移动社交平台加强主流意识形态的宣传教育,打造特色网络平台积极宣传党的主张,弘扬主旋律,同时加强网上互动讨论,及时了解民意解决问题,提升宣传思想工作的有效性。

第四节　提升风险防控能力

新时代国际国内形势日益复杂,习近平总书记指出:"领导干部要胸怀两个大局,一个是中华民族伟大复兴的战略全局,一个是世界百年未有之大变局,这是我们谋划工作的基本出发点。"伴随着生产力迅猛发展,世界迎来了新一轮科技革命和产业革命,世界力量在转移、世界格局在调整、世界权力在重构,我国开启了全面建设社会主义现代化国家新征程,进入了高质量发展阶段,在"构建以国内大循环为主体、国内国际双循环相互促进"的新发展格局中,经济结构、产业结构和社会结构逐渐调整,社会矛盾和思潮将更加复杂多样,宣传思想工作将面临更多的机遇与挑战。面临新形势新任务,党员干部要提高工作主动性,不断提升风险防控的能力,自觉维护国家安全和社会和谐。

一、提升风险研判能力

(一)客观研判宣传思想领域的基本状况

伴随着我国经济转型社会转轨,利益格局发生深刻变化,人们的思想观念和价值取向多样性、差异性显著增强,"《人民论坛》2011年以来的社会思潮调查显示,目前国内比较活跃的非马克思主义社会思潮呈现多样化、多元化、多变化的特点"①。"在社会变革时代,利益关系的分化、变化使不同利益

---

① 蒋英州:《我国意识形态安全的形势研判与维护策略探讨——基于3125份调查问卷的分析》,《学习论坛》,2020年第11期。

群体对社会变革的走向产生不同的思想倾向和价值诉求，最终表现为不同社会思潮对社会变革道路的不同诉求和斗争。"①因此，要理性看待非马克思主义思潮，一方面不断提升马克思主义理论素养，深刻理解马克思主义立场观点方法的科学性和真理性，推进中国特色社会主义理论与时俱进，提升以马克思主义为指导审视新时代和指导新时代发展的能力，提升社会主义核心价值观对现实社会的价值引领，确保社会主义意识形态的先进性、合理性和引领性；另一方面，做到知己知彼，认真研究非马克思主义的主要观点和基本主张，辩证分析并深刻揭露可能危及社会主义意识形态的非马克思主义思潮的本质，运用理论武器与实践成就消解非马克思主义思潮带来的影响。正如习近平总书记指出："在这样的复杂环境中，保持理论上的清醒、增强政治上的定力是很要紧的。"②

虽然在非马克思主义思潮影响和冲击下，社会主义意识形态整合引领多元价值观念的难度逐渐增大，曾经一段时间宣传思想工作淡漠化倾向影响了马克思主义理论时代化大众化发展，马克思主义悬空化、边缘化、标签化的趋势仍部分存在，但是我们要充分认识到社会主义意识形态有着坚实的社会基础和制度支撑，彰显生命力和竞争力。民众对中国共产党的执政成就和中国特色社会主义制度绩效给予较高评价，在"对中国目前整体情况的满意度"中，75.4%的调查对象表示满意（"非常满意"13.4%、"满意"62.0%）。③"绝大多数中国人认为目前的中国政治体制是适合本国的体制。"④ 2020 年新冠肺炎疫情暴发，在中国共产党的坚强领导下，全国一盘棋，建立了集中统一、上下联动、高效运行的指挥体系，形成了联防联控、群防群治的治理大网络，疫情防控战役的胜利进一步坚定了民众对中国共产党的信任、对中国

---

①　林泰：《把握社会思潮的构成要素》，《人民日报》，2016 年 2 月 17 日。

②　中共中央宣传部：《习近平总书记系列重要讲话读本》，人民出版社，2016 年，第 283 页。

③　参见蒋英州：《我国意识形态安全的形势研判与维护策略探讨——基于 3125 份调查问卷的分析》，《学习论坛》，2020 年第 11 期。

④　俞可平、[德]托马斯·海贝勒、[德]安晓波：《中共的治理与适应：比较的视野》，中央编译出版社，2015 年，第 323 页。

特色社会主义的信心。从调查来看,调查对象对中国特色社会主义制度的认可度比较高,持"信任"态度的比例达到70.6%("非常信任"14.0%、"信任"56.6%)。对"中国共产党长期执政的信心程度"比较高,达到77.8%("非常相信"33.6%、"相信"44.2%);从"对中国发展前景的态度"来看,表示"乐观"的比例也达到78.4%("非常乐观"25.5%、"乐观"52.9%)。①

要充分认识并准确把握社会主义意识形态较高安全度背后潜在的安全风险点。民众对社会主义意识形态的态度呈现整体认同但是在某些具体问题上呈现质疑甚至否定的特点,这些质疑和否定是党员干部必须准确把握的影响安全的风险点。比如,在调查中发现,人们对于一些民生问题、社会诚信问题、政府公信力问题、依法行政问题、社会矛盾处置问题、主流媒体信任问题等存在不信任的倾向,如果这些问题不能得到及时有效解决,民众的合理合法诉求不能得到及时满足,必然拉低民众对社会主义意识形态的整体认知度,内部存在的不满或质疑与外部攻击渗透互动共振,民众的负面情绪极易被别有用心的人利用,有些人或者偏听偏信一些错误言论、或者被煽动蛊惑采取过激行动,影响社会安定团结,甚至引发社会动荡,影响国家安全。因此,要避免脱离社会存在空谈宣传思想工作,邓小平指出:"最终说服不相信社会主义的人要靠我们的发展。"②要关注社会实践,踏实调研,及时发现社会发展中的苗头性和倾向性的问题和阶段性矛盾质疑,给予及时解决和呼应,增强人民群众的获得感、幸福感和安全感。

(二)完善风险研判机制

要构建监测、评估、预警、管控一体化的风险研判机制。一是常态化监测。要持续跟进党员群众的思想动态、了解舆论导向,要善于运用大数据技术对意识领域进行实时监控,及时收集相关信息或进行信息反馈。二是评

---

① 参见蒋英州:《我国意识形态安全的形势研判与维护策略探讨——基于3125份调查问卷的分析》,《学习论坛》,2020年第11期。

② 《邓小平文选》(第三卷),人民出版社,1993年,第204页。

估。对于所搜集的信息进行统计分析,科学分析潜在的风险因素,深入排查风险原因、鉴别风险等级水平、量化风险爆发的可能程度、预判即将发生的风险、预测风险有可能造成的影响等。复杂舆情往往依托专业评估团队进行评估。三是预警。在评估的基础上,甄别风险暴发的可能性线索,在风险积聚到一定程度但未真正暴发之前,释放紧急信号,提前制定好应急预案和干预措施。四是管控。风险暴发是一个由量变到质变、从积聚到释放的过程,提前做好防范,抓住时机管控,将有效降低风险发生的可能性,转危为安、化险为夷。管控采取"堵"与"疏"相结合的方法,"堵"主要是提升技术监管,加大对信息的审核,过滤不安全信息,防止风险扩大;"疏"主要是及时做好宣传思想工作和舆论引导工作,对于即将发生的风险事件作出快速反应,将其理性定义并且积极引向传递正能量,减少负面效应。

二、提升风险预防能力

(一)强化风险防范意识

强化底线意识。居安思危、未雨绸缪、防患于未然的底线意识是中华民族生生不息的生存智慧,更是中国共产党人治国理政的重要法宝。底线意识充分体现马克思主义的唯物辩证法思想,底线就是事物发展由量变到质变的过程中的"度",事物量变过程中一旦突破了"度",将实现由量变向质变的飞跃,事物将发生根本性的变化,守住底线就是要把握好"度"。党员干部要强化底线意识,充分认识到宣传思想工作的复杂性、长期性和严峻性,充分估计思想文化领域的风险挑战,坚守底线,从最坏处着眼做好谋划,有备无患,同时积极主动做好预案向好的方向努力。

强化阵地意识。党的十八大以来,为加强宣传思想工作,党中央先后召开了全国宣传思想工作会议、文艺工作座谈会、新闻舆论工作座谈会、网络安全和信息化工作座谈会、哲学社会科学工作座谈会等会议,①这些会议主题折射出宣传思想工作风险爆发的主要场域,也是宣传思想工作风险防范的主要阵地。党员干部要增加政治责任感,强化阵地意识,严格落实意识形态工作责任制,坚持"谁主管谁负责"原则,做到守土有责、守土负责、守土尽责。②

(二)党员干部做好表率引领

党员干部作为马克思主义在现实生活中的"代言人",我们的一言一行影响着民众对主流意识形态的认同,因此党员干部要有使民众主动追随并自觉认同主流价值的精神感召力和引领力。要有主动担当的责任意识,要担负其所在岗位的责任和义务,遇到困难,不畏艰险,挺身而出;接到任务,迎难而上,绝不推脱,主动担当,主动作为,充分体现党员干部良好的政治素养和精湛的业务能力。要有敢于斗争的精神,斗争精神既是中华民族宝贵的精神财富,也是共产党人鲜明的政治品质,更是党和国家各项事业取得成功的基本经验。面对意识形态安全的威胁,党员干部要扛起政治责任,主动迎战,敢于斗争,善于斗争。要提升自身的道德修养和人格魅力,自觉汲取中华民族优秀文化营养、自觉弘扬党的优良传统。

(三)在发展中解决民生问题和社会矛盾

马克思主义理论是中国共产党在救亡图存的革命探索中找寻的真理,马克思主义中国化的创新理论是中国共产党在长期革命、建设和改革实践中形成的思想体系,中国特色社会主义道路是中国共产党经过实践探索走出的最适合中国发展的正确道路。因此,社会主义意识形态的先进性和社会主义制度的优越性必须通过社会主义实践充分体现。在社会主义建设的实践中,发展不协调不充分会引发民生问题和社会矛盾,如果问题和矛盾不及

---

① 参见郑敬斌、刘敏:《坚决打好意识形态风险防范攻坚战》,《红旗文稿》,2019 年第 10 期。

② 参见王路坦:《全面提升防范化解意识形态领域风险能力》,《党政干部论坛》,2019 年第 12 期。

时解决和化解,就会影响人民对党和国家的信任和认同。因此,民生问题和社会矛盾是非常重要的影响社会稳定的风险点。领导干部要坚持实践第一的观点,力戒官僚主义、形式主义,加强保障和改善民生,从源头上预防减少社会矛盾的产生,密切关注舆情动态,及时、合理、有效化解社会矛盾,最大程度降低思想文化领域风险的发生。

三、提升风险处置能力

习近平总书记指出:"既要高度警惕'黑天鹅'事件,也要防范'灰犀牛'事件;既要有防范风险的先手,也要有应对和化解风险挑战的高招;既要打好防范和抵御风险的有准备之战,也要打好化险为夷、转危为机的战略主动战。"①

线上线下有机结合共同发力。思想文化领域的风险往往是"线上"与"线下"交织在一起。防范化解重大风险,必须在线下现实生活中,始终坚持以经济建设为中心,不断夯实物质基础,推进"五位一体"建设,使人民生活更加幸福、社会更加安定和谐,彰显社会主义制度的优越性;在线上网络空间领域"立"与"破"相辅相成,营造健康有序的网络生态;要注重线上线下的互动,比如对于引发舆情关注的突发事件要实现线上线下同步处置,既要在线下迅速查明事实,又要在线上以事实为依据"第一时间"发声,为民众还原真相的同时表明观点和主张,引导正确的舆论走向。

构建突发事件处置体系。要警惕一些突发社会事件向思想文化领域蔓延,面对突发风险,要迅速成立风险评估与处置小组,启动应急预案,公开公平公正处理相关事件、及时公布处置情况,同时通过大数据实时监测舆论动态,积极引导舆论走向,避免错误信息和不当言论在网络空间持续发酵引发重大社会冲突。

---

① 《习近平在省部级主要领导干部坚持底线思维着力防范化解重大风险专题研讨班开班式上发表重要讲话强调:提高防控能力着力防范化解重大风险　保持经济持续健康发展社会大局稳定》,《人民日报》,2019 年 1 月 22 日。

努力培养正面的"网络意见领袖"。要善于发现发掘活跃在网络空间思想健康向上的"网络大V",通过个别访谈和深入走访等方式积极与他们建立联系,在交流过程中适时进行教育引导,保证其正确的导向性,使其在新媒体平台中充分发挥示范作用, 主动配合主流媒体从更多维的视角和更广阔的空间、以更新颖的方式发出正能量的声音。

结　论

　　党的十八大以来，以习近平同志为核心的党中央把宣传思想工作摆在全局工作的重要位置，作出一系列重大决策，实施一系列重大举措。在党中央的坚强领导下，宣传思想工作取得了历史性成就，"党的理论创新全面推进，中国特色社会主义和中国梦深入人心，社会主义核心价值观和中华优秀传统文化广泛弘扬，主流思想舆论不断巩固壮大，文化自信得到彰显，国家文化软实力和中华文化影响力大幅提升，全党全社会思想上的团结统一更加巩固"①。习近平总书记围绕党的宣传思想工作发表了一系列重要论述，极大深化了我们党对宣传思想工作的规律性认识，为做好新时代党的宣传思想工作提供了根本遵循。新时代新征程我们要在习近平新时代中国特色社会主义思想指导下，自觉承担起举旗帜、聚民心、育新人、兴文化、展形象的使命任务。守正创新，做好新时代新征程宣传思想工作；成风化人，为中华民族伟大复兴凝聚智慧力量。

一、守正创新，做好新时代新征程宣传思想工作

　　2018 年 8 月，在全国宣传思想工作会议上，习近平总书记强调，宣传思

---

　　① 习近平：《推动宣传思想工作不断强起来》，http://www.cac.gov.cn/2018–12/25/c_1123901967.htm。

想战线进入了守正创新的重要阶段。守正创新是做好新时代党的宣传思想工作的必然要求,只有坚守宣传思想工作正确的原则和方向、推进宣传思想工作的实践创新,才能更好地适应和服务于新时代新征程的新使命。

（一）坚守宣传思想工作正确的原则和方向

坚持马克思主义指导思想。宣传传播马克思主义、坚持和巩固马克思主义在意识形态领域的指导地位、坚持中国革命和社会主义建设的正确方向,是党百年奋斗历程中宣传思想工作的首要任务和宝贵经验。新时代新征程做好宣传思想工作必须用马克思主义最新理论成果武装全党,党员干部要提升马克思主义基本素养,善于运用马克思主义立场观点方法分析解决问题。宣传思想工作只有坚持马克思主义指导思想,才能为社会主义伟大事业的发展提供思想理论支撑,才能引领社会主义伟大事业沿着正确的方向前行。

坚持党对宣传思想工作的全面领导。党的领导是中国特色社会主义最本质的特征和中国特色社会主义制度的最大优势,党管宣传、党管媒体、党管意识形态是坚持党的全面领导的重要原则,是党经过长期实践形成的成功经验。各级党委（党组）要认真学习党的基本理论和基本政策,严守政治纪律和政治规矩、落实上级党委关于宣传思想工作的战略部署。各级党委要落实意识形态工作责任制,主动承担起"管方向、管阵地、管人、管事、管问责"的主体责任。伴随着互联网技术的迅猛发展,全球舆论环境和媒体传播方式发生深刻变革,党管宣传、党管媒体原则要切实贯彻到互联网领域,牢牢把握网络宣传思想工作显著的政治特征,落实主体责任、属地责任、分管责任,深入探索网络空间领域党管宣传的新思路。党的十八大以来,宣传思想工作取得历史性成就、发生历史性变革,归根结底离不开以习近平同志为核心的党中央的坚强领导,广大党员干部要不断提高政治领悟力和执行力,始终在思想上政治上行动上与党中央保持高度一致,坚决做到"两个维护",确保宣传思想工作的正确方向。

坚持以人民为中心的发展思想。党性与人民性是一致的,宣传思想工作坚守正确的政治方向,必须坚持党的全面领导与以人民为中心的辩证统一。宣传思想工作要以满足最广大人民的物质文化需求、反映最广大人民的根本利益为出发点,保障人民共享在思想文化领域基本的政治权益、经济权益和文化权益,为人的本质的充分展现营造自由发展空间。宣传思想工作中,要善于了解民意、开展工作,满足人民需要、回应群众关切、化解怨气怨言,疫情防控期间做好心理健康服务,让人民群众在社会发展中有更多的获得感、幸福感和安全感。

坚持宣传思想工作围绕中心服务大局。围绕中心、服务大局是宣传思想工作的重要原则,也是宣传思想工作的重要经验。新时代新征程中,中国共产党坚持以经济建设中心,全面深化改革,推进社会主义现代化建设,为"两个一百年"和中华民族伟大复兴而奋斗。围绕党的中心工作,宣传思想工作要完成"高举中国特色社会主义伟大旗帜;巩固马克思主义在意识形态领域的指导地位,巩固全党全国人民团结奋斗的共同思想基础;建设具有强大凝聚力和引领力的社会主义意识形态,建设具有强大生命力和创造力的社会主义精神文明,建设具有强大感召力和影响力的中华文化软实力"的根本任务,充分调动广大人民群众的积极性主动性创造性,为共同建设社会主义现代化国家凝聚共识汇集力量。

坚定宣传思想工作"大宣传"格局。做好宣传思想工作,"要树立大宣传的工作理念,动员各条战线各个部门一起来做,把宣传思想工作同各个领域的行政管理、行业管理、社会管理更加紧密地结合起来"。只有树立"大宣传"理念,充分发挥各条战线的积极性,才能多方联动、齐抓共管、形成合力。

(二)推进宣传思想工作的实践创新

夯实基础完善保障。一是大力发展社会生产力,革新生产关系使之促进生产力的发展,夯实物质基础是维护意识形态安全的重要基础,是构筑统一社会认识的基础,是做好宣传思想工作的基础。二是做好党的宣传思想工作,不能离开以自我净化能力提升为核心的党的建设这个重要法宝,要把党建设成为始终走在时代前列、人民衷心拥护、勇于自我革命、经得起各种风浪考验、朝气蓬勃的马克思主义执政党。加强党的自身建设,营造良好党内政治文化是做好党的宣传思想工作的组织保障。三是做好宣传思想工作离不开法治建设,要积极推进制度治党与依法治国相结合,构筑捍卫主流意识形态的法律制度体系,不断完善新时代新征程做好宣传思想工作的法治保障。

加强理论研究普及。马克思主义是无产阶级政党和社会主义国家的主流意识形态,我们必须持之以恒加强理论武装,注重批判性研究工作和学术性研究取向,形成开放性研究格局,要推进马克思主义理论话语体系转化,讲"新话"推进理论创新、讲"中国话"增强文化认同、讲"大众话"提升理论亲和力,实现马克思主义中国化时代化发展。要推进习近平新时代中国特色社会主义思想大众化传播,让党的创新理论"飞入寻常百姓家"。

构建"大宣传"格局。要将宣传思想工作融入家庭教育、学校教育和社会教育的终身教育体系之中,加强新时代爱国主义教育;要推进社会治理共同体建设,只有充分体现人民主体地位、充分发挥人民群众的主观能动性,"建设人人有责、人人尽责、人人享有的社会治理共同体",开辟人民治理国家的现实道路,宣传思想工作才能取得良好效果;要构建中华民族共同体,不断增强各族群众对伟大祖国、中华民族、中华文化、中国共产党、中国特色社会主义的认同,构建人类命运共同体,希望各国人民能够达成共识,形成合作共赢的全球治理新格局;加强对外文化交流,讲好中国故事,传播好中国声音。

守护宣传思想阵地。伴随着互联网快速发展,网络空间成为新闻舆论工作的主阵地,我们要充分发挥网络传播媒介时效性强、感染力强等优势,将主流意识形态传递给广大民众,守护网络空间阵地;要坚持马克思主义在意识形态领域指导地位的根本制度、社会主义核心价值观培育并引领文化制度建设、健全人民文化权益保障制度、坚持正确导向的舆论引导工作机制、建立健全"双效统一"的文化创作生产体制机制,守护中国特色社会主义文化和新闻舆论阵地。

二、成风化人,为中华民族伟大复兴凝聚智慧力量

(一)加强宣传思想工作,实现自觉认同

新时代宣传思想工作的核心要义是实现广大民众对党、对国家、对社会主义的自觉认同,新时代新征程宣传思想工作必须自觉承担起举旗帜、聚民心、育新人、兴文化、展形象的使命任务,增强人民群众的政治认同、理论认同、目标认同、价值认同、文化认同和路径认同。

增强政治认同。要自觉坚持中国共产党的领导地位,坚决维护习近平总书记党中央的核心、全党的核心地位,坚决维护党中央权威和集中统一领导,把增强政治意识、大局意识、核心意识、看齐意识落到实处;要尊重人民的主体地位,将人民实现美好生活的向往作为一切工作的奋斗目标,将人民的幸福作为一切工作的出发点与落脚点,在全面深化改革的进程中,推进国家治理体系和治理能力现代化,充分激活人民的创新创造活力,不断满足人民全面自由发展的利益诉求。

增强理论认同。要积极推进马克思主义中国化时代化的理论创新,积极推进马克思主义理论和党的创新理论的学习研究宣传,进一步坚定理想信念,抵御各种诱惑,增强战胜困难的信心和勇气。

增强目标认同。要引领广大干部群众在走进马克思、深入研究马克思主义理论中真正理解共产主义远大理想,不忘初心;要认真学习"四史",将共产主义远大理想同建设社会主义现代化国家发展战略相结合,牢记使命。

增强价值认同。价值认同主要表现为,人们在社会实践中自觉自愿接受某种共同的价值观念,并以此为追求的价值目标或以此为标准规范约束自己行为的价值取向。要坚持以社会主义核心价值观引领文化建设制度,积极培育社会主义核心价值观,努力实现社会主义核心价值观内化于心、外化于行。

增强文化认同。要积极推进中华优秀传统文化的传承与创新、努力推进中华优秀传统文化、革命文化和社会主义先进文化的融会贯通,坚守文化立场、坚定文化自信、守住文化之根,延续文化之脉;要尊重世界文化的多样性,在认同与发展本民族文化基础上,尊重其他民族文化,批判地吸收国外优秀文化成果,相互借鉴,求同存异,从而促进中华文化的创新发展,共同促进世界文化繁荣进步。

增强路径认同。只有社会主义才能救中国,只有社会主义才能发展中国。中国特色社会主义是改革开放以来党的全部理论与实践的主题,这一发展路径既是历史的选择、人民的选择更是现实的需要。宣传思想工作要以不断夯实经济基础、制度基础等为前提,高举中国特色社会主义伟大旗帜,引导人们坚定中国特色社会主义的道路自信、理论自信、制度自信和文化自信。

(二)加强宣传思想工作,培育时代新人

培养革命战士、培育建设社会主义国家的栋梁之才是中国共产党宣传思想工作的重要使命。习近平总书记多次强调,宣传思想工作要育新人,"要把培养担当民族复兴大任的时代新人作为重要职责"。

培育具有坚定理想信念的时代新人。理想信念是精神之"钙",影响人们的世界观、人生观、价值观;理想信念是政治方向的核心和灵魂,影响人们的政治立场和政治观点。要加强基本理论的宣传教育,只有掌握马克思主义基本原理、深刻理解马克思主义立场观点和方法、用马克思主义中国化的创新理论武装头脑才能进一步坚定理想信念;要加强"四史"的宣传教育,引领人们深刻认识红色政权来之不易、新中国来之不易、中国特色社会主义来之不易,进一步增强"四个意识"、坚定"四个自信"、坚决做到"两个维护",切实做到理论上清醒和政治上坚定;要提升人们马克思主义理论素养,引导人们自觉运用辩证唯物主义历史唯物主义世界观和方法论认识问题、分析问题、解决问题,进一步把握马克思主义的真理性,认清具有迷惑性的错误言论,增强理想信念。

　　培育注重实际实事求是的时代新人。习近平总书记指出,坚持一切从实际出发,是我们想问题、作决策、办事情的出发点和落脚点;实事求是是党的基本思想方法、工作方法、领导方法;我们谋事要实,创业要实,做人要实。面对纷繁复杂的国际国内形势,要认清国情,既不能妄自菲薄,也不能狂妄自大,要有底线思维,忧患意识,居安思危,知危图安。要加强宣传思想工作,引导人们在把握基本国情和遵循发展规律中、在推进实践创新和理论创新中、在提升道德品质和加强党性修养中弘扬实事求是的求真精神。

　　培育勇于担当善于作为的时代新人。全心全意为人民服务是中国共产党的宗旨,党中央始终强调坚持"以人民为中心"的工作导向和发展理念,党员干部要自觉为人民担当。要加强宣传思想工作,引导广大党员干部树立正确的权力观,明确权力与责任的关系,有多大的权力必须承担多大的责任,尽了多大的责任必将成就多大的作为,要对社会、对人民有责任感,勇于担当,主动作为、甘于奉献,关注人民群众的所思所虑、所欲所求,帮助人民群众解决难题渡过难关;引导人们永葆干事创业、奋斗进取的精气神,真抓实干、埋头苦干,要有"苟利国家生死以,岂因祸福避趋之"的使命感,要有"明知山有虎,偏向虎山行"的决心,党员干部要做到遇到困难不畏艰险、挺身而出,接到任务迎难而上、绝不推脱,主动担当、主动作为。

　　培育严守纪律规矩的时代新人。政治纪律是全党在政治立场、政治方向、政治行动等方面的刚性约束,严守政治纪律、坚守政治原则是党员干部做好工作的底线,也是确保党员干部在大是大非面前不犯错误的基本要求。要加强宣传思想工作,引导党员干部和广大人民群众不断地改造主观世界,在思想上自觉与党中央保持一致,消除特权思想,自觉按原则秉公办事,公道正派,不能利用公权谋求私利。

　　综上所述,宣传思想工作只有坚持守正创新,才能保持战略定力、传承好经验、坚守正确的立场方向,才能勇于开拓创新、获得活力源泉和动力根基。宣传思想工作能够成风化人,为中华民族伟大复兴凝聚智慧力量,全国各族人民凝心聚力、砥砺前行,积极推进社会主义现代化建设,中华民族必将在新时代新征程中迎来新的辉煌。

参考文献

一、经典著作、重要领导著作、讲话类

1.《马克思恩格斯全集》(第 1 卷),人民出版社,1956 年。

2.《马克思恩格斯全集》(第 2 卷),人民出版社,1995 年。

3.《马克思恩格斯全集》(第 3 卷),人民出版社,1960 年。

4.《马克思恩格斯全集》(第 30 卷),人民出版社,1995 年。

5.《马克思恩格斯文集》(第一卷),人民出版社,2009 年。

6.《马克思恩格斯文集》(第二卷),人民出版社,2009 年。

7.《马克思恩格斯文集》(第十卷),人民出版社,2009 年。

8.《马克思恩格斯选集》(第一卷),人民出版社,1995 年。

9.《马克思恩格斯选集》(第二卷),人民出版社,1995 年。

10.《马克思恩格斯选集》(第三卷),人民出版社,2012 年。

11.《马克思恩格斯选集》(第四卷),人民出版社,1995 年。

12.马克思:《1844 年经济学哲学手稿》,人民出版社,2000 年。

13.《列宁选集》(第一卷),人民出版社,1995 年。

14.《列宁选集》(第二卷),人民出版社,1976 年。

15.《列宁选集》(第四卷),人民出版社,1995 年。

16.《列宁全集》(第 33 卷),人民出版社,1985 年。

17.《毛泽东文集》(第三卷),人民出版社,1996 年。

18.《毛泽东文集》(第六卷),人民出版社,1999 年。

19.《毛泽东文集》(第七卷),人民出版社,1999 年。

20.《毛泽东文集》(第八卷),人民出版社,1999 年。

21.《毛泽东选集》(第一卷),人民出版社,1991 年。

22.《毛泽东选集》(第二卷),人民出版社,1991 年。

23.《毛泽东选集》(第三卷),人民出版社,1991 年。

24.《毛泽东文选》(第二卷),人民出版社,1991 年。

25.《毛泽东文选》(第四卷),人民出版社,1991 年。

26.《毛泽东新闻工作文选》,新华出版社,1983 年。

27.《建国以来毛泽东文稿》(第 2 册),中央文献出版社,1988 年。

28.毛泽东:《论新阶段》,《解放》,1938 年第 57 期。

29.毛泽东:《如何研究党史》,《支部建设》(党史学习教育专栏),2021 年第 10 期。

30.毛泽东:《论联合政府》,《新湘评论》(经典赏析),2019 年第 14 期。

31. 毛泽东:《关于正确处理人民内部矛盾的问题》,《湘潮》(经典导读),2019 年第 9 期。

32.《邓小平文选》(第二卷),人民出版社,1994 年。

33.《邓小平文选》(第三卷),人民出版社,1993 年。

34.《江泽民文选》(第一卷),人民出版社,2006 年。

35.《江泽民文选》(第二卷),人民出版社,2006 年。

36.《江泽民文选》(第三卷),人民出版社,2006 年。

37.《胡锦涛文选》(第一卷),人民出版社,2016 年。

38.《胡锦涛文选》(第二卷),人民出版社,2016 年。

39.《胡锦涛文选》(第三卷),人民出版社,2016 年。

40.胡锦涛:《在全国宣传思想工作会议上的讲话》,《解放军报》,2003 年

12月8日。

41.胡锦涛:《在人民日报社考察工作时的讲话》,《人民日报》,2008年6月21日。

42.《〈胡锦涛文选〉第2卷主要篇目介绍》,《光明日报》,2016年9月22日。

43.新华社电:《胡锦涛提出加强网络文化建设管理五项要求》,《人民日报》,2007年1月15日。

44.《习近平总书记在全国宣传思想工作会议上发表重要讲话》,《前线》,2013年第9期。

45.《习近平谈治国理政》,外文出版社,2014年。

46.《习近平谈治国理政》(第二卷),外文出版社,2017年。

47.《习近平谈治国理政》(第三卷),外文出版社,2020年。

48.《习近平总书记重要讲话文章选编》,中央文献出版社、党建读物出版社,2016年。

49.习近平:《认真学习党章严格遵守党章》,《人民日报》,2012年11月20日。

50.习近平:《胸怀大局 把握大势 着眼大事 努力把宣传思想工作做得更好》,人民网,2013年8月21日。

51.习近平山东考察时的讲话:《汇聚全面深化改革的强大正能量》,中国政府网,2013年11月26日。

52.习近平:《提高软实力 实现中国梦》,《人民日报》,2014年1月1日。

53.《习近平在文艺工作座谈会上的讲话》,新华网,2014年10月15日。

54.习近平:《要争取世界各国对中国梦的理解和支持》,《人民日报》,2014年11月30日。

55.《习近平在党的新闻舆论工作座谈会上强调 坚持正确方向创新方法手段提高新闻舆论传播力引导力》,《人民日报》,2016年2月20日。

56.习近平:《在全国党校工作会议上的讲话》,中共中央党校网,2016年5月1日。

57.《习近平在十八届中共中央政治局第四十三次集体学习时的讲话》,

中国政府网,2017年9月29日。

58.习近平:《敏锐抓住信息化发展历史机遇 自主创新推进网络强国建设》,《党建》,2018年第5期。

59.习近平:《在纪念马克思诞辰200周年大会上的讲话》,《人民日报》,2018年5月4日。

60.习近平:《向各国共产党赴华参加纪念马克思诞辰200周年专题研讨会致贺信》,《人民日报》,2018年5月28日。

61.《习近平在省部级主要领导干部坚持底线思维着力防范化解重大风险专题研讨班开班式上发表重要讲话强调:提高防控能力着力防范化解重大风险 保持经济持续健康发展社会大局稳定》,《人民日报》,2019年1月22日。

62.习近平:《凝心聚力务实笃行共创上海合作组织美好明天——在上海合作组织成员国元首理事会第十九次会议上的讲话》,《人民日报》,2019年6月15日。

63.习近平:《坚持历史唯物主义不断开辟当代中国马克思主义发展新境界》,中共中央党校网,2020年1月15日。

64.习近平:《讲好中国故事,传播好中国声音》,求是网,2021年6月2日。

65.习近平:《论党的宣传思想工作》,中央文献出版社,2020年。

66.共青团中央青运史工作指导委员会、中国青少年研究中心、中国档案馆利用部:《中国青年运动历史资料》(第17集),中国青年出版社,2002年。

67.《中国共产党宣传工作简史》,人民出版社,2022年。

68.《瞿秋白文集(政治理论编)》(第7卷),人民出版社,1991年。

69.《恽代英文集》(下卷),红旗出版社,1999年。

70.薄一波:《若干重大决策与事件的回顾》(上卷),中共党史出版社,1991年。

71.《中国共产党第三次全国代表大会宣言》,中国社会科学院马克思主义研究网中的"1921—1949档案文献集"。

72.中共中央文献研究室编:《毛泽东文艺论集》,中央文献出版社,2002年。

73.中共中央文献研究室编:《毛泽东著作专题摘编》(下),中央文献出版社,2003年。

74.中共中央文献研究室编:《建国以来重要文献选编》(第1册),中央文献出版社,1992年。

75.中共中央文献研究室编:《建国以来重要文献选编》(第2册),中央文献出版社,1992年。

76.中共中央文献研究室:《论群众路线——重要论述摘要》,中央文献出版社,2013年。

77.《十八大以来重要文献选编》(上),中央文献出版社,2014年。

78.《中共中央文件选集》(第2册),中共中央党校出版社,1989年。

79.《十三大以来重要文献选编》(中),人民出版社,1991年。

80.《十三大以来重要文献选编》(下),人民出版社,1993年。

81.《十四大以来重要文献选编》(上),人民出版社,1996年。

82.《十五大以来重要文献选编》(上),人民出版社,2000年。

83.《十六大以来重要文献选编》(上),中央文献出版社,2005年。

84.《十六大以来重要文献选编》(下),中央文献出版社,2008年。

85.《十七大以来重要文献选编》(上),中央文献出版社,2009年。

86.《中国共产党历史》(第二卷〈1949—1978〉上册),中共党史出版社,2011年。

87.中共中央宣传部:《习近平总书记系列重要讲话读本》,人民出版社,2016年。

88.《社会主义发展简史》,人民出版社、学习出版社,2021年。

89.《中国共产党简史》,人民出版社、中共党史出版社,2021年。

90.《论构建社会主义和谐社会》,中央文献出版社,2013年。

91.习近平:《决胜全面建成小康社会 夺取新时代中国特色社会主义伟大胜利——在中国共产党第十九次全国代表大会上的报告》,人民出版社,2017年。

92.《中共中央关于坚持和完善中国特色社会主义制度　推进国家治理体系和治理能力现代化若干重大问题的决定》,《人民日报》,2019 年 11 月 6 日。

93.中共中央宣传部:《习近平总书记系列重要讲话读本》,人民出版社,2016 年。

94.《党的十九届六中全会公报》,新华网客户端,2021 年 11 月 12 日。

95.《中共中央关于党的百年奋斗重大成就和历史经验的决议》,新华社,2021 年 11 月 16 日。

二、政策法规类

1.《关于加强和改进城市基层党的建设工作的意见》,党建读物出版社,2019 年。

2.《关于加强和改进中央和国家机关党的建设的意见》,人民出版社,2019 年。

3.《十七大关于〈中国共产党章程(修正案)〉的决议》,中国政府网,2007 年 10 月 21 日。

4.《中共中央关于加强党的政治建设的意见》,人民出版社,2019 年。

5.中共中央国务院印发《乡村振兴战略规划(2018—2022 年)》,中国政府网,2018 年 9 月 26 日。

6.《中国共产党党内法规制定条例　中国共产党党内法规和规范性文件备案规定》,人民出版社,2012 年。

7.《中国共产党地方委员会工作条例》,人民出版社,2016 年。

8.《中国共产党农村基层组织工作条例》,人民出版社,2019 年。

9.《中国共产党问责条例》,人民出版社,2019 年。

10.《中国共产党支部工作条例(试行)》,人民出版社,2018 年。

11.《中国共产党重大事项请示报告条例》,人民出版社,2019 年。

三、其他著作类

1.陈先达等:《坚持马克思主义在意识形态领域指导地位研究》,经济科学出版社,2015年。

2.费正清:《剑桥中国晚清史》,中国社会科学出版社,1983年。

3.[美]哈瑞·刘易斯:《失去灵魂的卓越:哈佛是如何忘记教育宗旨的》,侯定凯译,华东师范大学出版社,2012年。

4.黄相怀:《做一个思想清醒的人——提升党员干部意识形态能力》,人民出版社,2018年。

5.[英]麦克莱伦:《马克思传》,王珍译,中国人民大学出版社,2010年。

6.[美]尼克松:《1999年:不战而胜》,王观声译,世界知识出版社,1989年。

7.[英]乔治·拉雷恩:《马克思主义与意识形态:马克思主义意识形态论研究》,张秀琴译,北京师范大学出版社,2013年。

8.涂成林、史啸虎:《国家软实力与文化安全研究》,中央编译出版社,2011年。

9.于华:《中国共产党意识形态领导权研究》,人民出版社,2017年。

10.俞可平、[德]托马斯·海贝勒、[德]安晓波:《中共的治理与适应:比较的视野》,中央编译出版社,2015年。

11.俞吾金:《意识形态论》,人民出版社,2009年。

12.郑师渠:《中国共产党文化思想史研究》,中共中央党校出版社,2007年。

13.朱继东:《新时代党的意识形态思想研究》,人民出版社,2015年。

14.朱继东:《新时期领导干部意识形态能力建设》,人民出版社,2014年。

15.[美]兹布热津斯基:《大失败——二十世纪共产主义的兴亡》,军事科学院外国军事研究部译,军事科学出版社,1989年。

四、论文类

1.鲍金:《揭开消费主义的意识形态面纱》,《马克思主义研究》,2013年第11期。

2.邓玲:《正确看待和坚持公有制为主体》,《人民日报》,2016年4月29日。

3.房正宏:《新中国70年党管意识形态工作的基本经验》,《理论与改革》,2019年第3期。

4.郭凤龙、戴春勤:《中国共产党百年宣传思想工作的基本经验》,《中共四川省委党校学报》,2021年第5期。

5.郭凤龙:《列宁的宣传思想研究》,兰州理工大学2021年硕士学位论文。

6.韩强:《提高党的宣传思想文化工作能力:加强党的执政能力建设的基础》,《长白学刊》,2010年第3期。

7.江瑛林、李俊伟:《网络环境下的信息异化与意识形态风险防范》,《中共天津市委党校报》,2019年第6期。

8.蒋桂:《网络意识形态的社会治理模式创新研究》,《贵州省党校学报》,2018年第6期。

9.蒋英州:《我国意识形态安全的形势研判与维护策略探讨——基于3125份调查问卷的分析》,《学习论坛》,2020年第11期。

10.李良荣:《中国民粹主义三个动向》,《理论导报》,2017年第2期。

11.李前:《传承中华优秀传统文化培育与践行社会主义核心价值观》,《大连干部学刊》,2016年第3期。

12.李前:《加强党内政治文化建设,推进干部作风转变》,《大连日报》,2017年7月28日。

13.李前:《坚持和完善繁荣发展社会主义先进文化的制度》,《辽宁行政学院学报》,2020年第3期。

14.李前:《论中国共产党对新时代爱国主义精神的引领作用》,《长江论坛》,2021年第1期。

15.李前:《全面从严治党之魂:加强党内政治文化建设》,《中共杭州市委党校学报》,2017年第7期。

16.李前:《善用哲学思维,加强网络意识形态治理》,《哈尔滨市委党校学报》,2020年第4期。

17.李前:《文化认同视角下社会主义核心价值观的培育与践行》,《大连干部学刊》,2015 年第 10 期。

18.李前:《新时代牢牢掌握意识形态工作领导权研究》,《观察与思考》,2018 年第 11 期。

19.李雨檬:《毛泽东:"没有文化的军队是愚蠢的军队"》,《湘潮》,2017 年第 6 期。

20.梁鹏飞:《当下中国社会的消费主义及其对青年的影响》,中国青年政治学院 2017 年硕士学位论文。

21.林泰:《把握社会思潮的构成要素》,《人民日报》,2016 年 2 月 17 日。

22.卢毅:《建党初期理论宣传工作的历史经验》,《中国党政干部论坛》,2011 年第 8 期。

23.马虎成:《不断增强"五个认同",铸牢中华民族共同体意识》,中国社会科学网,2018 年 4 月 8 日。

24.毛本霞、郭雅欣:《解放战争时期中国共产党农民思想政治教育工作探析》,《创造》,2020 年第 11 期。

25.倪瑞华:《马克思的意识形态概念内涵的语境分析》,《马克思主义研究》,2017 年第 9 期。

26.秦明月:《解放战争时期中国共产党干部教育的实践探索及历史启示》,《宁夏党校学报》,2017 年第 7 期。

27.秦强:《守正创新做好新时代宣传工作的基本遵循》,《领导科学论坛》,2020 年第 9 期。

28.阙天舒、李虹:《网络空间命运共同体:构建全球网络治理新秩序的中国方案》,《当代世界与社会主义》,2019 年第 3 期。

29.佘双好、汤桢子:《中国共产党百年宣传思想工作发展历程与基本经验》,《江南大学学报(人文社会科学版)》,2021 年第 6 期。

30.单连春:《论马克思恩格斯的宣传工作思想及启示》,《江海学刊》,2016 年第 6 期。

31.单连春、郑艾春：《马克思恩格斯论宣传思想工作者的素质》，《"中国改革开放 40 年与世界社会主义新发展"学术研讨会暨当代世界社会主义专业委员会 2018 年年会论文集》，2018 年 10 月。

32.宋莉：《胡锦涛意识形态建设思想初探》，《党史文苑》，2014 年第 7 期。

33.苏亮：《毛泽东怎样开展调查研究》，《学习时报》，2022 年 4 月 8 日。

34.苏马：《毛主席教我们调查研究》，http://cpc.people.com.cn/n1/2017/0724/c223633-29424961.html。

35.王海军：《新中国成立初期中国共产党马克思主义理论学习探究》，《马克思主义理论学科研究》，2016 年第 3 期。

36.王健英：《民主革命时期中共中央宣传部的历史演变》，《上海党史与党建》，2014 年第 8 期。

37.王路坦：《全面提升防范化解意识形态领域风险能力》，《党政干部论坛》，2019 年第 12 期。

38.王淼、马晶晶：《马克思恩格斯宣传教育思想探析》，《长春市委党校学报》，2019 年第 6 期。

39.王晓晖：《坚持以社会主义核心价值观引领文化建设制度》，《人民日报》，2019 年 12 月 6 日。

40.王永贵：《经典作家推动马克思主义大众化的实践方略》，《当代世界与社会主义》，2012 年第 4 期。

41.吴荣军：《建国初期意识形态的共识构建及其当代启示》，《学海》，2018 年第 5 期。

42.吴亚辉：《中国共产党宣传思想工作的百年历程与基本经验》，《邓小平研究》，2022 年第 1 期。

43.肖寒、胡凯：《新时代中国共产党意识形态治理的法治化实践》，《学校党建与思想教育》，2020 年第 3 期。

44.张静敏：《建国初期马克思主义传播的特点与成效》，《马克思主义传播研究》（第 2 辑），2016 年第 11 期。

45.张雷:《列宁群众观在宣传工作中的应用》,《人民论坛》,2014 年第 7 期。

46.张蕊:《五四时期的三次论战及其影响》,《党史文苑》,2014 年第 2 期。

47.张卫波:《〈晨报〉与马克思主义的早期传播》,《月读》,2021 年第 9 期。

48.张小平:《马克思主义在中国的早期传播论析》,《观察与思考》,2021 年第 1 期。

49.张严:《中国共产党与马克思主义在中国的早期传播》,《求知》,2021 年第 8 期。

50.张艳斌:《江泽民意识形态观的主要思想及其时代价值》,《连云港职业技术学院学报》,2017 年第 9 期。

51.张艺兵:《彰显马克思宣传思想的新时代价值》,《中国社会科学报》,2019 年 1 月 17 日。

52.赵学珍:《经典马克思主义大众化的若干问题研究》,《云南社会科学》,2011 年第 2 期。

53.郑敬斌、刘敏:《坚决打好意识形态风险防范攻坚战》,《红旗文稿》,2019 年第 10 期。

54.朱先锋:《当代中国马克思主义大众化的实践创新研究》,《新西部》,2020 年第 4 期下旬刊。